図書館員選書・23

学校図書館の運営

柿沼隆志 著

日本図書館協会

The Management of a School Library

学校図書館の運営 ： 柿沼隆志著. － 東京 ： 日本図書館協会, 2004. － 330p ； 19cm. －（図書館員選書；23）. －
ISBN4-8204-0324-9

t1. ガッコウ　トショカン　ノ　ウンエイ　t2. トショカンイン　センショ　a1. カキヌマ, タカシ
s1. 学校図書館　①017

はじめに

　どの職業でも，学校で受けた職業教育だけでは，その職業に必要な知識や技術を身につけることはできない。典型的な専門職で，長期間の専門教育を受ける医師や弁護士であっても，新人は先輩の有形無形の指導を受け，その仕事ぶりから学び，長い年月を経て一人前になるのである。学校図書館員の場合も同じである。

　ところが，1ないし2人程度で運営にあたる〈零細図書館〉では，図書館員がこのような過程を経て職業能力を高めるのは難しい。また，支え合える同僚がいない辛さもある。その反面，理想の図書館像を目指して図書館づくりやその運営を，思い切ってできる幸せもある。

　学校図書館もその多くは〈零細図書館〉か，あるいは専任職員のいない図書館である。新人や経験が浅い頃には，試行錯誤を繰り返し，自己流や独善的な図書館運営に陥るおそれがある。そのような時に頼りになるのが，先輩や同輩の学校図書館員であり，図書館情報学などの著述である。また，学校教育や各主題の図書館資料については，同僚の教師たちから学ぶことが多い。生徒たちからも，諺にあるように'負いた子に道を教えられる'ことがしばしばある。なお，ここで言う〈学校図書館員〉は，学校図書館の専門的業務を担当する人々を指すことにしたい。「学校図書館法」ではそれは〈司書教諭〉であるが，さまざまな任用形態の〈学校司書〉と呼ば

れる人々がその業務を担当してきたので，両者を一括して本書では〈学校図書館員〉と呼ぶ。

　学校図書館関係の著作には，「学校図書館法」の定義から始めるものが多い。現在の学校図書館が同法に基づく制度なので，その方法をとるのが当然であろう。しかし，制度発足後に，立法化の過程でさまざまに働く政治的力学によって変容した姿を，制度の実施に際して元に戻そうとする動きが出てくることもある。特に，立法化運動の当事者たちが大きな譲歩をせざるを得なかった上に，その実施も長い年月にわたって円滑でなかった学校図書館制度の場合には，定義から始める方法は空疎な記述を生み出しかねない。このような状況の中で，学校図書館の場合も，制度の運用を通じて新しい理念が生まれ，制度改革の運動が行われてきた。本書ではこれらのことを念頭に置き，学校図書館の根本に戻って考えることにした。

　学校図書館員の中には，公共図書館から転任してきた〈司書〉の人もいる。教員免許状を持たない〈司書〉には，学校図書館のサービス対象である学校教育はわかりにくい部分が多い。資格を取ろうとする学生や，教職の経験のない学校図書館ボランティアにとっても，それは同様である。そこで，本書では学校教育について述べた後で，学校図書館の運営について取り上げることにした。なお，学校図書館も図書館の一種であるので，各種の図書館と共通の問題が少なくない。それについては図書館情報学の著作を参照していただくことにして，本書では学校図書館に固有と思われることを中心に述べる。本文中に角括弧で［参1］などとあるのは，各章末の参考文献の番号に対応している。

目　次

はじめに　*iii*

Ⅰ. 学校図書館とは何か … *1*
1. 〈学校図書館〉の範囲　*1*
2. 学校図書館の制度　*4*

Ⅱ. 学校教育と図書館 … *17*
1. 教育装置としての学校　*17*
2. 学校と図書館との関係　*26*
3. 学校の教育内容－教育課程（カリキュラム）　*30*
4. 学校の教育方法　*41*

Ⅲ. 学校図書館の教育活動 … *55*
1. 「図書館利用教育」と「学校図書館の利用指導」　*55*
2. 「図書館・情報教育」をめぐる社会状況　*62*
3. 図書館・情報教育の内容 A－読書教育　*68*
4. 図書館・情報教育の内容 B－情報教育　*82*
5. 図書館・情報教育の方法　*99*

Ⅳ. 図書館サービス－情報・資料の提供 ……………………………114
1. サービスの特徴と種類 *114*
2. サービスの時間（開館日・時間）*115*
3. 閲覧サービス *119*
4. 貸出サービス *132*
5. 複写 *143*
6. レファレンス・サービス（情報教育）*145*
7. 読書案内（読書教育）*151*
8. 図書館行事 *152*

Ⅴ. 資料の収集と構築 ……………………………161
1. 学校の教育活動と図書館資料 *161*
2. 各メディアの特質と選択・収集 *183*
3. 資料選択のための組織－資料選択（選書）委員会 *210*
4. 選択のための準備 *213*
5. 資料選択の実際 *219*
6. 選択委員会終了後の作業 *222*

Ⅵ. 資料の組織化 ……………………………227
1. 固有の諸問題 *227*
2. 分類法 *235*
3. 目録法 *256*
4. 資料の装備－受入から配架へ *269*

Ⅶ．学校図書館の運営 ……………………………………………*274*

1．運営組織　*274*
2．担当者　*283*
3．担当者以外の運営参加者　*287*
4．運営計画の策定　*290*
5．運営規程と職務規程（スタッフ・マニュアル）　*292*
6．学校の予算と図書館運営費　*299*
7．学校図書館員の研修の場　*306*
8．評価と自己点検　*311*

あとがき　*320*
索引　*323*

Ⅰ. 学校図書館とは何か

1.〈学校図書館〉の範囲

(1)「学校図書館」と呼ばれる〈もの〉

　図書館史の記述にあるように,学校図書館の起源は古代にさかのぼることができる。日本の場合は奈良時代の全国の国分寺・国分尼寺の経典群がそれであり,近世のものとしては藩校の文庫などがよく知られている。しかし,本書で対象とするのは,明治時代以降の,いわゆる〈近代学校〉の図書館になる。

　学校図書館には規模の小さい図書館が多い。〈廊下図書館〉や学級文庫もその一例であるが,〈図書館〉の原初的な形態と見なせば,それも〈学校図書館〉に含めることができる。

　学校開放の一環として,地域に開放される学校図書館もある。その場合には,学校図書館が公共図書館を兼ねるので,学校図書館員には公共図書館の知識・技術が求められる。その逆の場合の一例が,日露戦争後の地方改良運動に有効な施設として,小学校に付設された〈通俗図書館〉である。教師や青年団員などが運営を担当し,本来は農民を利用対象とした点では,公共図書館の一種であった。しかし,その中の,教師や児童が利用できるように運営された図書館は[参5, p.44-46],〈学校図書館〉に含めてよかろう。

第Ⅴ章で見るように，学校図書館はコミュニケーション・メッセージのさまざまな記録媒体（以下「メディア」と略称）を扱っている。図書以外の資料が図書館資料に占める位置が大きくなるにつれて，学校図書館の先進国であるアメリカ合衆国では「学習資料センター」，「メディアセンター」のような，「学校図書館」以外のさまざまな名称が使われた。現在では「学校図書館」を冠した「学校図書館メディアセンター（school library media center）」と呼ぶのが一般的になっている。日本ではイギリス[参12]と同様に「学校図書館」が一般的であり，本書でもそれを用いる。

(2) 学校図書館と大学図書館

　図書館界では，〈学校図書館〉は小学校や中学校，高等学校の図書館とされている。ところが，試験やレポートで〈学校図書館〉に関して問題を課した際に，在学中の〈大学〉の〈図書館〉を，〈学校図書館〉の例に上げて答える学生が少なくない。これは，かつて室俊二らも指摘していたように[参10, p.21]，学生たちが〈大学〉を〈学校〉の一種と見なすようになったからである。

　〈大学図書館〉を〈学校図書館〉とは別種の図書館に位置づけている図書館界の状況はどうか。かつては学校図書館のテーマであった「図書館利用教育」について見ると，近年ではそれが短期大学や4年制大学の図書館の重要なテーマになっている。これも〈大学〉が〈学校化〉した結果である。〈大学図書館〉が〈学校図書館〉に近似のものになったのである。この点について少し見てみよう。

　図書館界も，第二次世界大戦終結以前の文献では，現在の学生と

同じように〈大学図書館〉を〈学校図書館〉に含めていた。その背景には、〈戦後教育改革〉以前の学校制度では，高等教育機関の中で〈大学〉の数が少なく，初等・中等学校の図書館よりも，改革で（新制）大学に移行した（旧制）高等学校や（旧制）高等専門学校などの図書館が大きな位置を占めていたことがある。

　認識の違いは，物事を厳密に規定している法律の世界にも存在する。その例は，学校制度の基となる「学校教育法」と「学校図書館法」の規定に見ることができる。「学校」を後者が初等・中等および高等学校としている（第2条）のに対して，前者は大学と高等専門学校，幼稚園を加えている（第1条）のである。法令にも見られる〈学校〉と〈大学〉の区分の不確かさの原因はどこにあるのか。法に規定されているように，後者の規定する〈学校〉になくて大学にあるのは，〈学術研究の場〉としての機能である。しかし，これも大学と大学院の量的拡大によって，大部分の大学については弱くなっている。これが大学の〈学校化〉の傾向を強めた結果，かつては〈学校図書館〉に固有であった〈図書館利用教育〉が，〈大学図書館〉の問題の一つになったのである。

(3) 学校図書館と公共図書館

　大学図書館とは違った意味で，学校図書館と関係の深い図書館が公共図書館である。この両者を一体のものとして構想されたのが，アメリカ合衆国のニューヨーク州で1835年に州費の支出が認められた〈学校区図書館〉である。それは，生徒と学校区の住民が共に利用する図書館として生まれた［参11, p.93］。前述の〈通俗図書館〉も，

これと同種の図書館と言ってよかろう。

　両者が一体となった図書館の方が望ましいのであろうか。学校区図書館はやがて衰退し，公共図書館が学校図書館の機能も兼ねるようになった。それは，読書の指導は国語科と各科の教師たちが担い，読書材は公共図書館が提供できるからである。事情は日本でも同じである。児童サービスを重視する公共図書館の司書が，学校へ出かけてストーリーテリングやブックトークをし，担任が地域の公共図書館見学に生徒を連れて行き，司書が案内するのはその一例である。

　学校図書館のもう一つの役割，教科などの学習活動への援助はどうか。〈総合学習〉の実施で，公共図書館に押し寄せる小学生も多いという。図書館資料が少なく，その組織化が遅れ，専任の専門職員の配置が例外的な学校図書館は，これらの図書館要求に応えられないからである。それでは，公共図書館がそれを代行すべきなのか。年齢と性別，職業，人種などを問わずサービスを提供すべき公共図書館の責務は，多様な図書館要求に応えることである。それは，専門的・限定的で奥深い図書館要求には対応が難しいことを意味する。学校図書館を含む各種の図書館が派生したのは，そのためである。

2．学校図書館の制度

(1)　戦後教育改革と法制定

①　戦後教育改革と図書館

　日本の多様な学校図書館を標準化するのが，「学校図書館法」と，それに伴って発令された「学校図書館法施行令」および「学校図書館法施行規則」などの法令群である。これらが制定された頃は，日

Ⅰ．学校図書館とは何か　5

本の大きな転換期であった。当時の時代背景を抜きにしては，学校図書館制度を考えることはできないのである。すなわち，この法律とその「兄弟法」とでも呼ぶべき「図書館法」(1950年に成立・施行)との背景には，〈戦後教育改革〉があった。

　制度の出発は，「学校教育法施行規則」が公布された1947年5月23日とするのが一般的である。同規則で「学校図書館」を学校に設置すべき設備の一つとして規定したからである。そして，その内容を具体的に提示したのが，1948年刊行の『学校図書館の手引』[参8]であった。この規則が公布されたのは，敗戦後の新生日本の基本法である「日本国憲法」が施行された20日後であり，その約50日前の3月31日には，「教育勅語」に代わって，日本国の教育目標を謳った「教育基本法」が公布・施行されていた。学校制度を，複線型から教育の機会均等を指向する単線型の〈6・3・3・4制〉に変える「学校教育法」も同日に公布，翌4月1日に施行された。これらの教育改革は日本を変える占領政策の重要な柱の一つであった。

②　〈新教育〉と学校図書館

　改革の具体策の一つに，教科書の内容を教え込むことから生徒の自主自発の学習への教育方法の転換がある。〈新教育〉はその有力な方法であり，そのためには学校図書館が必須であった。「学校教育法施行規則」で，学校図書館を必要な設備の一つとして位置づけたのは，当然の帰結であった。

　占領軍の監督下で当局が次になすべきことは，学校図書館の具体化である。そのために図書館と学校，教育学，文部省関係者で構成する委員会が作られた。そこで出てきた諸問題を検討するため，文

部省に〈学校図書館協議会〉が設置された。協議会の委員は後に学校図書館運動の中核になる人々であった。こうして，1948年12月に日本における学校図書館の標準を示す『学校図書館の手引』[参8]が刊行された。文部省は，翌年2月と3月に東西2か所で，各都道府県から選ばれた代表者に伝達講習会を行った。その会場では出席者から学校図書館組織の結成が提案され，1950年2月に日本の学校図書館のナショナルセンターとして，全国学校図書館協議会（以下「全国SLA」と略称）が設立された。

戦争によって荒廃した国土に新生の民主・平和日本を作り上げようとする国民の意志が，占領軍と文教当局の学校図書館普及の方針と結びつき，経済的困難の中で学校図書館づくりを推進することになる。こうして各地で教師・子ども・父母たちが力を合わせて，学校図書館が作り上げられていく。それを制度化するための運動が「学校図書館法」制定運動であった。

③ 学校図書館への足枷

「学校図書館法」の成立に文教当局が消極的であったことは衆知のことである。その背景には，日本がすでに独立を回復し，占領政策の見直しが行われ始めていたことがあった。塩見昇が，その一つの現れと見ているのが，成立したばかりの「学校図書館法」を，法施行前に行政改革の一環として廃止しようとする動きである[参5, p.176-177]。この点では，アメリカ合衆国軍を主軸とする占領下で成立した，兄弟法の「図書館法」とは置かれた事情が大きく異なっていたのである。設置義務を本則で謳った司書教諭について，学校図書館界が'任意設置とする附則'を加えるという大きな譲歩をして，

ようやく同法は成立した。重い足枷が付けられたのであった。

(2) 「学校図書館法」の構成

当初「学校図書館法」は3章15条附則4項から成っていた。この法律に示された日本の学校図書館制度は，次のようになる。

設　置－すべての小・中・高等学校（盲学校・聾学校・養護学校を含む）に必置

目　標－学校教育の健全な発達と充実

目　的－①教育課程の展開に寄与すること
　　　　②児童（小学校の生徒のこと，以下同じ）または生徒の健全な教養の育成

利用者－①児童または生徒
　　　　②教師

事　業－①学校教育に必要な資料（図書，視聴覚教育の資料等）の収集・組織化・提供
　　　　②図書館行事の実施（読書会・研究会・鑑賞会・映写会・資料展示会等）
　　　　③児童または生徒への図書館利用指導
　　　　④他の学校図書館・図書館・博物館・公民館等との連絡・協力

専門職－司書教諭＝当該学校の教諭で司書教諭講習の修了者。必置であるが，当分の間は任意設置。講習は文部大臣の委嘱を受けて大学が実施。

学校設置者の義務－学校図書館の整備・充実のため努力すること

国の義務－学校図書館の整備・充実のため以下の事業をすること
　　　①学校図書館の整備・充実と司書教諭の養成に関する総合計画の樹立
　　　②学校図書館の設置・運営の専門的・技術的指導と勧告
　　　③その他必要な措置
国の負担－蔵書数が学校図書館基準に達しない公立学校の図書館へ図書購入費の1/2を補助
学校図書館審議会－学校図書館の整備・充実と学校図書館の図書・設備の基準ほか重要事項についての調査審議と文部大臣への建議が任務

(3) 法改正運動

① 全国SLA等の活動

　理想的と称してもよいこの学校図書館制度の唯一の欠陥が，その専門職制度にあったことは久しく指摘されてきた。その一つは，専門職である司書教諭が，教諭の充て職でかつ発令資格であることである。免許制を要望した全国SLAが，法成立のために現行の資格で妥協したことは広く知られている。もう一つが，必置であるはずの司書教諭が，「附則第2項」によって"当分の間"と任意設置に条件緩和されたことである。そして，この問題の解決を要望するなどさまざまな提言を行った学校図書館審議会は，第2期以後の委員を任命しない形で事実上廃止され，それを規定する第2章は1966年6月30日に，〈休眠〉審議会の整理の一環として削除された。学校図書館の任意設置の色彩がさらに濃くなったのである。

Ⅰ．学校図書館とは何か　9

　全国SLAでは，機関誌『学校図書館』の刊行や研究集会の開催，学校図書館関係書の出版，選定書目の刊行，学校図書館の先進国であるアメリカ合衆国の視察とその報告書の出版等々の事業や，学校教育の内容と方法を方向づける「学習指導要領」に学校図書館の活用と利用指導を盛り込むことなどの文教当局への提言・陳情などを行ってきた。これらは「瀕死の」学校図書館の復活を目指す活動である。一方，日本の図書館のナショナルセンターである日本図書館協会（以下「JLA」と略称）も，学校図書館部会が毎年開催する夏季集会や毎月の研究会，各種委員会への参加などの活動を通じて，学校図書館への理解を深めることに努めている。学校図書館問題研究会などの学校図書館関係諸団体も，活発な活動を行ってきている。

　これらの運動やさまざまな実践活動の結果，教師や父母，行政当局の一部に学校図書館への理解が深まったものの，全体としては，近年まで事態は大きくは動かなかった。関係者の中には，その祖形であるアメリカ合衆国の学校図書館が置かれた環境と比較して，学校図書館に冷淡に見える教師や行政当局，日本全体を包み込んでいる受験体制などに停滞の原因を求め，それを慨嘆する者が少なくなかった。加えて，教育学者の多くも「学校図書館法」改正後は次第に学校図書館への関心を失ってきており，学校図書館を主題とする一巻を含む教育学関係の叢書は，ほとんど出版されなかった。この状況が2001年現在もほとんど変わっていないことは，"1920年代から90年代"の日本の教育の動向を扱っている事典にも示されている。同書では公共図書館のみを取り上げ，学校図書館は，索引にも視聴覚教育や情報教育などを扱っている大項目の「教具と教育メディア」

の中でも触れられていない[参2]。

日本の学校図書館がこのような状況に陥ったのは，理論的指導者として図書館界に大きな影響を与えた裏田武夫（東京大学教授）や，学校図書館運動に指導的役割を果たした松尾彌太郎（全国SLA事務局長）がかつて危惧したように[参1, p.119-120, 参7, p.18-19]，その生みの母である〈新教育〉と運命をともにしたためであろう。学校教育が1958年の「学習指導要領」によって系統学習に戻ってから，学校図書館は学校教育の中で次第に影が薄くなっていった。

② 閉塞を打破する外部状況

内部努力では打破が難しかった学校図書館の閉塞状態に穴を開けたのは，やはり外部状況の変化であった。その一つは，学校図書館の蔵書数を現状の1.5倍に増やすことを目標として500億円を投じる文部省の「学校図書館図書整備新5か年計画」が，緊縮財政下でありながら，1993年度に始まったことである。もう一つは，同省初等中等教育局長の私的諮問機関として設置された「児童生徒の読書に関する調査研究協力者会議」が，1994年1月から1995年11月にわたって調査研究を進め，児童生徒の読書意欲の向上と魅力的な学校図書館づくり，学校と家庭・地域との連携，司書教諭の養成・発令の促進などを提言したことである[参4, p.39-50]。そして，最後の一打となったのが，1996年の中央教育審議会の答申「21世紀を展望した我が国の教育の在り方について（第1次答申）」であった。

その中間答申では，児童・生徒の課題設定能力と主体的判断力の育成や自学・自習の必要性が教育目標の中心に掲げられた。〈新教育〉と通底する部分のあるこの教育を実施するには，学校図書館の

存在は欠かせない[参5, p.51以下]。実際，学校図書館関係者が驚きをもって指摘したように，中央教育審議会の答申としては，初めて学校図書館と司書教諭の養成の改善に言及したのである[参3, p.16]。

この他に，学校における本格的な情報教育の実施がある。1989年度告示の「学習指導要領」にも見られる学校の情報化推進政策は[参6, p.65]，〈情報教育〉が〈図書館利用指導〉と関連部分があるので，学校図書館を変える可能性を持っている。

③ 学校図書館法の改正

この当然の帰結として，1997年に学校図書館関係者の長年の悲願の一部がようやく実現された。2003年度からは12学級以上の学校に司書教諭を必ず配置するという「学校図書館法」の改正がそれである。この文教政策に基づいて「学習指導要領」の改定が行われた。文教当局はその基本方針の中で，"自ら学び，自ら考える力を育成すること"，"個性を生かす教育"の"充実"などをあげ[参9, p.246]，"学校図書館の充実"の項目では，その重要性と司書教諭の養成・発令，充実施策について説明している[参9, p.252-253]。

新「学習指導要領」の象徴的存在である〈総合学習〉を，移行措置として実施する学校が増えるにつれて，その実施に欠かせないものとして，学校図書館への関心が高まった。また，子どもの読書離れへの対応として，国会で2000年を「子ども読書年」とすることが決議され，さらに2001年12月5日には「子どもの読書活動の推進に関する法律」が成立したことも，公共図書館の児童室とともに，子どもの重要な読書施設である学校図書館への追い風となるはずである。青少年の読書離れの影響をもろに受けている出版界の関心も高

い。全国の12学級以上の学校すべてに司書教諭を2003年4月から配置するために、毎年数千人を集めて全国各地で行われている司書教諭講習もこの機運を盛り上げた。

④ 不安定な学校図書館の状況

今日の学校図書館が順風満帆とは言えない。逆風になりかねないのが、学習内容を削減した「学習指導要領」改定への批判である。その理由の多くは、大学生にまで至る学力低下である。文教当局もこの批判に応えて、学校裁量による教育内容の拡充を認める意向を見せている。系統学習に戻っていった1958年と似た状況が再現されつつあるかのようである。新「学習指導要領」で設けられた〈総合学習〉に戸惑う教師たちの姿に、第二次世界大戦後の〈新教育〉導入の流れの中で設けられた〈自由研究〉の置かれた状況と相通ずるものが感じられる。

その背景には、長期の不況下で学力低下が国際競争力の低下に拍車をかけるという社会的危機意識や、激化する生存競争での生き残りにかける親たちの焦りがある。ハイタレントと一般の学習者を分けて教育する考えも導入されつつある。前者には一斉指導による系統学習を、後者には〈新教育〉方式の学習を、となる可能性もある。これらのことも、受験指導に熱心な学校の教師たちが、学校図書館をめぐる動きに関心が薄い原因であろう。

(4) 専門職制の問題

① 高等学校を中核とする専門職制

専門職制度は、学校図書館制度の発足後も一貫して日本の学校図

書館界の最大の課題である。それは，法に規定する専門職員（司書教諭）がほとんど配置されなかったためである。その代替者が，多様な職種で置かれた学校司書である。設置率が高いのは，蔵書数が多い普通科高等学校の図書館であった。設置を容易にしたのが，学校後援会の役割を果たしたPTAである。私立学校にもこれに倣うところが多く，慣習法的に学校図書館員が非公式ながら制度化されていった。その後これを追認する形で，学校図書館担当事務職員の人件費が，地方交付税に加算されて国から交付されることになる。

② 東京都の〈専任司書教諭制〉

複雑な経緯をたどったのが東京都であった。ほとんどが私費雇用の学校司書を，1960年から有資格者については採用試験を実施して〈専任司書教諭〉に採用し，その後一般公募で順次配置校を広げ，全校の全日制課程への配置を完了した。括弧付きの呼称にしたのは，〈教諭の充て職〉という法に基づく任用形態を採りながら，採用試験では教職教養と学校図書館について出題し，各校に1名の定員枠を設定したことと，教科の授業を担当させないという教育委員会の通達があったことによる。それは，「学校教育法」の教職員規定の"養護教諭"の後に"司書教諭"が追記されたかのような採用方式であった。法成立のために学校図書館界が断念した〈免許制司書教諭〉が，実質的に東京都で実現したのである。東京都内の私立高等学校も，これに倣って専任司書教諭を設置するのが一般的となった。しかし，司書教諭からこの方式を否定する主張が出るなどさまざまな問題が噴出したのを機に，東京都は1967年に採用試験を中止し，退職者不補充の形で，2001年には〈専任司書教諭制〉を自然消滅さ

せた。〈司書教諭免許制〉の芽が摘まれたのである。

③ 東京都の〈学校司書制〉

東京都の高等学校では，専任司書教諭が配置された後も，引き続き私費で学校司書を雇っている学校が多かった。再び起こった学校司書公費化運動の結果，司書教諭に替わる専門職，学校図書館担当職として，都立図書館の司書制度とは別に〈学校図書館の司書制度〉が発足し，全都立校の全日制と定時制課程に司書が配置された。さらにこの制度は，都立図書館と共通の司書制度へと変容していく。それは，学校図書館の独自性に困惑する司書を生み出すことになる。

司書教諭が転任か退職で不在にならないかぎり，全日制と定時制の併設校では，専任司書教諭1名と専任司書2名の計3名の学校図書館員が図書館を運営し，職務分担は慣習法的になされていた。この貴重な経験は，今後の専門職制を考える参考になるはずである。

④ 専門職をめぐる議論

東京都の〈専任司書教諭制〉の挫折によって，長い間学校図書館界の課題であった学校司書の法制化は，少なからぬ影響を受けた。学校司書を免許制の専任司書教諭にすることや，現行の充て職司書教諭と免許制の学校司書の2本立てにすること，あるいは学校司書を教育職にするかあるいは行政職にするかなど，さまざまな考えが出され議論が交わされてきた。このような状況の中で，12学級以上の学校に司書教諭が必置になる。学校司書と新しく配置される司書教諭との職務分担の問題が，多くの学校で起こるであろう。

12学級以上と限定付きではあるが，司書教諭が小・中学校にも配置されることは，高等学校が大きな位置を占めていた学校図書館の

専門職制の議論に，今までとは違った光を当てることになる。専門職制がいかにあるべきかの議論は，新たな段階に入った。今後の各都道府県・市区町村における司書教諭の発令の様態と，学校図書館を支える職員の配置，その後の活動状況・労働環境などについてのさまざまな経験が，学校図書館の専門職制度を変えていくであろう。

引用・参考文献

1．裏田武夫「新教育と読書指導」『読書指導の原理』（読書指導講座１）牧書店，1955.
2．久保義三ほか編『現代教育史事典』東京書籍，2001.
3．「座談会　中教審『第一次答申』を読む(1)」『学校図書館』no.550（1996.8）.
4．「《資料》児童生徒の読書に関する調査研究協力者会議報告（全文）」『学校図書館』no.540（1995.10）.
5．塩見昇『日本学校図書館史』（図書館学大系５）全国学校図書館協議会，1986.
6．田浦宏己「情報教育推進の基盤整備に関する諸施策について」『学校図書館』no.553（1996.11）.
7．松尾彌太郎「学校図書館運動のあゆみ」『学校図書館年鑑1956』大日本図書，1956.
8．文部省『学校図書館の手引』師範学校教科書株式会社，1948.
9．文部省編『平成11年度我が国の文教政策　進む「教育改革」』大蔵省印刷局，1999.
10．『立教』no.74，1975.
11．渡部晶『ホレース・マン教育思想の研究』学芸図書，1981.

12. Prytherch, Ray(copliled by), *Harrod's Librarians' Glossary and Reference Book*, 9 th ed., Gower, 2000.

Ⅱ. 学校教育と図書館

1. 教育装置としての学校

(1) 学校観の変化

　教育は，家庭や学校，職場など，さまざまな場で行われ，その内容・方法も多様である。それらの教育の場の中で，近代になって社会の中で大きな位置を占めるようになったのが学校教育である。

① 母校から収容所へ

　かつて学校は卒業生が「母校」と呼び，教師は「恩師」と呼ばれていた。映画『二十四の瞳』に描かれているように，そこでは教師が生徒を暖かく包み込み，守り通す気慨があった（本書では煩雑さを避けるため，法令で「児童」と呼ぶ小学生にも「生徒」を使う）。ところが，登校拒否や校内暴力の増加などに伴って，教師が生徒の自由を奪い，望む型に押し込めているとの学校観が広まった。「母校」が〈収容所〉に，「恩師」が〈看守〉へと，イメージが変わったのである。

　生徒は教室でカセットラジオの音を大きくして教師に抵抗し，仮病を使って保健室に逃げ込む。そのような学校内で，休憩時間や自習時間に行くことを推奨される場所が学校図書館である。学校図書館を生徒の一種の〈解放区〉にしようとする学校図書館員が生まれ

るのも不思議ではない。しかし，それが生徒指導に腐心する教師たちとの連帯を切断するのを，学校図書館員は忘れてはなるまい。

② 学習塾

　現在学習塾に多数の小学生が通っている。その結果，塾の教師を「恩師」と見る子どもたちが生まれてきている。文教当局もしばらく前から，塾を敵視するのを止めて，それを取り込んでいく方針に変えた。しかし，本当に学校は敵視すべきものであり，塾は歓迎すべき存在なのか。学校図書館員にとって，これは重大問題である。

③ 塾通いの影響

　塾通いの問題点に，子どもたちの健康への悪影響がある。塾の終わりが遅いために，夜遅くファースト・フード店で夜食をとることが多く，また体力・敏捷性・五感を養うのに欠かせない外遊びの時間が大きく奪われる。もう一つの問題は，学習の場である学校が単なる息抜きの場になることである。学校の学習内容をすでに塾で学んでいれば，そうなるのは当然である。既習を前提に教師の学習指導が行われれば，塾に通っていない生徒は置き去りになる。

　塾の指導が受験対策の場合，学習は入学試験問題を解く技能を磨くドリル中心になる。それは自主的・自発的な学習意欲を弱め，知的好奇心，創造性を伸ばす妨げになる。生涯学習の重要性が言われる中で，この学習方法は生徒の生活能力に影響を与え，重要な能力の一つである図書館利用能力を生徒から奪うことになる。

(2) 教育の意味

　現在の学校に問題を感じ，教育そのものについても疑問を抱く人

がいる。そのために、学校図書館を教育とは直接かかわらない図書館として位置づけようとする。しかし、果たして教育は、それらの人々が主張するように、敵視されるべきものなのか。これは、学校図書館の存在理由にかかわる最重要事項である。

① 教育の定義

何事もそうであるように、教育もさまざまに定義されている。それらを整理して要約すると、'教育は、人を理想的な状態に近づけようとして、その人の学習に働きかけること'と言うことができよう。そして、教育は人間が生きるために作った集団、すなわち〈社会〉が必ず持っている作用であることは等しく認められている。人は誰でも、好むと好まざるとにかかわらず、複数の社会に所属する。それは人がさまざまな教育から逃れられないことを意味している。

② 教育の目的

（ア）生存能力の育成

教育の目的の一つは、'独力で生きることのできる能力を身につけさせること'である。言い換えると、'人が置かれた環境の中で、生存するのに必要な栄養を補給し、危険を回避できる力を身につけさせること'である。情報の観点で教育を見ると、それは、人間が他の生物と同じように、'生存のために、環境から受容器（センサー）を通じて受けた刺激を信号とノイズに分け、その信号の意味すること、すなわち、情報に基づいて適切な行動をとれる能力を育成すること'になる。情報には図書館が提供するものも含まれている。

教育を受ける当人は養育者に依存できるうちにそれを身につけなければならず、依存されている方はそれをできるだけ早く確実に身

につけさせるために教育をする。この教育では，代表的な基礎集団である家族が，成長期には大きな役割を果たすとされている。

　古代以来の分業社会では，何らかの形で，職業につくための教育が行われてきた。身分制が崩れた近代社会では，生存するために個人は何らかの職業につかなければならない。そのための教育，すなわち広い意味での職業教育は，個人にとってはもとより，分業によって維持されている社会全体にとって，またその職業についている人々で構成される職業社会にとって，生存をかけた重大事である。そのために新参や若手に対して何らかの方法で教育が行われる。

　（イ）社会人の育成

　これまで人間社会では対立抗争が繰り返されてきた。それは個々人の間ばかりでなく，個々の社会間でもしばしばなされてきている。後者の最大のものは戦争である。そのような状況の中で生き残り，あるいは優位に立つために，社会はその構成員となる者に教育を行ってきた。列強が対立抗争した時代に，社会としての国家の生存をかけて国民教育が行われたことは記憶に新しい。

　しかし，同じ社会に属する人々の間であっても，対立抗争が激しいことに変わりはない。これは，社会の安定を損なうばかりでなく，過度になると社会そのものの存立を危うくする。そこで，自己の欲求を制御して，個人や集団の利害の対立を調整し共存できるように，望ましい社会人像が提示される。そして，それに向けた働きかけが，さまざまな方法で子どもに対して行われる。その際に，歴史書や伝記などさまざまなメディアが利用される。学校図書館をはじめとする図書館も，それらを提供する施設であることは言うまでもない。

（ウ）自我の形成

　現代は社会の変動が激しく，安定しているように見える大企業が倒産したり，一方では環境破壊が進んだりしている。そのため，将来に不安を抱いて生きている人が少なくない。特に青少年にはその傾向が強い。また，利害で結ばれている〈利益社会〉では，人々は割り振られた役割を演じることを期待され，それを演じていた個人がいなくなれば，社会はその代替者を見つけて支障なく存続する。そのような中で，他の人間に代替不可能な自分を作ること，すなわち〈自我の確立〉は，個人が真に生きるために不可欠なことである。そのために悩み生きた人々を描いた文学や伝記，哲学などは，いつの時代にも，また現代では特に青少年に大きな意味を持つ。悩みつつ将来の道を求める自己に，理想像を抱いている自己が，心の中で働きかけを行うのである。それが〈自己教育〉である。

(3) 学校教育の特質

　上に述べたようなさまざまな教育の中で，学校教育はどのような特色を持ち，どのような位置を占めるのであろうか。

　学校教育が他の教育と異なる点は，細谷俊夫によると，

　　①計画的，組織的，継続的であり

　　②教育の専門家，すなわち教師が担当していること

である。そして，この教育を専門に行う機関として学校が登場した要因は，

　　（ア）社会的遺産としての文化財が増加したために日常の生活経
　　　　験だけでは伝達し切れないこと

（イ）文化財が複雑化したために青少年が独力ではそれを理解で
　　　　きなくなったこと
　　（ウ）文字が発明されたこと
で，（ウ）が最大の要因である。そこで伝達される文化財の特徴は，
　　①系統制を持ち
　　②選択されており
　　③個々の学習で欠けているものを補塡するもの
であるという[参5]。このことは，学校教育が文字記録と密接不可
分の関係があることを示している。文字記録の中には当然図書も含
まれるので，学校が図書館とも関係が深いことになる。

　ところで，(イ)の学校教育の特質は，子どもとその養育者の双方
にとって重大な意味を持つことである。すなわち，'子どもが学校
へ行かないことは'，子どもにとっては'今の社会で生きていく能
力を身につける機会を失うこと'であり，親などの養育者にとって
は'いつまでも自立できない子どもたちが，自分たちに寄生するの
を止めず，やがて社会が滅びること'につながるからである。そし
て，'学校へ行かないで，独学すればよい'のは，親などの養育者
に教育の専門家としての力量があって，学校で行うような教育を子
どもに施す能力がある場合に限られる。それゆえ，学校へ行くのを
嫌がる子どもを，親が無理に行かせようとするのは当然である。

(4) 学校教育の目的

　画一的と批判されることが多い日本の学校も，実際には個々の違
いが大きい。学校を，その教育目的によっていくつかに大別するこ

とができる。それによって，学校図書館の運営方針の大枠も決まる。

① 近代学校の教育目標

　学校図書館が設置される初等・中等学校は，近代社会が生み出したもので，「近代学校」と呼ばれることがある。その教育目的は，要約すると，（ア）工業社会の職業人・社会人に共通の基礎能力の育成であり，民主政の国家では（イ）主権者としての政治的教養の育成がそれに加えられる。

　「（ア）工業社会の職業人・社会人に共通の基礎能力の育成」は，個人の生存と社会の存続に欠かせないことである。個人の場合には，身分制から解放された近代社会では，人は生きるために職業を選ばざるを得ない。近くに職がなければ，遠方への移動もいとえない。近代学校の教育には，多様な職業とさまざまな土地での生存を保障する能力の育成が期待されているのである。それゆえ，学校の教育目標と教育内容は，自国内では共通であることが求められる。父母が，子どもの通学する学校の授業内容や進度に神経質になり，転校した場合に違いを問題にするのは当然である。

　国際化の進展で文化の異なる国々との相互依存関係，産業構造の複雑化が進み，利害関係も錯綜している。人々は適切な情報に基づく合理的な判断の必要に迫られている。情報開示の法制化もこの状況への対応であり，それを活用する能力も欠かせない。近代学校の教育目的に，情報活用能力の育成が掲げられたのは必然である。

　「（イ）主権者としての政治的教養の育成」は，「教育基本法」（第8条）の，"良識ある公民たるに必要な政治的教養は，教育上これを尊重しなければならない"との規定がそれに該当する。しかし，

この教育は，特定の政党や政治運動などと結びつく危険性が高い。そこで，同法では第2項で"法律に定める学校は，特定の政党を支持し，又はこれに反対するための政治教育その他政治的活動をしてはならない"と，歯止めをかけている。この規定にあるように，この教育内容は政治権力が学校に介入する原因になると同時に，支配層にとっては自らの権力基盤を危うくする可能性の高いことでもある。政治教育を建て前に留めようとする雰囲気が，学校の中に漂うことがあるのは，そのためであろう。

② 個々の学校の教育目的

学校の職員室や教室に"自主的に物事を考え，実行できる人になる"などと，その学校の教育目標が掲示されている。学校独自の教育目標は，近代学校の教育目的から導き出されたものが多く，抽象的なものが目立つ。こうした教育目標よりも学校現場の教育活動を強く規定するのが，学校の類型によって異なる教育目標である。もちろん，個々の学校は複数の類型に分類できる多面性を持ち，教師の教育実践も一色ではない。学校図書館員は，学校の教育目標と設置目的を知り，それに対応した図書館運営を心がける必要がある。

(5) 学校の類型

① 段階別

生徒の発達段階によって，児童期のための初等（教育）学校と青年期のための中等（教育）学校に分けられる。日本では前者が小学校，後者が中学校と高等学校になる。1998年には中学校と高等学校とを統合した中等教育学校が法制化された。学校図書館のあり方は，

生徒の発達段階によって異なるので，学校図書館員は人間の発達段階と教育について知っていなければならない。また，発達の程度は個人差が大きいので，個々の生徒についての理解も欠かせない。

② 義務・非義務

現在日本では小学校と中学校，中等学校の中学部が義務教育になっている。〈義務〉の意味が，国や親（保護者）が子どもを教育する義務であることは衆知のことである。それは子どもにとっては教育を受ける権利になるので，権利を放棄した子どもが学校へ行かないのを是認する人もいるようである。しかし，前述のように，近代社会で生存するためには学校教育は欠かせないので，生徒を説得して学校教育を受けさせることは大人たちの責務である。学校図書館員も，適切な資料を提供するなどの職務を通じて，学校教育への生徒の不信感を解きほぐす努力が必要である。

③ 普通教育と職業教育

教育を，社会人・職業人共通の教養をつける普通教育と，職業に必要な知識・技術を習得させる職業教育に分けることもある。前者が普通教育学校で，後者が職業（実業）学校である。日本では小・中学校が普通教育学校，高等学校には普通教育学校と職業教育学校があり，後者はさらに，工業，商業，農業，漁業などに分けられる。

図書館の様態も，学校の種類によって大きく異なる。例えば普通教育の中等学校では，自由学芸（リベラル・アーツ）の教育と関係の深い古典・名著などが学校図書館の蔵書の中でかなりの位置を占める。一方，例えば工業高等学校の図書館には，大学の工学部の学生が読むような内容の専門書が蔵書の多数を占める。学校図書館員

に求められるのは、このような違いを把握した図書館運営である。

④ 進学準備校と完成教育校

学校には、生徒全員が上級学校へ進学する〈進学準備校〉と、そこで学校教育が完結する〈完成教育校〉とがある。前者は、小・中学校であり、「進学校」と呼ばれる高等学校もこれに含まれる。後者は、特定の職業に必要な知識・技術を教授する職業高等学校と、そこで学業を終える生徒に社会人としての基礎教養を授ける普通科の高等学校である。進学と就職の希望に応えようとする高等学校は、両者の性格を併せ持つ複合的な学校になる。

進学準備校の教師や生徒の中には、自習室的な学校図書館運営を望む者もいる。一方、完成教育校の中には、生徒の学習意欲の低下と低い読書能力に悩まされるところが少なくない。学校図書館員には、学習の基礎を養う図書館活動への見識が強く求められる。例えば〈朝の読書〉の実践は[参19]、多くの示唆を与えてくれる。

2．学校と図書館との関係

(1) 学校と図書群との密接な関係

第二次世界大戦以前にも、〈新教育〉とは関係が薄いはずの（旧制）中学校や高等女学校、すなわち〈中等学校〉に図書館があったのはなぜか。雑誌『学校図書館』にも、かなりの数の第二次世界大戦以前の中等学校図書館の報告が、断続的に掲載されたことがある。先進的な府県で1930年代、これらの学校に図書館が設置されていたことは、東京府下の"大半の公私立中等学校を会員としている学校図書館の研究会があった"こと[参17, p.377]からも知ることができる。

また，第二次世界大戦下，先進的な地域では2割の初等学校に図書館があったという[参10, p.133]。これは，学校図書館の存在は〈新教育〉に必ずしも左右されないことを示している。

　学校と図書館とが密接な関係にあることは，学校の誕生理由からも説明できる。すなわち，日常の生活経験だけでは伝達しきれず，児童・青少年が独力で理解できないほど社会的遺産としての文化財が増大・複雑化した結果，文字が発明され学校が誕生したというのがそれである（「Ⅱ.1.(3)　学校教育の特質」参照）。文字に記録された文化財の内容を伝達するには，かなりの数の図書が必要である。これは，学校教育には図書館が欠かせないことを意味している。

　図書館が設置されていない学校があるのはなぜか。それは，何らかの図書群が学校図書館の代わりをしているからである。その典型的なものが，生徒には教科書であり，教師には職員室や自宅の図書群である。さらに，それらを補うものとして学習参考書，書店・公共図書館などの図書群がある。

(2)　学校図書館の必要度

　学校の種別によっても，学校図書館設置の必要度は異なる。具体的学習が多く，読み書き算の基礎学習が重要な意味を持つ初等学校よりも，内容が複雑で抽象的学習の多い中等学校の方が，その必要性が高いことは説明するまでもなかろう。アメリカの学校図書館の基準を初めて提示した「サーテン・レポート」（1918年）が，まず中等学校について出されたことや[参3, p.164]，日本では整備された学校図書館が中等学校，特に後期中等学校に多いのは，それを示し

ている。

　学校で生徒が使う図書の代表は教科書である。教科は複数なので，生徒も図書群を持つことになる。教科書を学校に備える場合には，それを配架しておく図書館が必要になる。生徒が教科書を自宅に持ち帰る場合でも，教師には教材研究のために参考となる図書群が必要で，職員室の一隅か学校内の一室にそれらが置かれるのは普通のことである。それが学校図書館の原型であることは言うまでもない。そして，教科書は学校で学ぶ主題への導入を図る図書に過ぎないので，その学習を発展・深化させるためには，参考文献が不可欠になる。教師用の図書館はそれらを集めたものであるから，生徒の学習の発展・深化を望む教師が，何らかの形で生徒に開放するのは自然のことである。ここにも生徒用の学校図書館誕生の契機がある。

　この学校図書館の機能を，法律では"学校の教育課程の展開に寄与する"と規定している（「学校図書館法」第2条）。しかし，後述のように，それを妨げるものとして，受験競争が学校教育と図書館との間に立ちはだかっている。

(3) 受験競争と学校図書館
① 受験競争の影響

　学校図書館関係者がその活動の阻害要因と見なしていることに，受験競争がある。それは，初めは中等教育学校に大きな影響を与えていたが，私立中学校への進学希望が増えるにつれて，初等教育学校である小学校にも及んできた。少子化によって進学希望者の全入が数字上は可能になったにもかかわらず，世間的評価の高い一部の

学校・大学への受験競争の激しさは変わらない。

　受験競争では，入学試験用の知識と受験技能の効率的な習得が絶対的な意味を持つ。それに有利な中高一貫教育の私立学校との競争に勝つため，一部の公立高等学校を受験指導に力を入れる〈進学校〉として教育委員会が公認する状況が生まれている。広い地域から生徒を募集するために学区制も廃止される。受験競争は，塾通いによる食生活の乱れや睡眠不足を子どもたちにもたらし，家庭の事情などで進学競争から疎外されて学校でも学習意欲を失い，それから逃れる子どもたちを生み出し，結果として生徒の読書力の低下や読書離れを加速している。

　入学試験で問われるのは，出題科目で扱う主題の知識を受験者が習得しているか否かである。そこで，学習者は受験勉強でそれを確固たる知識として，ひたすら受け入れることになる。それに疑問を抱くことは学習の妨げになる。教師の指導も，試験問題を軸にしたドリル中心にならざるを得ない。「学習指導要領」の教育内容を期間を短縮して教授し，卒業前の半年ないし１年を，試験問題の学習指導に当てるのもそのためである。〈進学校〉で学校図書館を使うことがあるとすれば，いわゆる〈受験科目〉でない科目か，そのような指導に飽き足りない教師が担当している科目に関してである。この他に，気分転換の場所としての利用もある。

②　図書館の自習室化

　この学習で役立つ図書は，学習者が独力では理解し難いことについて，懇切丁寧に説明してくれる学習参考書である。〈進学校〉に，学校図書館には学習参考書だけあればよいと言う教師がいるのも，

至極当然である。この種の蔵書の他に、学校図書館で役立つものは静かな閲覧室である。これに関連して思い出すのは、既に十有余年前になるが、東京大学総合図書館の開架室を見学した際に、そこが司法試験受験のための自習室と化していた光景である。その開架室は、筆者の恩師である故裏田武夫教授が館長として図書館改革に心血を注ぎ、開架図書の選択に全学部の協力を得て整備した開架閲覧室であった。ところが、学問に必要な教養を培う幅広い分野の十数万冊の図書を開架した部屋が、単なる自習室になっていたのである。

受験競争では、競争相手に勝つために試験科目に集中した学習が効果的である。3科目程度の試験科目の大学が圧倒的に多いので、高学歴化が視野の広い教養豊かな人の増加を意味しないのである。

〈進学校〉であると否とを問わず、受験競争で脱落した生徒は、自信を失い学習から遊びなどへ逃避する。文字文化の一翼をかろうじて担う雑誌も、読まない生徒の率がここ数年増え続け、2002年には中・高校生でそれぞれ23.3%、29.3%と過去最高を更新し、小学生でも18.1%であることにも[参13, p.21-25]、それが反映している。

3. 学校の教育内容－教育課程（カリキュラム）

(1) 学校教育と教育課程

① 教育目的と教育課程

学校は、その教育目的に即して児童生徒の学習活動を指導するため、教育内容を計画的・組織的に編成する。これが〈教育課程（カリキュラム）〉である[参4など]。個々の学校の教育目的は同一でないので、教育課程も学校ごとに異なる。しかし、1958年以降、教育

課程は文部科学省告示の「学習指導要領」を基準に編成すると定められている。

「学習指導要領」は，日本の学校教育の内容とありようを規定する大きな存在であり，国家権力が教育内容を統制する手段と批判にさらされることも多い。しかし，「学習指導要領」には，国民の多数を占める被雇用者層にとっては職業選択，移動の自由，雇用の機会を保障する基準の役割，雇用者層にとっては変化する産業構造に対応した労働力を確保する役割もある。規制緩和によって教育課程の編成に学校の裁量が認められた今日でも，学校教育のこの任務は変わらないので，教育目的と内容の統一性は依然として必要である。

② 学校の類型と教育課程

個々の学校の教育課程は，学校の類型によって特色づけられる。例えば段階別の類型を用いると，初等学校と中等学校になる。この2種類の学校は，前者は庶民の，後者は支配層の学校として出発した。そのために，前者の教科は"主として実用的な読・書・算の3つの生活技術から構成され"，その"教育目的"を"知性の陶冶・訓練"としていた後者では"知識が構造として体系的にまとめられている学問的教科が有効である"という［参1（第1巻），p.289］。このことは，小学校では児童の実践的・活動的経験を主軸にした教育課程に，中学校・高等学校では伝統的，基本的な教育課程になる傾向が強いことを示している。これは，小学校と高等学校における図書館資料の構築に，大きな違いを生み出す原因でもある。

③ 教育課程の制定

さまざまな理論があり，時代の影響を受けるので，教育課程の具

体的な構成は多様である。また，学校誕生の原因である伝達すべき内容（文化財）の増大・複雑化も，ますます進行している。その結果，教育課程はさらに高度化・複雑化し，学習者の負担もさらに過重になる。そして，学習者の負担軽減の声と学力低下の批判が恒常的になる。教育内容の取捨選択と効果的な教育方法の開発が，絶えず教育課程編成者の課題になる。

　教育課程の編成を法的に定めているのが，「学校教育法施行規則」である。現行の施行規則は，小・中学校については1998年12月14日に公布され，2002年4月1日施行となっている。高等学校の場合は，1999年3月29日（6月3日に一部改正）公布されているが，その施行日は，項目によって2002年4月1日と，2003年4月1日がある。同規則によれば，教育課程は小・中学校では後述の9教科と〈道徳〉，〈特別活動〉，〈総合的な学習〉で構成されている。一方，高等学校では23教科および〈特別活動〉と〈総合的な学習〉，〈道徳〉に関係の深い科目として，教科〈公民〉の一科目に〈倫理〉が設けられている。言うまでもなく，学校図書館の役割は，教育課程に基づく教育活動への援助である。それゆえ，学校図書館員には，教育課程や「学習指導要領」への深い理解が求められる。

(2) 教育課程の改定

　「学習指導要領」は，社会や学校をめぐる状況の変化に対応するために，ほぼ10年ごとに改定されてきた。1998年7月29日に，大きな変革を伴う教育課程審議会の最終答申が出された。それを受けて1998年度中に「学習指導要領」が改定され，新しい教育課程が2002

年から施行された。答申には，学校における教師と生徒との信頼，生徒相互の友情，学び合い助け合いなどが明記され，それらが荒廃した学校の再生を目的としていることが明白に示されている。そして，学校教育の目標として，

　①豊かな人間性・社会性・国際社会に生きる日本人としての自覚の育成
　②自ら学び，考える能力の育成
　③基礎基本の確実な定着と個性を生かす教育
　④各校の特色ある教育の実現

が挙げられている。

　この中には，第二次世界大戦後の〈教育改革〉と共通するものが多い。当時〈新教育〉の実践として広く試みられていた「自由学習」「自由研究」と類似のものとして，いずれの教科にも属さない〈総合的な学習の時間〉（以下「総合学習」）が新設されたのは偶然の一致ではない。また，学校週5日制に対応して教科の時間数と必修科目が削減される一方で，新設されたのが上記の〈総合学習〉と情報科である。後者は情報教育の推進を目的としている。

　〈総合学習〉では，資料の選択・収集・理解や観察・実験・実習・見学など，多様な教育方法と生徒の自主的・自発的な学習が必要である。保健科をはじめさまざまな教科で，これまでもそのような教育方法を用いる例があった。その教育実践を支えるのが，十分に組織化された資料を揃えた学校図書館である。文部省の宮川八岐教科調査官も述べているように［参20, p.57-59］，〈総合学習〉でもその事情は変わらない。

(3) 教科

① 意義

教科は，"学校において子どもに教授すべき知識・技術・芸術などの人類の文化遺産を教育的に組織したもの"[参5]である。言い換えると，それは児童・生徒の発達に対応して身につけるべき知識・技術などを体系化し，学習を通じて社会生活に必要な能力・生活態度などを彼らが獲得することを目的としている。学校教育における主要な活動は，授業を中心とする教科指導と見なされている。

教科指導が学校教育の最も重要な領域であっても，生徒がその学習に消極的であれば学校教育の実は上がらない。教育改革と教育学研究は，教育内容の改善とさまざまな教育方法の開発とに終始した歴史である。学校図書館もそれぞれの一つである。

② 内容

教科内容には学問や科学技術の成果が取り入れられ，その具体的内容は教科書などの形で示される。それは，近代学校を設置する全体社会である国家が，次世代に伝えようとする事柄と，それを伝えるのに効果的な表現になる。例えば理科の場合，自然科学の成果の単なる伝達ではなく，科学的な捉え方を身につけさせることや，科学と社会との関係を考えさせることなどになる。もちろん，これらは時代とともに変わり，どの学校でも同じではなく，学校の段階によっても異なる[参6]。こうして，自然科学の方法論と問題意識が人間にどのような意味を持つかが常に念頭に置かれ，理科の内容が決まっていく。もちろん，分業社会における自然科学，工学分野の基礎的教養の育成もそこに含まれる。

学校に設置する教科は,「学校教育法施行規則」で定められている。2003年現在, 小学校では, 国語, 社会, 算数, 理科, 生活, 音楽, 図画工作, 家庭, 体育の9教科, 中学校では国語, 社会, 数学, 理科, 生活, 音楽, 美術, 保健体育, 技術・家庭, 外国語の9教科になっている。高等学校は, "普通教育に関する教科"と"専門教育に関する教科"とに分けられ, さらに各教科はいくつかの科目に細分されている。前者は国語, 地理歴史, 公民, 数学, 理科, 保健体育, 芸術, 外国語, 家庭, 情報の10教科, 後者は農業, 工業, 商業, 水産, 家庭, 看護, 情報, 福祉, 理数, 体育, 音楽, 美術, 英語の13教科となっている。各教科・科目の授業内容は, 図書館の資料構成にかかわる問題である(「Ⅴ. 資料の収集と構築」参照)。

③ 学力差

科学技術の発展によって, 教育内容は生徒の理解能力とますますかけ離れ, 生徒が教師に反抗し, あるいは教室から逃げ出す原因になっている。また, 教科が"ヨーロッパの伝統的な教養内容をなす"リベラル・アーツであり[参2], その目的が, 社会の精神的指導層＝知識層の教養の涵養であり, 実質的には大学への進学課程であった中等学校の教科に, その傾向が色濃く残っていることがある。

その一方で, 難解な教育内容を理解できる生徒が少ない現実もある。理解力の差の結果として学力差が開いてくるのは, 小学校の上級学年から中学校段階である。この年代は具体的思考から抽象的思考に移る時期とされており, 移行がスムーズに行われない児童・青少年が, 教科学習に不適応を起こしている。特にその差が著しいのは, 抽象的思考が求められる算数・数学科や, 理科の中でも抽象度

の高い物理学などである。

　多数を占める低学力の生徒への教育に対応するために，児童の実践的・活動的経験を主軸に学習内容を組織した大衆教育的な〈経験カリキュラム〉による教科の編成がしばしば試みられてきている。しかし，学校で伝えるべき知的文化財は増加し続けているために，エリート教育を前提とした伝統的，基本的な〈教科カリキュラム〉による教科の編成とのせめぎ合いは，今後も続くであろう。

　このようにさまざまな問題を抱えている教科について，教科指導のための資料の提供を責務とする学校図書館員には，十分な知識が求められるのである。それは，1ないし2の教科を担当する中等学校の教師に求められるものというよりは，全教科担当の小学校教師のものに近い。また，中等学校の学校図書館員には，初等学校よりは高度な，すべての教科の授業内容について，教科の教員たちと話し合える高度な知識が求められる。

(4) 教科以外の教育活動

① 道徳

　教科以外の教育活動には，道徳教育と特別活動とがある。前者は，「教育の目的」で述べたことのすべてにかかわる教育内容である。道徳教育は，学校のあらゆる教育活動で行われている。例えば，国語の授業で太宰治の『走れメロス』を学習した場合には，同時に友情について学ぶことになる。あるいは，校外授業のために電車で移動する際に，子どもたちが他の乗客に迷惑をかけないようにするのも，自律心と社会性を身につける機会になっている。

特設時間の〈道徳〉は，このようにさまざまな場で学んでいる徳目を体系化し，内面化する場である。この教育に水を差すのが，社会の指導的立場にある者や高い道徳性が求められる職業についている者の一部による度重なる反道徳的な言動である。それを，マスメディアなどで知っている生徒が，徳目の教授に偽善の臭いを嗅ぎ取ることも多い。教師はそのような者たちを反面教師としつつ，生徒に徳目の意味を考えさせることになる。学校図書館に求められるのは，そのための資料の提供である。

　第二次世界大戦の敗戦前までは，道徳教育のための教科として〈修身科〉があった。それは重要な教科として位置づけられ，1890年の「教育勅語」の発布後は，"〈忠君愛国〉の国民道徳が"その"骨格"となった[参2]。1945年12月に占領軍によって修身科は廃止され，道徳教育は学校の教育活動全般を通して行われることとなった。その後1958年の「学習指導要領」の改定で，小・中学校の特設時間で学習する教育内容として〈道徳〉が設置され，その目標・内容などが修正されつつ今日に至っている。

　人間像を提示し，それによる社会化を図る道徳教育は，本来的に政治の干渉や介入を招きやすい教育領域である。そのための資料を備える学校図書館が，難しい立場に置かれることもある。道徳は生徒の読書と学校図書館との自由が，最も脅かされやすい〈教育内容〉なのである。

　② 特別活動

　〈特別活動〉はかつては「特別教育活動」と呼ばれたもので，その内容は，

①学級活動（中・高校では「ホームルーム」）

　②児童会活動（中・高校では生徒会活動）

　③クラブ活動

　④学校行事（入学式などの式典や，運動会・学芸会・クラブやクラスの展示などが行われる文化祭，遠足・修学旅行，奉仕活動など）

となっている。それは，生徒が教科学習の成果を適用し深め，集団生活の中でそれを発展させる自主的活動である。

　（ア）学級（ホームルーム）活動と児童（生徒）会活動

　学級会（ホームルーム）活動と児童（生徒）会活動は，民主主義社会の一員に必要な政治的教養，すなわち自治能力を育成する教育の領域である。自治能力には自発性が求められるので，その育成もこの領域に含まれている。しかし，今日では人間関係が極端に希薄になり，表面的になったために，生徒間の連帯感も薄れている。これは，ホームルームや生徒会の基盤となるクラスや生徒集団の実質的な解体につながる。ホームルームが自習時間になり，生徒会総会が雑談の巣になるのもその現れである。

　ホームルームや生徒総会の時間に，図書館に来る生徒が散見される。その場合には，学校図書館員は生徒自治の精神を説いて，出席を促すよう指導する。あるいは，生徒会の開催時間に臨時休館する（「Ⅳ．図書館サービス」参照）。

　児童（生徒）会の下部組織に各種の委員会があり，児童（生徒）図書委員会はその一つである。委員会の指導は校務分掌（「Ⅶ．1.(2)　学校の運営組織」参照）の一つである生徒指導部の管轄になるが，

学校図書館の管理・運営は図書部の管轄なので，児童（生徒）図書委員会は図書部が指導するのが一般的である。その場合でも，図書委員会が自治能力を養う場であることには変わりはない。

　(イ) クラブ活動

　人間はそれぞれ好きなことに熱中するものである。愛好者は教科で学ぶだけでは満足できない。教科や科目の学習は基礎的な技術や知識の部分で終わるからであろうか。それをさらに深めるのがクラブ活動である。学校図書館がクラブ活動に応える資料を提供するためには，クラブ活動の内容を知っておきたい。職員会議などで配られるクラブ顧問のリスト，活動についての報告，文化祭のクラブ発表，図書館内外での生徒との何気ない雑談などが役立つ。

　クラブ顧問は教員の職務なので，学校図書館員が司書教諭の場合は，いずれかのクラブの顧問になる。図書館クラブの他に，読書と関係が深い文芸部の顧問になることも多い。なお，故筒井福子元JLA 学校図書館部会長は，剣道部の顧問であった。

　(ウ) 学校行事

　生徒にとっては，授業の行われる〈日常の世界〉とは対照的な〈非日常の世界〉が学校行事である。式典以外の行事では，日頃の学校生活では活躍することの少ない生徒が，持てる力を発揮できる機会でもある。特に教師主導の授業が多い場合には，これらの行事は生徒たちが資料を活用した自主的な活動ができるよい機会になる。その際の資料源として，生徒たちが学校図書館を思い浮かべるような図書館づくりが望まれる。

　修学旅行などでは入念な事前指導が行われる。講堂や体育館ある

いは校外の施設で，講話や映画上映などが行われることも多い。図書館は，映画の選択・借用などについて〈学年〉との相談に乗るだけでなく，生徒の事前学習や学習資料用パンフレットの作成に役立つ図書館資料を選択・展示することも大切である。

(5) 総合的な学習

新教育課程では，教育内容・方法を個々の学校の裁量で決められる〈総合的な学習の時間〉が設けられた。その教育目標は"自ら課題を見付け，自ら学び，自ら考え，主体的に判断し，よりよく問題を解決する資質や能力を育てること"であり，具体的には，学習方法や思考法を育てて，"問題の解決や探求活動に主体的，創造的に取り組む態度を育て，自己の在り方生き方を考えることができるようにすること"とを目的とする。そこにあるのは，教師主導の知識注入型の教育よりも生徒の自発的な学習を強調する考えである。

〈総合学習〉が設けられた背景には，教科への学習意欲の低下によって，注入型の教育では学習効果が上がらず，学力低下が進行している現実がある。また，その底流には，国際経済競争に生き残るために，創造性のある多くの人材を育成したい国家戦略もある。

この学習の主題として例示されているのは，"国際理解，情報，環境，福祉，健康"であり，それらは"横断的・総合的な課題"である。また，学習方法も，"自然体験やボランティア活動，就業体験などの社会体験，観察・実験・実習，調査・研究，発表や討論，ものづくりや生産活動など体験的な学習，問題解決的な学習を積極的に取り入れること"と，具体的に指示されている[参21, 22]。事前

および事後学習や調査・研究などには図書館が欠かせないので，学校図書館関係者が総合学習に大いに期待し，積極的に支援しようとするのは当然である。また，図書館という複雑な装置から必要な情報を引き出すための利用法の指導も不可欠になる（「Ⅲ．学校図書館の教育活動」参照）。

4．学校の教育方法

⑴ 教授＝学習過程

　前述のように，学校の中心的な教育活動は，授業を中心とする教科指導である。授業では，〈教授者〉である教師と生徒との間でコミュニケーションが行われる［参15, p.116］。また，教師が引率して郵便局を見学する場合には，教師の監督下で郵便局員などが〈教授者〉になる。その授業では，局員が授業目的に即したメッセージ，すなわち郵便物の集配や貯金・為替などの仕組みについての説明を発信し，生徒はそのメッセージの理解を深めるためにメッセージ，すなわち質問をする。この過程で生徒は郵便局の仕組について学んでいるわけである。このように，生徒はその教育内容について学ぶ者，すなわち〈学習者〉なので，強い学習意欲が生徒にあれば学習効果は大きくなる。それを引き出すのが，〈教授者〉を含む学習環境と，生徒自身の学習の動機である。

　授業におけるこの〈教え教えられる過程〉は，教育学では〈教授＝学習過程〉と呼ばれている。これは教育関係者以外には馴染みのない概念であるが，学校図書館員は知っておくべきである。それは，授業に役立つ図書館活動が求められているばかりでなく，次の章で

述べるように，学校図書館にもさまざまな形で〈教授＝学習過程〉が存在するからである。

見学などで教師以外の者が〈教授者〉になる場合も，教師はその授業が授業目的に適うように，〈教授者〉や生徒に問いかけなどをして，学習効果が上がるように配慮している。いわゆる〈教育的配慮〉である。これは教育行為があれば，授業以外の場にも存在する。例えば，客が帰った後に親が子どもに来客時の行儀作法を教える場合もそうである。一方，教育の場にある学校図書館では，当事者に教授者，学習者の意識がほとんどないのではなかろうか。たしかに，学校図書館員に教授者意識が強いと，生徒は逃げ出してしまうかもしれない。しかし，生徒がそれとは感じないような教育的配慮が必要なことは，教育の場である学校図書館の宿命である。

(2) 多様な教授＝学習形態

授業は，教育目的や教育効果，教授者の判断などによって，さまざまな方法で行われる。それらは，学校図書館のあり方に大きな影響を与えるので，主なものを見てみよう。

① 個別指導と一斉指導

学習者が授業で主に受ける指導形態によって，授業形態を分けることができる。個別授業（指導）では，与えられた課題を個々別々に教授＝学習する。同じ教室で複数の学年にまたがる生徒たちが一人の教師から学ぶ複式授業は，集団で授業を受けていてもこれに該当する部分が多い。江戸時代の寺子屋は個別指導であったという。

一斉指導は，広く用いられている方法である。古来からの方法と

Ⅱ. 学校教育と図書館

誤解する向きも多いようであるが，実際は近代の方法で，イギリスのベルとランカスターによって広められた。近代国家の形成のために欠かせない国民教育の実施に，費用対効果の点でも優れているので，広く用いられてきたという[参2]。

一斉指導は個性を無視した指導形態であるとして，多くの批判にさらされてきた。これにも長所と短所があり[参1 (第3巻)，p.5]，特に学習仲間としての学級での学習は，個別学習では得られない多様な思考法を得られるのが，他にない優れた点であるという[参1 (第2巻)，p.107-112 など]。そこで，教師の学習集団づくり，すなわち学級経営の力量が問われるのである。

個別学習がないように見える一斉指導でも，実際は集団学習とそれが混じっている。初めにされる，前回の授業の復習と新しい基本的な内容の提示では集団学習が行われ，それに関する課題は個別あるいはグループ学習で取り組み，課題の答えの検証と授業内容の簡単な復習は集団学習で，最後に次回への宿題が教師から提示されるというのが，多く見られる授業の例である。

グループ学習が基本となるのが，家庭科の調理実習や理科の実験などである。この授業では生徒の自発性が求められるので，その準備のために生徒が図書館に下調べにやって来ることがある。また，授業で出された宿題を解決するために，生徒が図書館にやって来ることは日常見られることである。その結果は宿題の発表で確かめることになるが，これも一斉学習と個別学習が行われる一例である。

生徒の資料要求に対応するために，学校図書館員は職員会議などで前もって課題を通知してくれるよう依頼しているのが一般的であ

る。しかし，授業の展開によって臨機応変に課題を決めることも多いので，教師の側はそれに応えたくても結果的にそうならない場合が多いのではなかろうか。学校図書館としては，宿題の内容を予想した資料構成をしておく方が実際的かもしれない。

② 講義方式と発表方式

授業は教授内容の提示のしかたによって，教師がそれを一方的に行う講義方式と，それを生徒たちが分担して提示する発表学習とに分けられる。一斉授業でも，前回までに出した宿題の解答を生徒が個別に発表することもあるが，発表学習では年間の授業時間のかなりの部分を生徒の発表に充てる。この場合にも，教師が基本的なことを一斉授業で教授する時間は設けられている。

講義方式では，教師が教授内容を広く深く調べてきて，それを一方的に提示する。生徒の実態に合うよう効果的に教育内容を配列でき，話芸と言ってもよい表現力があれば，限られた時間の中で豊富な内容を提示するには優れた方法である。この方式に果たすべき学校図書館の役割は，教師の下調べと，生徒の予復習のために参考文献等を豊富に揃えておくことである。

発表学習を主とする授業は，講義方式では受け身になりがちな生徒が積極的に学習に取り組む方式である。そこでは，生徒が自分の選んだ主題について，他の生徒にわかるように説明しなければならない。説明するには理解したことを表現できなければならない。あいまいな理解はそれを不可能にする。そこで，生徒は十分に調べ，書かれている意味を理解しようとする。その際に役立つのが，多面的に調べられる図書館であり，生徒に頼りになるのが，学校図書館

員のレファレンス・サービスである。

　自主的・自発的学習を生徒に促す点で優れている発表学習にも欠点がある。それは，生徒の学習意欲や発表能力，図書館利用能力などが低いと，定められた時間に教科内容を終わらせることが難しいことである。教師が初めの数回や途中の回で内容の一部を講義し，発表の途中で助言し，後でまとめをするのは，生徒の学習内容を補塡するためである。これらの欠点や手間も，教師が発表学習に消極的になる原因であろう。

　学校図書館員に授業経験がない場合には，実際の授業でどのように図書館資料が使われるかがわかり難い。授業計画や実践記録を読んで想像するだけでは，不分明なところも多い。その点では，小学校国語科の授業で，どのように図書館資料を使って学習が行われたかを具体的に記述した図書［参7］などや，その種の雑誌記事は参考になる。

　③　討論

　教科や学級会（ホームルーム）で，異なる主張がぶつかり合う問題を取り上げる場合には，討論が必要になる。国際化の進展が著しい現代では，異なる文化を持つ人間同士が互いの主張をぶつけ合い，互いが納得のいく結論を得るために討論の重要性が高まっている。それには，感情に陥らない討論の訓練の積み重ねが必要である。この訓練が不足していると，非論理的な解決が公の場で行われても，それに疑念を抱かない人々が多くなる。その傾向が強い日本社会への不信感を招かないためにも，討論方式の授業の実施は大切である。討論では，自分以外の者に論理の誤りを指摘されることで，論法を

研ぎ澄ましていく。しかし，論法が正しくても論拠が誤っていれば，自分の主張は相手を納得させることができない。必要な根拠は，誰もが納得するような〈資料〉や明白な事実である。学校図書館はその重要な提供元である。

討論形式には，6人程度のグループに分かれての討論の結果を報告し，それを基に全体会で討論する〈六六式〉，数人の論者が皆の前で討論し，その後に全体が参加して行う〈パネル式〉，数人の論者が主張を順に披瀝し，その主張への批判を交えて再び論者が順に主張し，しかる後に会場から質問や主張を出して論点を深める〈講壇式（シンポジウム）〉などがある。討論の主題に応じて方式を選ぶ。学校図書館員は，これらについても知っておきたい。

④ 実習・実験・観察

物事には，実際に身体を動かしたり，実地に見聞しないと身につかない技能や知識が多い。教科の学習内容にもこの種のものが含まれているので，実習や実験，観察などの授業形態が採用される。実習の場合も，その技能に含まれる手順や道具などについて書かれた図書や雑誌記事を事前事後に読む予復習は必要であり，効果を高めることが多い。

現象を引き起こすメカニズムについて解明する方法に，実験や観察がある。学校で学ぶことは，すでに研究者によって解明されていることが多い。同じ現象を起こし，その条件を再確認して，そこに働くメカニズムを知らせるために行うのが学校での実験である。学習には実験で起こっている現象の経過を記録し，その変化を通じて意味を理解する観察も含まれる。例えば，鉢に蒔いた朝顔の種から

双葉が出て，茎が伸び花が咲き実がなる変化を毎日記録することによって，生物の一端を知るのはこの観察学習の目的である。実験や観察において，学習主題に適切な実験・観察法と，そこで用いる機材・器具の操作・使用について，参考図書などで知っておくことが必要である。学校図書館にはその種の資料を揃えておく。

⑤ 見学

施設やそこで行われる業務，設備や展示物の働きなどを学ぶ方法が見学である。学校図書館でも，新入生の校内見学の一環として行われ，学校図書館のオリエンテーションが実施される場合，その内容に見学が含まれている。この時に参考資料として，館内案内図を含む図書館利用案内のパンフレットやリーフレットが配られる。

見学で多いのは，校外学習である。その場合には事前学習が行われるので，関係資料の作成などで学校図書館が援助できる態勢を作る。なお，修学旅行は多様な見学が含まれる機会であるが，それについては「3．(4)②(ウ)学校行事」ですでに触れた。

(3) 教材と教具

① 教材

授業では教育内容が提示される。それは，一単位時間で完結するものもあれば，数時間かけて教授されるものもある。そのような教育内容のまとまりを〈単元〉と呼んでいる。すなわち，ある学年で扱う教科の内容は，いくつかの〈単元〉から構成される。そこで，単元学習に役立つ図書館資料の収集・提供が重要になる。授業に用いられる図書館資料を，「教材」の一種と理解している学校図書館

員も多いと思われる。そのような誤解が生まれるのは，〈教材〉の意味の曖昧さのためである。そこで，学校図書館資料と関係の深いこの概念について整理しておこう。

授業で扱われる教育内容は，教育関係者の間では〈教材〉と呼ばれている。それは，"教育目的達成の必要に応じ，子どもや青年に習得させるために選択された文化的素材"であると定義される［参2］。ところが，〈教材〉を含む用語である〈教材費〉の定義を同じ教育学の辞典で見ると，"教具や設備の購入費，あるいはその減価償却費"と定義されている［参2］。この2つの定義では，「教材」の意味世界は明らかに異なる。〈教材費〉の定義によれば「教材」は教具や設備で，学校図書館の資料と設備も〈教材〉の一種になる。

両者の意味世界の違いについて，同辞典では〈教材費〉の説明の冒頭で，"教材*（学習させる必要のある教育内容）にともなう経費という意味ではなく"，と注記して，読者を納得させようとするが，このような注記は，学問世界で厳密な概念規定がされていない理由として不十分である。しかし，"教材とは何か，教材研究とは何をすることかということになると，意外とはっきりしていないことが多い。まず，教材・教具・教育内容などについての概念があいまいで混乱して"おり，教育学者や文部省の用法でも"教材概念は（中略）混乱している"，という柴田義松の指摘［参11, p.136］を聞けば，それが研究途上の複雑な概念であるためと納得がいく。

② 教材と教具の関係

宮原修は〈教材〉と〈教具〉を"別の用語とみるか，同義語ないし類縁性の高い用語とみるかは難しい問題であ"り，"教材と教具

の区別は便宜的なものにすぎ"ず，"同一のもの（こと）が授業（教授・活動）の目標（目的）に応じて，教具となったり教材となったりする"と述べる。そして，彼は"むしろ，教育（授業）のための教育的資源（educational resources）の総称として教材・教具という用語を使うのが適当であろう"と結論する[参12, p.438-439]。

今野吉清はこれらの概念を腑分けしている。彼は，"最も広義の意味でいうなら，子どもたちの興味や関心のすべて，たとえば一本の木や花でも，教育の内容と考えられないことはな"く，"教材とは，教えるべきことがら（教授内容－今野注）を子どもたちの学習課題として提示するときの具体的な材料である"とする。さらに今野は，"一定の目標観にもとづいて，それの目的意識的実現過程としての授業の実践において，とくに子どもたちに教えるべき文化的価値（たとえば，科学的知識・概念や法則，技術の基礎，芸術的価値と表現法など－今野注）を「教育内容」とおさえ，それらの価値を内在させた事実・現象・素材を「教材」とよぶ"とし[参8, p.135]，〈教具〉は"そうした教材が授業過程で提示される際の〝物的手段〟として位置づけられる"[参8, p.136]という。

具体的な状況でこれを理解すると，磁石のN極とS極の吸着と反発についての授業では，磁力が教育内容，吸着と反発の現象が教材，磁石が教具になる。一方，音楽の授業で交響曲についてCDを使う場合は，教材である作品と教具であるCDは密接不可分な〈もの〉である。社会科で郷土資料館の出土品を見ながら学ぶ時，出土品は教材と教具の両面を兼ね備えている。両者を一体化した概念，〈教材・教具〉を用いるのが実際的であるので，本書でもこれを用いる。

(4) 授業と〈教材・教具〉

　世界中の学校で，数え切れない数の授業が毎日行われ，その方法も前述のようにさまざまである。少しでも学習効果を上げようと授業研究が行われ，その構造を解明する努力が積み重ねられている。

① 授業設計

　西之園晴夫の"授業設計"という概念を用いた研究も，その一つである。彼はそれが生徒と教師の双方に重要で意義深いとし，授業設計を"教材内容，学習環境，教師の行動などによってもたらされる効果を予測しながら，自らの教授行動を立案していくこと，すなわち仮説を形成していくことでもある"とする。その仮説とは"授業設計書に描かれた授業過程そのもの"であり [参15, p.36]，"授業の設計は，建築家"の"設計図の作成，画家"の"構図とデッサン，音楽家にとっては楽譜の作成にも相当している"という [参12, p.38]。これに対応する学校図書館の任務は，設計図が予定している〈教材・教具〉を予め教えてもらい，提供することになる。これは，授業の過程を〈教授＝学習のシステム〉と捉え，そこに働くメカニズムを解析し，最適なシステムを作ることによって，一定水準の教育効果を確保しようとする教育工学の考えによる方法である。

② 設計と実践との齟齬

　授業の設計図である〈教案〉に基づく実践についても，困難な問題が内在する。それは，教案を書いて教室に臨んだ教授者が必ず経験することで，生徒の思いもかけない質問や反応に，その〈教案〉をその場で修正し続けなければならないことである。西之園もこれについて，"実際の授業は，教師の構想と行動だけで"は"進行"

しないと認め、そうなる不確定要素として"多様で予想外の行動をする"生徒を対象としていることを挙げている[参15, p.38]。日常生活でも予想に反した受け取り方をされることは、皆が経験していることである。これは、発信者には相手の受信能力が一種のブラックボックスとなっているからである。授業では複数の生徒を相手にするので、予測はますます困難になる。それにもかかわらず授業が可能なのは、教授内容についての反応がある程度定形化できるためである。その定形が教案である。しかし、毎日の授業の一々について教案を書けるほど、教師に余裕がないのも現実である。

③ 〈教材・教具〉の選択

文書として教案を書かない場合でも、教科書やノートにメモしたり、頭の中に書くことは一般に行われる。そのような設計図の中で、利用する〈教材・教具〉が決められる。また、授業の進行途中で適切な〈教材・教具〉を使用したり、課題とすることも行われる。

〈教材・教具〉を使用する観点で授業の過程を見ると、教師は数多くの〈教材・教具〉の選択肢（オプション）の中から、臨機応変に適切なものを選んでいることがわかる。学校図書館の資料構築の質が豊かで適切であり、さらに教師に多様な資料の活用経験が豊富であれば、その選択肢の中に学校図書館資料も含まれることになる。そのため、学校図書館員にも〈教材・教具〉の研究は欠かせない。言うまでもなく、図書館利用の授業をする学校図書館員にも、教授法と〈教材・教具〉の知識・技術が求められる。

(5) 視聴覚教材

① 具体像を提示する教材

　教室内で一般的な〈教材・教具〉は，教科書と黒板である。しかし，教育内容には文字による〈メッセージ〉の伝達が難しいものやわかりにくいものがある。物の姿・形は言葉による説明ではイメージが湧きにくいが，実物，その絵や写真などを見せられるとすぐに理解できる。また，音楽作品の場合，楽譜から音楽を想像できる人以外は，実演や録音の再生を聴かなければ全くわからない。姿・形で表現された〈メッセージ〉は視覚で受信されるので，この種のメッセージと記録媒体・機器は〈視覚資料・機材〉ということになる。また，音は聴覚で受信されるので，〈聴覚資料・機材〉になる。姿・形と音の双方を記録する媒体・機器も多いので，それらを一括して〈視聴覚資料・機材〉と呼ぶのが一般的である。

② 視聴覚教育

　教育活動の中で視聴覚資料を効果的に使い，それらの特質や利用法について教える教育が，「視聴覚教育」である。その始まりをコメニウスの〈大教授学〉に求めるのが一般的であるが，ローマ時代に源があるとする説もあるように[参9, p.18]その歴史は長い。かつて視聴覚教育は，視聴覚資料を利用する機会が多い理科教師を中心に担われる傾向があった。これは，理科が機材の構造と操作に最も近い教科であることも一因である。もちろん，社会科や地理歴史科，美術科，外国語科（ほとんどが英語）も利用が多い教科である。

　視聴覚資料・機材は，高価で傷みやすく故障しやすい。そこで，それらは教科で管理し，教師が専ら使用するに留まり，学校図書館

の管理外にあることが多かった。しかし，価格の低下などによって，事態は変わってきている。

③ メディアセンターとしての図書館

ほとんどの教科で視聴覚資料を利用する学習が望まれる現在では，それを学校全体にサービスする組織と施設・設備が必要になる。メッセージの記録媒体である視聴覚資料は，同種の図書を収集・管理・提供する学校図書館が管掌するという理念が，ようやく一般に理解される状況になってきた。そして，それらを活用する教育活動を支えるセンターとしての機能を重視するのが，かつての〈教育資料センター論〉，〈教育メディアセンター論〉などであった。さまざまなメディアを収集・提供するのが一般的になった学校図書館を，アメリカ合衆国で「学校図書館メディアセンター」(School library media center) と呼ぶのは，その機能を明確に示すためであろう。

今日では視聴覚資料は手軽に利用されている。学校でそれを管理・提供する学校図書館員には，視聴覚資料の種類・特質・内容に精通し，機材の操作法や維持・管理の専門的能力が求められる。また，放送番組の利用についての知識も欠かせない。視聴覚資料・機材については，以前から事典類が刊行され［参16など］，実践や研究が積み重ねられてきた。それらも学校図書館員が学ぶべき事柄である。

引用・参考文献

1．東洋ほか編『授業改革事典』(全3巻) 第一法規，1982.
2．五十嵐顕ほか編『岩波教育小辞典』岩波書店，1982.
3．柿沼隆志「学校図書館選書論の系譜」河井弘志，柿沼隆志『アメリカ

図書選択論史の研究』大東文化大学図書館学講座，1983.

4．『教育学大事典』（第1巻）第一法規，1987.
5．『教育学大事典』（第2巻）第一法規，1978.
6．『教育学大事典』（第5巻）第一法規，1978.
7．小森茂ほか『自分で調べる楽しみ』リブリオ出版，1998.
8．今野喜清『教育課程論』（教育学大全集 26）第一法規，1981.
9．塩見邦雄編著『視聴覚教育の理論と方法』（増補版）ナカニシヤ，1996.
10．塩見昇『日本学校図書館史』（図書館学大系5）全国学校図書館協議会，1986.
11．柴田義松『教科教育論』（教育学大全集 31）第一法規，1981.
12．『新教育学大事典』（第2巻）第一法規，1990.
13．「第48回読書調査報告」『学校図書館』no.613（2002.11）.
14．天理学園学校図書館研究会編『小学校から大学まで 図書館科の研究』養徳社，1950.
15．西之園晴夫『授業の過程』（教育学大全集 31）第一法規，1981.
16．西本三十二，波多野完治編『新版視聴覚教育事典』明治図書，1968.
17．広松邦子「学校図書館部会の結成と活動」日本図書館協会編『近代日本図書館の歩み 本篇；日本図書館協会創立百年記念』日本図書館協会，1993.
18．「広まる『朝の10分間読書』－福島県で第一回朝の読書教育研究大会開かれる－」『学校図書館』no.576（1998.10）.
19．船橋学園読書研究会『朝の読書が奇跡を生んだ』高文研，1993.
20．宮川八岐「教育課程の改善と学校図書館の役割」『学校図書館』no.575（1998.9）.
21．文部省『高等学校学習指導要領』文部省，1999.
22．文部省『高等学校学習指導要領解説 特別活動編』文部省，1999.

Ⅲ. 学校図書館の教育活動

1.「図書館利用教育」と「学校図書館の利用指導」

(1) 「図書館利用教育」の定義

　利用者に図書館利用法を教えることは，長い間学校図書館に固有の問題であった。ところが，短期大学図書館界を皮切りに，4年制大学，公共図書館へとそれへの関心が広がり，実践報告も数多くなってきた。図書館界では「利用者教育」と呼ばれることもあるが，それが図書館の利用法についての教育を指しているので，本書では「図書館利用教育」を用いることにする。

　「図書館利用教育」は 'library instruction' に該当する。1943年のアメリカ図書館協会の用語辞典では，これを"利用者に図書館と図書館資料の利用法を教えること"と定義していた［参60］。1983年に改訂・改題された後身の辞典では，それに替わるものとして 'user education' を採用し，"利用者に図書館サービス，施設，組織，図書館資料，調査法を教えるために計画された総ての活動を含む。これには参考業務の一部として参考資料の利用法や図書館の利用についての説明，書誌についての指導を含む"と定義している［参66］。

　同書の 'user education'（利用者教育）が，学校図書館を含む図

書館一般で行われている「利用法についての教育」, すなわち「図書館利用教育」を指していることは言うまでもない。その定義にはその後大きな変化はなかったと言ってよい。

(2) 「学校図書館の利用指導」の定義

学校図書館の「図書館利用教育」は, 「学校図書館の利用指導」と呼ばれてきた。それは, 1949年4月施行の「学校図書館法」(第4条第4号) で図書館活動の柱の一つとされ, 実践と研究が積み重ねられてきた。本書では後に述べる理由から, 「学校図書館の利用指導」と「図書館利用教育」とを「図書館・情報教育」という概念で捉え直し, その内容と方法について考えることにした。そこで, 初めに「学校図書館の利用指導」について見ることにする。

今村秀夫は, 「学校図書館の利用指導」を"学校図書館および, 図書館資料の利用に関してのスキルの指導"と定義し[参6, p.146], 塩見昇もこのように"限定した内容をさすことで共通理解されてきている"[参20, p.91]と, その定義を自明のこととしていた。

一方, 日本最初の専任司書教諭として発令され, その後文部 (科学) 省の学校図書館担当の専門官になった井沢純は, 「学校図書館の利用指導」を"ア 学習の効果を高めるための学校図書館の利用 (および, その利用に伴う指導－井沢注)", "イ 狭義の学校図書館の利用指導 (従来, 「図書館教育」などと呼ばれていたもの－井沢注)", "ウ 読書指導"に分け, "現状では, この語をもって狭義における学校図書館の利用指導をさす場合が多い"とした[参35, p.183-184]。さらに, 彼はそれを"学校図書館や各種図書館などを効果的に利用

して学習課題を解決したり読書興味を充足させたりするために必要な「基礎的な知識・技能・態度」，いいかえれば「図書館利用能力」の育成を直接的に意図する指導のことである"と定義した。彼はこれを指す英語 'library skills' と 'basic skills' を注記として加えている[参35, p.184]。さらに，井沢はその定義から読書指導と"学習の効果を高めるための学校図書館の利用"を除外する。その理由は，前者は教科指導と関連して行われ，後者は教科指導に含まれることである[参35, p.184]。

(3) 〈学校図書館の利用指導〉と〈読書指導〉をめぐる議論

井沢純の言う〈広義の学校図書館利用指導〉について今村秀夫は，それが小学校の「学習指導要領」の改定が行われた1961年に，"文部省刊の「小・中学校における学校図書館利用の手びき」の中にも，すでに持ちこまれていた"とし，このような"概念規定の大変化は，学校図書館イコール教材センターの考えに強く傾斜し人間教育よりも資料論を中心とした考え方によることからくる"，"文部省のこの考え方は，あまりにも，学校図書館本位の考え方であり，資料本位のまとめ方である"と批判し，"「読書指導」を「利用指導」の中にとじこめて考えるなどは，どう考えてもおかしい"と主張した。それは，今村の考える読書指導が，"広範な内容を持ち，家庭，社会，学校生活など，子どもたちのすべての生活場面の全面にわたり，読書生活の存在するところに，読書指導が行われる場と機会と可能性がある"から[参6, p.151]であろう。

今村と井沢との間に認識の違いを生んだ〈図書館利用指導〉と

〈読書指導〉とは，どのような関係が妥当なのか。それを問題にするのは，このようなことが〈図書館利用教育〉，〈情報教育〉，〈読書教育〉などの間にも生じる可能性があるからである。

今村の批判は，読書指導が単に学校図書館だけでなく，子どもたちの生活のあらゆる場に可能性があるという彼の読書指導観に基づいている。今村の言う読書指導の目標は，"読書による自己の世界の自らによる開拓と確立をめざすこと。また，informationの獲得と処理能力を備え，生活力の一つとし，生活を豊かにさらには，人間回復を目指す，「読書を通しての生活指導」"である[参6, p.56]。それゆえ，学校図書館の利用指導もそのための方法の一つになる。そして，このような読書重視の考えは，図書館を単なる学習情報提供の場と見なす〈教材センター論〉の否定にもなる。彼の考えを支えているのは，図書以外の資料も重要であるが，図書が"幹線的性格を持つ"という図書館観である[参6, p.151]。

(4) 「学校図書館の利用指導」から〈学校図書館の利用と指導〉へ

〈学校図書館の利用指導〉を技能の指導に限定していた文部（科学）省は，1983年の手引書で[参52]考え方を転換し，名称も「学校図書館の利用と指導」に変えた。文部省の提示した学校図書館観は〈教材センター〉と〈学習センター（学習実験室）〉，〈読書センター〉の機能を備えた"資料，学習，読書などにかかわる複合的なセンターの機能を果たすべき中核的な場"である[参52, p.2-3]。

見直しの理由[参52, p.3-4]を要約すると，一つはこれまでの〈図書館利用指導〉についての反省であり，もう一つはその反省の上に立

つ名称変更である。前者は，①教える側が生徒の学習動機に無関係に指導内容を構想したこと，②図書館利用の技能に偏ったこと，③①と②のために生徒の知的好奇心を満足させることも，図書館を積極的に利用する意欲もかき立てられなかったこと，④教科の授業と有機的に関係づけられなかったことで，その結果，学校図書館も機能しなかったとする。次に，名称変更の理由は［参52, p.3-4］，①狭い意味で使われてきた「利用指導」を使うのを止めて，「利用指導」と「読書指導」の両者の意味を持つ用語として「利用と指導」を採用したこと，②これを採用した理由は，学習主体である生徒の図書館利用の望ましいあり方の指導と，教科その他の学習の際に適切な図書館利用指導を指す適切な用語であることを挙げている。

　文部（科学）省の考える「学校図書館の利用と指導」は，「利用と指導の目標」の項目にある表現［参52, p.12］を使って，

　　　"図書館利用という活動だけに狭く限定されるものでなく，学校教育全体にかかわり，学習態度の育成や読書習慣の定着を目標とする指導である"

と定義することができる。これは，井沢純の言う〈広義の学校図書館の利用指導〉であることは言うまでもない。

(5)　〈図書館利用教育〉が教科となる可能性

　文部（科学）省は，「学校図書館の利用指導」を体系化し，著作物を通じて普及に努めてきた。また，全国 SLA なども独自のものをたびたび作成・公表している。それらによる実践も各地で行われ，成果を上げてきた。体系化された教育内容は，優に教科を編成する

条件を満たしているように見える。実際，半世紀以前にその試みがなされ，結果が公表された[参34]。しかし，それは今日なお教科として設置されるには至っていない。

　教科は教育課程の改定によって，新設，廃止，変更される[参21, p.1-2]。さらに，現象として現れた〈顕在的カリキュラム〉に限定せずに，その底流にある〈潜在的カリキュラム〉[参16, p.49]をも含めた教科を考えると，教育課程の新教科として，「学校図書館科」が加えられる可能性は皆無ではない。

　〈学校図書館の利用と指導〉に関係がある教科として，高等学校の選択必修科目「情報科」が新設され，2003年度から実施された。これは，国家戦略において屈指の重点課題に位置づけられた情報重視路線で，産業界や政府の関係当局が，文教政策を大きく動かした結果である。情報科の内容には，前述の〈学校図書館の利用と指導〉と重複部分がある。また，後述のように，その新設に何らかの影響を与えたであろう情報科学者たちが，情報教育はコンピュータの教育に限定されるものでないことを明言し，情報研究は人文・社会科学などを視野に入れたものになるべきことを説いている。それにもかかわらず，それが「情報・図書館科」にならなかったのは，多くの関係者の理解がソフトよりもハードに偏っていたこともあろう。しかし，「情報科」教諭の免許状科目を，慶應義塾大学の図書館情報学専攻で履修可能との報に接すると，この教科を支える重要な学問の一つが図書館情報学であるとの意を強くするのである。

　教科の新設・改廃には，教科と関係の深い学問や職業集団の利害がからむ。関係者を納得させる論理とともに，政治的な戦略や戦術，

Ⅲ. 学校図書館の教育活動　　61

時代の流れが必要である。図書館界や図書館情報学界の今後の取り組みに期待するところが大きいのである。

(6) 〈図書館・情報教育〉とその定義

　「情報科」の内容が〈学校図書館の利用と指導〉と重複する部分がある点を考慮すると、学校図書館の教育活動を指す用語は、「学校図書館利用教育」よりも「図書館・情報教育」の方が適切である。

　「図書館・情報教育」はどのように定義できるであろうか。手引書の指導事項では［参52, p.16-17］、〈図書館利用教育〉の主眼は、適切な情報の選択・収集・処理・利用・発信である。情報教育の目的が図書館教育に結びつくのは、多様な情報の活用に際して図書館が最も役立つからである。複雑な構造の機器を使うにはマニュアル（手引書）が、内容が高度である場合には組織的な学習が欠かせない。そこで、図書館の保持する膨大で多彩な資料から、必要な情報を引き出せるようにする教育を「図書館・情報教育」と呼ぶと、それは'主に図書館利用を通じて、情報活用能力を育成する教育'と定義できる。「情報教育」が対象とする情報には、図書館外の膨大な情報源も含まれる。それにもかかわらず図書館が大きな意味を持つのは、情報の構造化と理解に図書館が役立つからである。

　また、「読書教育」を、'著者のメッセージから情報を読み取り、活用する能力を育成するための教育'と規定すれば、それを「図書館・情報教育」に含めることができる。そして、学校図書館の教育活動において「読書教育」がこれまで大きな位置を占めてきたことに留意すると、「図書館・情報教育」は、'図書館利用を通じて、情

報活用能力と読書能力の育成を図る教育'と定義できる。

第2節以下ではこの定義に基づいて,「図書館・情報教育」を,「情報教育」と「読書教育」とに分けて見ていく。学校図書館が長い間読書施設と見なされ,読書が情報を読み取ることと密接な関係があることに留意して,「読書教育」を先に見ることにしよう。

2.「図書館・情報教育」をめぐる社会状況

(1) 読書教育への期待

① 読書教育と学校図書館

学校における教育活動への支援と読書環境の醸成を役割とする学校図書館も,さまざまな形で教育活動を行っている。その主な内容は,すでに述べたように読書教育と〈図書館利用指導〉である。しかし,前者は国語科を中心に各教科で,後者も教科や教科外の教育で行われるので,学校図書館の教育活動は恣意的なことが多かった。

その状況の中で,管理職や教師からの期待が大きかったのは読書教育である。それは,教師たちが教科学習を深める課外読書や人間形成に資する読書のために選んだ図書が整備された図書館で,学校図書館員が生徒たちの読書の相談に乗ることである。教師たちが手間暇のかかる選書委員会や,館報に掲載する図書を選び推薦文を快く執筆するのもそのためである。「学校図書館法」第2条の規定は,まさにそのような期待が生み出したものである。

② 文教当局の期待

近年は,読書センターとして学校図書館が機能を発揮することへの文教当局からの期待も強まっている[参54, p.183]。それは,読書能

力の育成が国語科の力に余るほど困難な事態になり，読書力の低下が学力低下の原因になっているからである。読書力の低下の大きな原因に，基本的な言語能力の不足がある。言語能力が低いとコミュニケーション能力が貧しくなり，社会生活に不可欠な人間関係の形成に支障を来たす。

このような状況の中で登場したのが，「朝の10分間読書」[参42]に代表される読書教育の実践報告である。10分間の自由読書時間を設定・実施したことで，生徒が読書習慣を身につけたばかりでなく，生活態度が改善され，学習意欲が向上していくあり様は，読書の持つ教育力を確信させるものであった。それに学んだ実践が同様の結果をもたらし，2002年10月現在，実践校が全国の学校の4分の1を占める1万校に達していることは，その有効性を証明している。

③ 国の政策となった読書推進

国会は1999年8月，2000年を「子ども読書年」とする決議をし，2000年5月には国立国会図書館国際子ども図書館が開館した。さらに，2001年12月には"子どもが自主的に読書活動を行う"ための"環境の整備を推進"することをうたった「子どもの読書活動の推進に関する法律」が成立した。政府はこれを受けて2002年8月2日に，「子どもの読書活動の推進に関する基本的な計画」を閣議決定した。子どもの読書推進が，国の政策の一つになったのである。

この計画は，読書のさまざまな機会を提供し，そのための条件整備を目指している。注目すべきは，対象を子どもの読書教育に関係が深い家庭や保育所・幼稚園，学校，公共図書館に限定せず，他の館種の図書館，地域社会，民間団体などへも範囲を広げていること

である。それは，社会の読書教育力への期待を示している。

図書館に関しては，幼児・児童期の読書に深くかかわる公共図書館と，児童・青少年期の読書にかかわる学校図書館のそれぞれの整備・充実が強調されている。しかし，図書館に専門職が配置されていなければ，それは画餅になる。そこで，計画ではそのための施策として，専門職員である司書と司書教諭の養成・適切な配置・研修を挙げている。また，司書教諭の連携・協力者として学校図書館担当事務職員，教職員，ボランティアを加えている。

ところで，イギリスでは日本よりも早く，1998年度を「国の読書年」に設定し，国の教育雇用省や国民識字トラストでは読書推進のパンフレットを発行し，老若を問わず読書することを勧めていた［参62］。また，アメリカ合衆国でも，ブッシュ大統領夫人の発案で，「学校図書館についてのホワイトハウス会議」が2002年6月4日にホワイトハウスで開かれた例［参65］があったように，連邦政府の学校図書館および読書への関心が高まっている。読書能力の育成は，国の重要課題として強く認識されているのである。

(2) 情報科の設置と情報

① 情報社会と情報教育

新「学習指導要領」の特徴の一つに，高等学校の選択必修科目としての「情報科（A，B，C）」の新設がある。同時に小・中学校についても，指導領域としての〈情報〉の明確化が図られた。その背景には，「情報産業」が日本の主要産業になる見通し［参47, p.16］や，〈情報技術〉が熾烈な国際経済競争における企業や国家の命運

Ⅲ. 学校図書館の教育活動　65

を左右することがある。そのような状況下で求められる教育内容は，パソコンに集約される情報技術，それを使った効率的作業と表現方法の開発・利用である。「情報科」の内容は，まさにその要請に応えたものである。

　情報教育の必要性は，学校よりも大学で早くから認識されている。そこで主張されていることの中に，学校の〈図書館・情報教育〉に参考になることが含まれているので，それについて見てみよう。

　大学における情報学の学際的な研究の重要性を主張し，学生への情報教育の実現に大きな役割を果たしたのが，前京都大学総長，JLA 会長で，〈知能情報学〉専攻の長尾真である。長尾は，21世紀は情報社会になると予測し，そこでは情報が科学技術の域を大きく越えて研究主題になるので，各学部の研究者による研究組織が必要であると主張する。そして，情報の基礎は言語であり，各分野の知識基礎がないと情報は理解できないとする。このような情報の総合的な研究は，マルチメディアに向かう[参47, p.4]。これは，後述のように，情報の内容を捨象することで成立し得た情報技術の限界と，情報の理解と利用がその内容を抜きには不可能であることの確認の言葉でもある。これが〈図書館・情報教育〉の理念と密接な関係があることは，長尾の行動が示している。

② 大学における情報教育科目の設置

　長尾の主張を具体化したものが，自らが館長を務める大学図書館の電子図書館化の推進と，図書館利用に必要な情報活用教育のために学部の1，2年生を履修対象とする講義科目「情報探索入門」の設置であった[参47, p.4-5]。その概要を講義録の目次で見てみると，

1998年度は，大学図書館，分類の概念と理論，研究論文の作成と資料収集，文献の所在，データベース，インターネット情報，論文・レポート作成法，情報探索の8分野であり，2000年度はこれらに，多様な参考資料，演習課題集，データベースとインターネット情報への追補，京都大学図書館についての説明が加えられている[参11]。これが，情報活用能力を身につけさせるための教育内容であり，「図書館利用教育」の大学版であることは明白である。この科目の講義と演習の一部を担当し，講義録を編纂しているのが，同学図書館情報学専攻の川崎良孝教授である。また，科目担当者には同学図書館の司書も含まれている。これらは，長尾の意図する情報教育が，図書館利用教育と重複する部分が大きいことを示している。

　慶應義塾大学では，早くから一般学生向けの授業科目として図書館利用の科目を設置していた。京都大学の例と異なるのは，それを主唱した浜田敏郎教授が図書館情報学の担当者であり，それが〈図書館利用指導〉の系譜のものであった点にある。

　「情報」の設置に関連して，清水康敬東京工業大学理工学研究科長は，コンピュータを使った教育にも情報教育に含まれないものがあるとし，情報教育の目標として，"情報活用の実践力"と"情報の科学的理解"，"情報社会に参画する態度"の3つを挙げている[参23, p.31]。清水の言う情報教育の目標と内容も，長尾の「図書館利用教育」の教育目標・内容に共通する部分が大きい。しかし，実際に「学習指導要領」で示された情報科の内容を見る限りでは，情報機器や情報システムなど工学的な色彩が強く，ソフト面が軽視されていることは否めない。

Ⅲ．学校図書館の教育活動　67

情報教育の理念と実施との間に，このような食い違いが生まれる理由は何か。しかも，次に見るように，情報教育に関係の深い概念である，「情報リテラシー」や「メディアリテラシー」にも同じことが起こっている。

③　**「情報リテラシー」と「メディアリテラシー」の多義性**

野末俊比古は「情報リテラシー」の定義や意味は人によってまちまちであり，"教育界"はコンピュータを使った情報の利用教育を，"図書館界"は図書館と図書館資料を含む情報に関する教育を指しているという[参40, p.253]。しかし，長尾真や清水康敬のように，情報科学の研究者にも図書館界の考えに近い者もいるので，野末の言う"教育界"は広い意味の〈教育界〉ではなく，情報教育を推進する教師とその関係組織を意味しているのではなかろうか。

野末は，類似の概念である〈情報リテラシー〉，〈コンピュータ・リテラシー〉，〈メディアリテラシー〉を吟味し，水越伸の緒論を引用して，〈情報リテラシー〉がメディアの情報を批判的に受け取ることだけでなく，情報の加工，整理，発信を含むようになったと言う[参40, p.269]。水越の考える「メディアリテラシー」を要約すると，メディアが媒介して作られた情報を批判的に受容・解釈する能力と，自分の思想・意見などを適切なメディアで表現する能力で，テレビ，パソコンなどの活用能力になろう[参44, p.88-89]。

メディアリテラシーへの関心を高めたのは，カナダにおける実践の紹介[参10]などである。それを日本で実践する具体的方法を示した著作も出版された[参49]。この二書を見ると，メディアリテラシーの教育が，テレビ放送や新聞，図書館，インターネットなどのメディ

アの特質と，そこで流布されるメッセージから，その本意，すなわち〈情報〉を読み取る方法を学ばせることであることがわかる。

これらの議論に共通しているのは，〈情報〉を自明の概念として記述を進めていることである。しかし，〈情報〉は後述のように多義的で，論者によってその意味世界が違う。〈情報〉の概念のこのような特質が，"情報リテラシーが非常に多様な側面を持"ち，"ある意味では"それは「スローガン」に過ぎ"ないと，野末に言わせる結果[参40, p.272]を招いている。彼は，その「中身」を埋めようとする作業"が"学校や図書館などにおける実践"や"教育学や図書館・情報学などにおける研究"で"続けられている"と付け加えているが[参40, p.272]，噛み合わない議論になる可能性が高いことは，彼の論理の帰結からも予想できる。それゆえ，議論のすれ違いを避けるためには，〈情報〉とは何かについて検討しなければなるまい。それについては，「4．図書館・情報教育の内容 B－情報教育」で取り上げよう。

3．図書館・情報教育の内容 A－読書教育

(1) 読書の意味

① 読書認識の変化

〈読書〉が〈図書〉を〈読む〉行為であることは，自明のように見える。しかし，〈読書〉の範囲については，仕事のために読むのを除外したり[参24, p.2]，内容の軽いものを読むのを含めなかったり[参13, p.156]，人さまざまである。一方，〈雑誌〉を「本」すなわち「図書」と呼び，それを読むことを〈読書〉に含める人も，今日

ではかなり見受けられる。読む内容・目的を問わず，図書を読むことを〈読書〉と見なすのが常識になったのであろう。清水義弘はすでに1961年，このような読書観の変化を，"時代は変った。読書はもはや神聖なものでも，厳粛なものでもない。高級で難解なものを読まねば読書でない，とはいえなくなっている。読書は，ひと握りの特権階級や知識階級の手をはなれて広く大衆化し，国民大衆のものとなった"と指摘していた[参24, p.6]。

② 〈読むこと〉の意味

〈読む〉目的とその対象である図書の内容を限定しなければ，次に明らかにすべきことは〈読む〉の意味になる。井沢純は，その著書の冒頭で辞典の語義を元に簡単に考察している[参3, p.12-13]。しかし，ここでは井沢とは別の観点で見ていくことにする。

〈読む〉の定義の一つに"声を出して唱える"というのがある。しかし，「読書」の場合の「読む」の語義が"文字・文書を見て，意味を解いていく"であることは[参27]，説明するまでもない。また，"顔色を「読む」"という表現があるように，それは「図書」を「読む」以外の場合にもしばしば用いられる。この場合の「読む」は，相手の感情を表情から推測することである。

これらの定義から浮かび上がる「読む」の意味は，文字で記された〈こと〉や，表情という〈表現〉の意味を推し量ることである。言い換えると，それらが発信している〈メッセージ〉の意味を解き明かすことである。"天気を読む"という表現が可能なのも，自然現象を擬人化しているからである。「読む」対象であるメッセージは，そこに込められている意図とその内容・表現方式・記録方法な

どの要素に分けることができる。表現方式と記録方法は、コミュニケーションの「記録媒体」であり、「メディア」と呼ばれる。

③ 〈読書〉の意味と定義

雑誌のメッセージを読むことは、〈読書〉に含まれるであろうか。そのメッセージは、文字言語や写真、図などで表現されている点で、図書と全く同じである。また、その形態も、紙をある程度の厚さに束ねて綴じている点で同じである。異なるのは、雑誌が同一名称で継続的、図書は単発的という発行形態である。形態の違いは、それぞれに収録されるメッセージ内容が生み出したことである。すなわち、図書ではかなりの量の完結した内容であり、雑誌ではいくつもの少量の、場合によっては完結しない内容である。つまり、「読む」対象をかなりの量の完結したメッセージに限定するか否かが、雑誌を「読む」ことを〈読書〉に含めるか否かの境界線になる。

次に、"内容の軽い本"や実用書などを「読む」ことを〈読書〉に含めるか否かを検討しよう。それを「読む」行為を〈読書〉に含めるか否かを決めるのがメッセージの内容であることは、上で見た通りである。そこで、内容が図書のメッセージにふさわしくないとの理由で、それを「読む」ことをも〈読書〉から除外可能とする議論が成り立つ。問題は図書にふさわしい内容とは何かになる。

図書を「読む」ことであっても、それを〈読書〉に含めない人々がいる背景には、清水義弘が指摘した読者層の一般大衆への拡大がある。これによって、一般大衆に合わせたメッセージの図書が大幅に増える。それらが知識層とその卵を啓発し感銘を与える図書と異なるのは当然である。仕事のために「読む」図書も同じである。紀

田順一郎などに"本でない本"と言わせる図書は，その種のものであろう。読書教育を"読書によって人間を人間たらしめるはたらきである"と定義し［参3，p.17］，"読書教育の材料・道具は「優れた書物ないしは作品」である，と規定してよいであろう"とする井沢純の読書観も［参3，p.14］紀田と同じと言ってよい。紀田が"本"と呼ぶ図書は，まさに井沢の言う"優れた書物ないしは作品"なのである。しかし，紀田や井沢が〈読書〉の対象から外す図書のメッセージに感動する読者が，全くいないわけではない。仕事のために読んだ〈図書〉から人生の指針を得ることがあるからである。これは他のメディアのメッセージを受け取る際にもあることで，図書を「読む」場合には限らない。それゆえ，図書を「読む」ことをメッセージの内容によって〈読書〉に含めたり除外することはできないと結論してよかろう。

　以上から，〈読書〉を"読書とは図書を読むことである"と定義してよいであろう。

(2)　さまざまな読書論

①　人間形成に重要な意味を持つとする読書論

　読書が特に青年期の人間形成に大きな影響を与えることを自覚した人々が，教育的見地から読書のしかたについて述べている読書論がある。〈教養主義読書論〉がそれである。

　この読書論では，自分の個人的な図書とのかかわりではなく，いろいろな人々が書いている個人的なかかわりを抽象化し，一般化して，読書という行為の持つ意義の普遍性を明らかにしようとすると

ころがある。あるいは，思弁によって読書の意義を証明しようとすると言い直すこともできる。代表的な論者であった堀秀彦の主張[参43]を元にその特徴を要約すると，（ア）読書論の対象は青少年（男女）および青少年の教育に関係のある人々，（イ）'読書は善いこと'，（ウ）読むべき図書は古典，名著，ということになる。

この読書論の論者たちには，読書人としての自己の現状への自責の念が見て取れることが多い。すなわち，若い時にもっと古典や名著などを読み自分を磨いておいたならば，現在の自分よりも理想像に近づけたのではないかという思いがそれである。'青春再び帰らず。かく生きるべきであった'とする〈過去〉を，青年たちが生きるべき〈現在〉として，大人たちは老婆心から助言したいのである。

しかし，この読書論は〈教養主義読書〉の凋落[参24, p.9]によって主張されなくなった。〈大人〉になる前のモラトリアムが長期化し，その時期にある青年の文化が社会的に認知されるようになったこと[参32, p.1-2]などがその背景にある。また，科学・技術の急速な発達と社会の急激な変化で，〈大人〉の持っている知識の陳腐化が早く，その権威が大きく崩れていることも一因である。なお，この読書論に関係が深いのは，中等教育学校の図書館である。

② 学問の基礎を培養するとする読書論

学問的基礎を培うためにはさまざまな分野の基本的文献を読むことが欠かせないので，初学者（大学入学生，あるいは高校生など）に読書を勧める読書論がある。第二次世界大戦以前では河合栄次郎の『学問と読書』がその代表的著作であった。田中菊雄や矢内原忠雄の読書論もこれである。旧制大学への進学校である旧制山形高等

学校教授であった田中の経歴や，旧制第一高等学校を中心に改組され主な役割を学部への進学課程として設置された東京大学教養学部の学部長である矢内原の履歴からも，この読書論が体験に裏づけられたものであることは明白である。

　これが①の読書論と違う点は，対象が大学1年生や大学入学を希望する者に限られていることである。また，念頭に置かれている大学が，かつてはごく一部の知的エリートの学ぶ大学であったことも，その内容を性格づけている。特徴を①と同じように箇条書きすると（③以下も同様），（ア）読書論の対象は大学へ進む青年（男女），（イ）読書は学問の道へ進むための基盤づくり，（ウ）読むべき図書は古典，名著（各主題分野のものを含む）になる。

　矢内原は"教養"が"学問的視野を広くし，学問の根底を培養する"と主張した。これが当てはまるのは，初学者に限らない。それは，どの主題も他の分野の主題と複雑にからみ合っているからである。また，他の学問の方法論が研究，業務にさまざまなヒントを与えてくれることは，中川昌彦が挙げているビジネスマンの読書や"企業の読書管理"などの例にも見ることができる[参38]。いずれにせよ，現在は凋落した読書論であっても，これと①の読書論とについて知ることは，〈教養主義読書〉が"読書の原型"である[参24, p.9]点で重要である。なお，この読書論に関係が深いのは，高等学校図書館になる。

③　子どもの教育に大きな役割を果たすとする読書論

　①の読書論が青年期に重きを置いているのに対して，これの特徴はその前段階の幼児・児童期の重要性を強調している点にある。こ

こで強調されているのは、読書が子どもの精神や言語能力の発達・生活習慣の形成に役立ち、家族関係（特に親子関係）に望ましい影響を与えることである。この読書論を主張する人々に、児童文学者や児童図書館員が多いのは当然である。特徴は、（ア）読書論の対象は幼児・児童（乳児を含めることもある）の保護者、（イ）読書は発達に不可欠、（ウ）（子どもたちが）読書すべき図書は絵本や児童書（特に児童文学）になる。この読書論が他と違う点は、その受け手が読書する人自身ではなく、その保護者であることにある。

この読書論に関係が深いのは、小学校の図書館になる。しかし、中等学校の図書館も実はこれと関係がある。それは、子どもたちの読書には家庭教育がかかわっており、それは中等学校の家庭科の学習内容でもあるからである。

④ 効用を重視する読書論

かつては子どもに『論語』の読み下し文を音読する〈素読〉をさせ、古典を年若な人たちに読ませることが勧められた。その際に言われたことが"読書百遍意自ずから通ず"であった。これと対照的な読書論が、"良書であっても、読者の読書能力や要求に合っていない図書は適書ではない"とする論である。これは、アメリカ流の〈実用主義（プラグマティズム）〉の考え方に立ったものである。

この読書論は、〈教養主義読書〉の〈著者＝師、読者＝弟子〉という縦の信頼関係から、〈読者＝図書というたくさんの商品の中から必要な物を選ぶ消費者、著者＝消費者の喜ぶ商品の生産者〉という、消費者優位の利害関係へ移行したことを反映している。もちろん、この読書論では〈本でない本〉を読むことも読書に含まれる。

この読書論が生まれた背景には，貴族主義を否定する大衆社会化がある。特徴は，(ア)読書論の対象は限定されず，(イ)読書は情報を得たり，楽しみ，啓発されるためであり，(ウ)図書は読者の要求に対応するものなら何でもよいとする〈適書主義〉になる。

この読書論を突き詰めると，自分に合った図書がなければ，読書しなくてもよいことになる。そこで，学校図書館不要論に結びつかないように，学習参考書と生徒の嗜好に合った図書を備えることで，それを回避しようとする学校図書館も生まれることになる。

⑤ 生存に欠かせないとする読書論

これまでに挙げた読書論は，読書が限定的な意味で役立つとするものである。それらに対して，読書は生存能力を育み維持していくために欠かせないとする読書論がある。話題になった斎藤孝の『読書力』の読書論も[参19]これである。斎藤によると，"本格的な思考力は，すべての活動の基礎"であり，"思考活動"の"素地を作る"のが"読書"で[参19, p.7]，それは"精神の緊張を伴う"ものでなければならないとする[参19, p.9]。斎藤はこのほかにも，"感情や思考自体が複雑で緻密なものになる"[参19, p.66]，コミュニケーション能力が高まる[参19, p.152]などの，生きていくのに欠かせない能力が読書によって得られることを，具体的方法を示しつつ力説する。

斎藤の主張の背景には，学生の知力の低下の原因が，読書離れにあるとする考え方がある。そうなるのは，入学希望者が大学を選ばなければ，いずれかに入学できる状況に近いことや，テレビやゲーム，その他娯楽など，安易に時間を費やせることがある。幼児から成人に至る幅広い年齢層にその愛好者が広がっているテレビゲーム

については，そのやり過ぎが脳の前頭前野の活動を低下させ，注意欠陥多動障害や"攻撃的"で"キレる状態"の原因になっていると，脳神経科学の専門家の森昭雄が警鐘を鳴らしている[参48, p.194]。

"視覚から"情報が入る点ではテレビゲームと同じである読書の場合には，"言葉を読み，理解"し"過去の記憶と照らし合わせ"るという"思考"が入るので前頭前野が働くという[参48, p.101]。

かつてテレビの普及に危機感を抱き，読書の必要性を訴えていたのが，矢崎源九郎や神宮輝夫，清水幾太郎，渡辺茂男などであった。矢崎は，"映画やテレビやラジオが発達して伝達機関が豊富になっても，活字には活字独自のはたらきがあ"ると，子どもに読書を勧める理由を挙げ，次いで"本を読むことは視聴覚による伝達方法にくらべ努力を要"するので，子どものうちから読書の習慣をつけることが大切であるという[参55, p.14]。清水幾太郎も，生活に努力が要らなくなっており，受身の受容から逃れるには努力が必要で，立ち止まって考える余裕を与えないマスメディア，とりわけテレビが発達しているからこそ，古来から相変わらず"多量の精神的エネルギーを必要"とし，立ち止まって考えることを許し，人間の向上に役立つ読書は重要であると強調している[参22, p.160-182]。

渡辺茂男も"無心にあそぶと同じように，無心に本をよむことができる情感のしなやかな子ども時代にこそ生きることの一部として，読書の習慣を身につけることをはじめるべきで"，"動機"や"強制"，"強い意志"が必要になってから"読書をはじめるのではおそすぎる"と，同じ考えを述べている[参58, p.86-87]。さらに，彼はその必要性について，読書層が文字を読めない人々を支配してきた社会構

造を否定し，読書層が情報を作りマスコミュニケーションを通じて"愚民化し，煽動にのりやすくなった大衆を意のままにひきずっていける強大な力を持つようになった"からこそ，"押しつけ"を嫌う"映像・光・音の世代への"唯一の架け橋に，それ自身は"押しつけ"のない"書物"こそがなり得るのだと主張する[参58, p.8-14]。しかし，読書の重要性を強調するあまり，それが孤独な営みでもあることを忘れてはなるまい。森昭雄も強調しているように，他人との触れ合いや外遊びも，子どもにとって非常に重要なのである[参48, p.168以下]。

(3) 読書の難しさと読書習慣

　上で挙げたようにさまざまな読書論が存在するのは，図書との関係の持ち方に関する個々人の考え方の違いを反映しているからである。言い換えると，それが個人の価値観の問題であるために，多様にならざるを得ないのである。しかし，読書論は読書教育の理念となるので，実践に混乱が生じる原因にもなる。それを避けるには，読書教育の必要性への共通認識を確かなものにしなければなるまい。

　⑤の読書論の矢崎や清水，渡辺らに共通するのは，子どもたちが置かれた環境におけるマスコミュニケーションの影響力への危機意識である。それはますます大きくなっており，青少年ばかりでなく成人についても，事態はますます深刻である。それへの歯止めとして，前述のように，読書能力の育成と読書環境の整備，読書の振興が社会的に意識されているのである。

① 読書の難しさ

どの読書論に依拠するにしても，読書教育の担当者が共通に認識すべきことに〈読書の難しさ〉がある。〈難しさ〉の大きな原因は，図書のメッセージが文字言語による表現である点にある。これは，絵本や漫画，文章のない画集よりは，新聞や雑誌の方が〈難しい〉ということである。

ところで，メッセージの受容には，メディア固有のコードを解読する能力が必要である。文字言語のコードは音声言語のコードよりも複雑であり，音楽や写真，絵などのコードよりも解読が難しい。文字言語について河野六郎は，"文字はある程度の文化水準に達しなければ使用されない。（中略）すなわち音声言語は人間の自然であるのに対し，文字言語は文化の所産である"と述べている[参12, p.8]。河野の指摘を要約すると，文字言語は"主として間接的伝達"の役割を担い，"記録を保存"させる点で"歴史の成立に重要な貢献を"し，また"現実の音声言語"が"しばしば断片的で，首尾一貫しない"のに対して，文字言語は書き手が委曲を尽くし，"ある程度の筋道を通し（中略），ある程度の論理性を保"つことが必要で，その"変化は非連続的である"となる。

文字言語による表現を本文とする図書は，必然的に受け手を限定する。それは，音声言語と文字言語の隔りを受け手が埋めなければならないからである。それを埋める唯一の方法が，文字言語を学びその世界に慣れることである。しかも言語は変化するので，書かれた時代から遠いほど，母語であっても理解しにくくなる。外国語の図書にはその言語の学習が必須で，学習は年齢を重ねるほど難しい。

文字言語の論理性も読み手を制約する。複雑な論理をたどれる人は少ない。詭弁がまかり通る所以である。図書の本文は，学問研究の成果の表現も多く，それは緻密な論理の組合せと言ってよい。論理の点でも学術書の読者は限られるのである。

　文字言語で用いられる語彙が日常語に比べて格段に大きいことも，図書の難しさの原因である。単語の数が増えれば，その相互間の関係も幾何級数的に増大する。単語の背景に広がる意味世界の増加も同様である。入り組んだ言葉の世界を，持てる知識や経験，イメージなどの助けを借りて，丹念に解きほぐす努力が必要である。

　映画，放送，漫画などが多数の人々に受け入れられ，読書が軽読書に移り，さらに敬遠される傾向が強いのは，図書へのハードルがこのように高いからである。一方，絵や線画を中心とする絵本や漫画へのハードルが低いのは，そこで使われる文字言語が短く断片的で，日常の音声言語を文字化したものが多いためである。絵本が幼児・児童向けであり，読書の入門書であるのは，そのためもある。

　文字言語で記録できる文化遺産は，図書で伝えられてきたものが多い。それを次世代に伝えるために，図書館は図書を数多くの敵から守ってきた。しかし，その内容が伝達されるには，読書教育が欠かせない。それに失敗すれば，伝えられてきた図書はただの紙屑として棄てられる可能性もある。この点でも，読書教育は図書館にとって重要な関心事である。

②　読書の習慣化

　面倒なことをしなければならないのは苦痛である。しかし，習慣になっていると苦痛にはならない。読書能力が生きる上で重要なら

ば，読書の習慣化が必要になる。習慣化が容易なのは，幼児期と児童期である。読書を介して子どもと大人が楽しい時間を過ごすのは，子どもと養育者の心を豊かにするばかりでなく，読書の習慣化にも役立つ。〈ブックスタート計画〉が目指すのがこれである。

この時期に子どもが機会に恵まれなかった場合，読書の習慣化は難しいのであろうか。中等学校で読書習慣のついていない生徒に関しては，これは大問題になる。習慣化が困難と思われている高校生の読書教育の担当者に，希望の光を掲げてくれたのが，前述の〈朝の読書〉運動である。すでに1万校に及ぶ実践の成果で明らかになったのは，読書しなかった生徒たちの多くが，自発的に読書するようになったという実績である。毎日10分間同じ時間に読書することは，読書習慣をつけるための行動にほかならない。その実践が図書の高いハードルを越える能力を生徒たちにつけたのである。進学校ではこの運動が広がらないと，林公教諭は残念がっている[参26, p.128-129]。しかし，それはその種の学校には読書習慣のある生徒が多いためではなかろうか。

(4) 児童書の読書から一般書の読書への飛躍

児童書は，児童の"精神の飛翔"に欠かせない図書であると言われている。ところが，青年期に入っても青少年図書や一般図書を読むようになるとは限らない。これは，児童書を読むことと大人の図書を読むことが異質の営みだからである。これについて斎藤孝は，"絵本に近いものや完全な子ども向けのエンターテイメント"の読書は，"大人の読書とは開きがあ"ると言い[参19, p.30]，大人向け

の"固い内容の本"[参19, p.37]を読むことが必要であると主張する。そして、子どもの読書から大人の読書への"架け橋になる"図書の例として、太宰治や坂口安吾、井上靖、ヘッセを挙げ、その特徴を"少し硬くてまじめだが、栄養があって、慣れてくるとおもしろい"と述べている[参19, p.39]。

　青年期にこの〈架け橋〉を渡らなかったと見られる学生も多い。しかし、彼らは中学・高校生の不読書の時期を過ぎた後で、大学の講義・演習をきっかけに、再び読書するようになることもある。彼らの共通点は、幼児期と児童期に親などから読み聞かせをしてもらった経験である。水泳の能力のように、幼時期・児童期の習慣化によって得た読書能力が、空白期を越えて持続したのであろう。加古里子は、子どもの遊びは成長に必須であるとした上で、"子どもたちが成長し、自立した人間能力を確保するために"は、これ以外にも学校などにおける"意図的・系統的な学習"と、家庭での"しつけ"や教育が不可欠であると言っているが[参9, p.24]、彼らにはそのような教育・学習も保障されたのであろう。

　成人してから読書に親しんだ一人に瀬古浩爾がいる。"二十三歳くらいまでほとんど本を読まなかった"[参29, p.14]彼は、自分作りを目指す読書を主張し、合計200冊の図書のリストを自著の各章末に提示する。人格形成を標榜する瀬古の著書は青年期の読書の勧めであり、その図書リストは、斎藤の言う"架け橋"であろう。瀬古のような生き方もあるが、進む道によっては斎藤を嘆かせる事態を招きかねないのが、青年期の読書であろう。精神的に大きく成長する青年期に、古人や同時代人と対話し考える機会を、生徒たちに与

えることは大切である。読書教育担当者は，児童期と青年期の読書の間には深い溝があることを知り，対策を立てるべきである。

4. 図書館・情報教育の内容　B－情報教育

(1) 〈文科系〉の主題であった〈情報〉

「情報」は自然科学・工学系の概念と見なされることが多い。そのために，図書館員の多数を占める，いわゆる〈文科系〉の人たちは敬遠する傾向が強いようである。しかし，情報科学の研究者によると，情報は"多くの場合文章の形で表現されて"おり，"いかにものごとを正しく表現するかは，長い間文学の課題ではあった"[参45, p.1]という。〈文科系〉と〈理科系〉という俗な二分法でこれを言い換えると，情報の内容は〈文科系〉の研究主題ということになる。そこで，情報教育の大部分の問題は，むしろ学校図書館員の得意分野であるはずである。

(2) 〈情報〉の意味

① 〈情報〉の多義性

〈情報〉は，〈情報社会〉の到来が云々され，〈IT〉すなわち〈情報技術〉が現代の技術としてもてはやされているように，時代を象徴する重要な概念となった。しかも，図書館および図書館利用教育とも関係の深い〈情報〉とは一体何なのか。

概念を研究する学問は哲学である。哲学の事典では，〈情報〉の"確定的な定義はまだされていな"いと述べていた[参33]。その事典の発行は，〈情報〉が今日のように一般の間に広く使われる以前

である。そこで，1998年刊行の辞典の定義を見てみよう。

　執筆者の安西祐一郎は，"情報"を，"なんらかの価値のあることを知ったとき我々は「情報を得た」と言う"と述べ，この概念がどのように取り扱われてきたかを概説している。その中で安西は，"情報とは何かという問いに唯一の答えを与えることは困難であり（中略）言葉の使用とさまざまな学問分野での洞察・形式化を通じて，情報という言葉の現在のような多面的な使い方が敷衍されていると考えた方が妥当であろう"としている[参41]。

　両者で示された共通の認識は，"情報"の概念が多義的であり，使う分野ごとにさまざまな定義が可能ということである。このような属性を持つ「情報」について，山崎正一らは，"頻繁に使われることばほど，とかくその意味は不明確になるばかりでなく，もともとこれは容易に定義できない概念"であるとしている。そして，定義の難しい〈情報〉が考察の対象になり得るのは，"情報"が"本来，合目的的行動の脈絡の中で，有意味な記号を通して伝えられるものであるが，情報の取得は直接に目的へと近づく行動ではないから，目的達成のためのその効用は間接的であ"るためであり，"記憶や記録の形で保存される情報ほど，この間接性が増大"し，"それゆえに，合目的性を捨象した情報そのものについて語ることができる"という[参56, p.336-337]。

　〈図書館・情報教育〉の場で，意味が曖昧なままに情報を扱うことができるのであろうか。これまで見てきたように，教育や図書館の場では，情報は何らかの目的があって利用するものとされているので，そこでは"合目的性を捨象"できない。それゆえ，学校図書

館では情報の定義が欠かせないはずである。その場合に，学校図書館の世界にふさわしい定義が可能なことは，安西祐一郎が述べていることからも明白である。そこで，本書では，図書館情報学の観点から"情報"の定義を行うことにする。

② 「情報」の定義

多義性のある〈情報〉を，一般の辞典はどのように説明しているであろうか。試みに手元の2，3の国語辞典を引いてみよう。哲学の事典とほぼ同じなのが『日本語大辞典』と『広辞苑』(第5版) である。前者では「情報」を"①実情についての知らせ。information。②一定の約束に基づいて人間が数字・音声などの信号に与えた意味や内容。判断・行動の上で必要な知識。information" とし，後者も "(information) ①あることがらについての知らせ。②判断を下したり行動を起こしたりするために必要な，種々の媒体を介しての知識" としている。この2つの辞典とは対照的なのが『新明解国語辞典』(第5版) の定義である。そこでは，「情報」は "ある事柄に関して伝達（入手）されるデータ（の内容）。(通常は送り手・受け手にとって何らかの意味を持つ（形に並んでいる）データを指すが，データの表わす意味内容やそのものを指すこともある。さらに，そのデータをもとにして適切な決定を下したり行動をとったりするという判断材料としての側面に重点を置く場合も多い。また，個別のデータが生のまま未整理の段階にとどまっているというニュアンスで用いられることもあり，知識に比べて不確実性を包含した用語" と，数か所に複雑な注を付けた説明がされている。これは，〈情報〉という名辞の曖昧さと多義性を反映していると言ってよい。

これらの説明から，〈情報〉とは

　A　知らせやデータ，知識など

　B　判断・行動のために必要な知らせやデータ，知識など

になる。Aの「知らせ」は，〈情報処理〉の専門事典で"対象となる事物の性質，作用，意味などの内容であり，事象の集合によって表現されるものである。生物，機械，組織などが決定したり駆動したりするのに，あるいはニュースや楽しみとするのに寄与するものである"と定義されているように[参25]，Bの"判断・行動"のための"知らせやデータ，知識など"である。以上のことから，'情報とは，人間や社会などが行動する際に参考にする判断材料，あるいはそうなる可能性の高い〈ものごと〉である'と定義できる。人の判断を惑わす〈情報操作〉が行われるのも，そのためである。

③　判断材料としての〈情報〉

　〈判断材料〉になるのは，どのような〈ものごと〉であろうか。今後の気象状況を予測する観天望気では，それは自然現象から導き出される〈こと〉である。地震の後に海水が引いていくのを見た人が，人々と一緒に急いで高台に逃げる場合，〈情報〉は〈津波来襲の予想〉であり，その〈情報源〉は〈地震の後で海水が引いていった自然現象〉である。このように，自然現象はしばしば〈情報〉を与えてくれる。動物の行動が〈情報源〉になることも多い。飼犬が吠えている場合には，〈飼犬の吠え方〉が〈情報源〉で，飼主は不審者がいるのか，甘えているのかなどの〈情報〉を得るのである。

　これらに比べ圧倒的に多い〈情報源〉は，やはり人間の言葉や仕草，行動などであろう。駅へ行く道を尋ねている時には，それを教

えてくれる人が〈情報源〉であり，その言葉や仕草などが〈情報〉になる。しかし，その〈情報〉が必ずしも妥当でないこともある。道を知らない場合でも適当に教えることがあるからである，知らないと言うのが失礼になるので，教えるという文化の国もある。

人の言葉が〈情報〉そのものにならない場合は他にもある。お世辞や外交辞令などがその例で，言葉の表面的な意味とは違う〈真意〉が含まれているのである。それは，むしろ〈真意〉という〈情報〉を得るための〈情報源〉と言った方がよいであろう。また，どのような場面でそうすべきかについて教えてくれる〈情報〉になることもある。このように，〈情報〉は客観的・普遍的存在ではなく，個々人が〈情報源〉から読み出す主観的存在なのである。

④ メッセージと〈情報〉の再定義

道を尋ねる時，〈情報〉は人の言葉や仕草，地図などに記されているメッセージに含まれている。その〈情報〉を入手するためには，メッセージから読み出す能力が必要になる。すなわち，読書能力はメディアとしての図書から〈情報〉を読み出す能力の一つである。

メッセージの中から読み出す〈情報〉は，発信者が送ろうとしている〈情報〉からずれることがある。誤解がそれである。また，相手が提供しようとする何倍もの〈情報〉を，相手のメッセージから読み出すこともある。深読みである。あるいは，そこからさまざまな智恵や教訓という情報群を学び取ることもある。'一を聞いて十を知る'がそれである。逆に，相手のメッセージから全く〈情報〉を読み出せない場合もある。'馬の耳に念仏'である。情報教育を行う際には，メッセージから〈情報〉を読み出す時の，このような

Ⅲ．学校図書館の教育活動　87

行き違いを教える必要がある。

　主観的存在である〈情報〉が，なぜ客観的存在を研究対象とする自然科学の主題になり得たのか。宮川洋によると，1948年のシャノンの論文で初めて情報が自然科学の対象として位置づけられ，その性質が明らかにされたという[参45, p.1]。数量化できない"情報を表現する記号の系列"である"通報（message－宮川注）"の"意味や内容"は，必然的に情報工学の研究対象外になる[参45, p.9-10]。これは，情報の内容にかかわる〈図書館・情報教育〉を，自然科学・工学の専門家だけに任せるのは誤りであることを意味する。

　文章や画像などをパソコンで扱う場合，情報科学の専門家は，文章よりも画像の方が情報量が多いという。記憶装置に記録する際の情報量を比べると，確かに後者の方が格段に多い。しかし，メッセージの内容に目を向けると必ずしもそうではない。ここにも，情報が客観的存在としては不確かなことが示されている。不確かさを回避する道は，情報になる可能性の高い〈ものごと〉，例えば学問的成果や経験則，データ，メッセージなどを〈情報〉と定義することである。この考えに立って上の定義を変更すると，次のようになる。

　　'情報とは，人間や社会などが行動する際の，判断の材料となる〈物事〉と，そうなる可能性の高い学問的成果や経験則，データ，メッセージなどである．'

⑤　生存と〈情報〉

　今日〈情報〉が人々に大きな存在として認識されているのは，これまでも述べたように，個人も社会も適切な情報を幅広く集める必要性を感じることが多くなったからである。その結果，"氾らんす

る大量の情報の中から必要とする情報を選び出して活用するための能力，すなわち情報活用能力"である〈情報リテラシー〉[参7, p.30]の育成が，学校教育の重要課題の一つに浮上してきている。

　〈情報〉は人間と社会にとって，どのような意味を持つのか。生物は個体が自己と同一の個体を生み出すことによって，老化あるいは，他の原因で失われる個体の生命の滅亡が種の滅亡につながらないようにしている。言い換えると，増殖（生殖）によって種を維持しているのである。この増殖は，個体の遺伝子に組み込まれた（記録されている）情報（遺伝情報）によって行われる。一種のデータベースである遺伝情報も，新しく生まれた個体に伝えられる。

　誕生した個体は，生存のために栄養を取り，敵から身を守っていかなければならない。個体を包むもの，すなわち〈環境〉からさまざまな〈情報〉を読み出し，個体はその時々で最も適した行動をとろうとする。その際，個体の外部から読み出すものばかりではなく，個体内部の情報も照合し利用する。

　生物が利用する〈情報〉には，生物の個体内部で交換される「内在的情報」と，個体から個体へ，増殖を通して伝えられる「遺伝情報」，個体が外部から受け取る「外来的情報」がある[参5, p.67-77]。あるいは，それらを「遺伝情報」，「学習情報」，「文化情報」と呼ぶこともある[参46, p.114-117]。図書館にある情報が「外来的情報」と「文化情報」であることは言うまでもない。

　生まれたばかりの人間は，この3つの情報を用いて生存のために適切な行動をとる能力を持っていない。周囲の人々や社会が長い時間をかけて，その能力をつけるよう働きかける[参18, p.201-202]。そ

の際にさまざまな〈メッセージ〉が，次の世代の子どもたちに伝達される。その"メッセージの実質"が情報である［参63, p.389］ならば，〈情報群〉は個人と社会が生存するための〈智恵〉である。

　人間は社会を作って生きていく。その社会は，社会を取り囲む環境に適応して存続し発展していく。〈智恵〉は，個人と社会の双方にとって，与えられた環境の中で生きるために必要な知識や技術，倫理などで構成された情報活用の方法である。これは生活様式として具体化されるので，〈文化〉と言い換えることができる［参33］。これは，石田英一郎が"文化の機能は，他の生物における器官や本能のそれと同様に，個体の生命を維持し，子孫の存続をはかり，集団の安全を保障することを目的とする。技術・価値・社会・言語の四者はいわば有機的に結合して，これらの目的を達成している"と述べていること［参4, p.77］とも符合する。

　このように，情報の生産・処理・検索とそれに基づく制御，すなわち〈情報〉の活用は生物に固有で，しかも生存に不可欠な営みである。さらに，社会も生物であるかのように，維持・存続のために〈情報〉を活用している［参57（第3分冊），p.124-163］。そこで，〈情報〉活用を保障する機関を保持することは，個人と社会の双方にとって必要不可欠になる。ユネスコの「公共図書館宣言」(1994年採択) と「学校図書館宣言」(1999年採択) にもあるように［参36, p.1681-1685］，その機関の一つが図書館である。言い換えると，個人にとって図書館はその生存権を保障する存在であり，図書館利用能力の育成はそのための教育なのである。それはまた，社会が存続するための教育でもある。学校図書館は，この教育目標を達成するための施設・機

関であり，情報教育の重要な場である。

⑥ 社会と〈情報〉

個人や社会がメッセージを伝えるメディアは多様である。その中で言語は最も重要であり，文字記録は長い間，文化の膨大な内容を記録し，確実に伝えるための優れた方法であった。大量の文字記録を明確な形で保存し伝達する図書館は，社会の〈文化情報〉の少なからぬ部分を保持してきた重要な情報源である。

情報は，物質，エネルギーと並んで科学・技術の3本柱の一つであり，今日の高度工業社会の基本的な〈もの〉として重視され[参31, p.5-6]，それによる学問の再編も試みられてきている[参14, p.2, 参15, p.iii]。図書館が，情報の収集・貯蔵・提供の社会制度として見直され，組み替えられてきたのも自然の流れであった。その意味でも，図書館利用教育に情報教育が含まれるのは当然である。

工業社会でまず意識されるのは，科学・技術と経営に関する情報の重要性である。企業や国家は工業化の世界規模の拡大と，経済競争の激化の中で研究・開発にしのぎを削っている。その一方で，相互依存の度合いはますます高まっている。国家にも個人にも，情報を収集・組織化・保存・活用する能力がますます必要なのである。図書館全体を結ぶオンラインの回線は神経細胞を結ぶ突起となり，図書館の総体が国家および人類社会という〈全体社会〉の頭脳になる。学校図書館もこのネットワークに加わり，生徒がそれを活用できるようになることが望まれる。

オンラインで流れるメッセージあるいは情報は，図書館資料のような〈物体〉に記録された〈もの〉ではなく，コンピュータの記憶

Ⅲ. 学校図書館の教育活動　91

装置に記録された〈もの〉から取り出した無形の〈もの〉である。個人や社会が求めるのは情報であって，それが無形であっても十分であることが多い。そこで，図書館資料やそれに記録されるはずのメッセージを，オンラインで取り出せる〈電子図書館〉が生まれてくる。その活用能力の育成は，情報科の教育内容であるとともに，学校図書館における図書館利用教育の内容にも含まれることになる。その点からも，情報科の教員と学校図書館員の提携が欠かせない。あるいは，学校図書館員が情報科の教員免許状を取得し，それを担当すべきなのかもしれない。前に触れたように，慶應義塾大学の図書館情報学専攻が「情報科」の教員免許の認可を受けたことは，その方向を示唆している。さらに，「情報科」の「図書館・情報科」への発展も視野に入れてよいのではなかろうか。

(3) 〈図書館・情報教育〉の内容

〈図書館・情報教育〉の前身とも言える〈学校図書館の利用指導〉の内容は，文教当局がたびたび発行した手引書で提示し，全国 SLA なども研究成果を発表・提案してきた。これらに基づく教育実践や報告は多数ある。

① 文部（科学）省の手引書

1983年刊行の利用指導の手引書では，"児童生徒の情報を的確に処理する能力を育成する必要から，四つの基本的な柱をたて（中略）児童生徒の発達段階に応じて，選択的に指導できるように配慮し"指導事項を"設定した"[参52, p.15]としている。表現を一部変えて縮約すると，指導事項は次のようになる[参52, p.16-17]。

A 図書館及びその資料の利用に関する事項

　1　図書館資料の種類や構成，2　学校図書館の機能と役割，3　公共図書館の機能と役割，4　地域の文化施設の機能と役割

B 情報・資料の検索と利用に関する事項（1～7は利用するもの－筆者注）

　1　図鑑，2　国語辞典，漢和辞典など，3　百科事典・専門事典など，4　年鑑など，5　図書資料，6　図書以外の資料，7　目録，資料リストなど

C 情報・資料の収集・組織と蓄積に関する事項

　1　必要な情報・資料の収集，2　記録のとり方の工夫，3　資料リストの作成，4　目的に応じた資料のまとめ方の工夫，5　目的に応じた伝達のしかたの工夫，6　資料の保管のしかたの工夫

D 生活の充実に関する事項

　1　望ましい読書習慣を身に付けること，2　集団で読書などの活動を楽しむこと，3　読書などの活動を中心とした集会活動への積極的参加，4　読書などの活動を中心とした学校行事などへの参加

同書の解説を要約すると，利用指導の目的は，'生徒の情報処理能力の育成'であり，指導内容Ａは生徒にさまざまな資料を収集・組織・保管・提供する図書館の基本的な機能を理解させ，効果的に利用できる能力を育成すること，ＢとＣは情報処理の能力育成で，Ｂは検索・利用，Ｃは収集・組織・蓄積が指導内容になっている

[参52, p.15]。Dは読書教育で，それを取り上げた理由として，"図書館は情報を処理するためにだけ利用されるわけではない。読書は豊かな感受性を養い，創造性をはぐくむために極めて重要であり，豊富で魅力的な読書資料を所蔵する図書館は一人一人の児童生徒の発達段階，興味・関心，問題意識に即応した読書などの指導を計画的に展開する中心的な施設である"と，読書の意義と読書教育の場としての図書館の役割とを挙げている[参52, p.15-16]。

このように，読書指導を学校図書館の利用指導の重要項目に組み入れたことは，それまでの文教当局の考え方を大きく変えることであった。大転換の理由は，"情報・資料の利用に際して，その読み取り能力は極めて重要である"という，Dの説明[参52, p.17]から読み取れる。すなわち，読書力の低下によって情報源の図書から〈情報〉を読み出せない生徒が多くなり，利用指導の前提条件が崩れた現実があったのである。読書教育は「図書館・情報教育」の基盤でもあることが意識された点でも，この指導書は画期的であった。

② 全国SLA

全国SLAも，〈学校図書館の利用指導〉の研究成果を機関誌や図書で公表してきた。1992年3月31日制定の「『資料・情報を活用する学び方の指導』体系表」[参30, p.196-197]の内容を，細目を省いて書き替えると次のようになる（小学校の部分の(a), (b)は，それぞれ低学年，中学年を，注記のないものは高学年を示している）。

Ⅰ．情報と図書館

　小学校：学校図書館の利用(a)，学級文庫の利用(a)，図書の扱い方(a)，情報と私たちの生活(b)，公共図書館の利用(b)，各種文化

施設の利用

中学校：情報と日常生活，中学校生活と図書館

高等学校：現代社会と情報，高校生活と図書館

Ⅱ．情報のさがし方

小学校：低学年用図書のさがし方(a)，図書の配架(a)，図書の分類(b)，請求記号と配架(b)，書名目録の利用(b)，著者目録の利用，件名目録の利用，コンピュータ目録の利用，目的にあった情報源の選択

中学校：資料の分類と配架，目録の利用，書誌の利用

高等学校：目録の利用，書誌・目録・索引の利用，目的に応じた情報源の選択

Ⅲ．情報源の使い方

小学校：図鑑の利用(a)，目次・索引の利用(a)，国語辞典の利用(b)，地図の利用(b)，視聴覚資料の利用(b)，漢字辞典の利用，百科事典の利用，年鑑の利用，新聞・雑誌の利用，ファイル資料の利用，電子メディアの利用

中学校：参考図書の利用，新聞・雑誌の利用，ファイル資料の利用，視聴覚資料・電子メディアの利用

高等学校：参考図書の利用，新聞・雑誌の利用，視聴覚資料の利用，電子メディア・データベースの利用

Ⅳ．情報のまとめ

小学校：調査のまとめ(a)，資料の要約(b)，表や図へのまとめ方(b)，資料リストの作成(b)，ノートの作成(b)，記録カードの作成

中学校：資料リストの作成，調査研究記録の作成，調査研究結

果の発表，資料の自作と整理

高等学校：調査研究のすすめ方，調査研究結果の記録と整理，調査研究結果の発表

　この内容に読書法が含まれていないのは，図書館利用教育と読書教育は別の指導領域であるとの考えが，作成者にあったのであろう。また，文部（科学）省の手引書にもあったが，同じ指導内容が別の段階の学校で重複しているのは，学校教育では生徒の発達段階に応じて，同じ主題を他の学年で再び教えることがあるためである。

③　図書館利用案内書

　〈図書館・情報教育〉の教育内容は，図書館を利用するための必要な知識や技能になる。さまざまな情報が仕事に欠かせない職業に就く人が増えたためか，近年は図書館の利用法に関する図書や，一部分をそれに割いている図書が目立つようになった。それらの内容は，かつて筆者が比較検討したアメリカの中等教育学校生や大学生向けの図書館利用案内書のものと大きくは違っていない。そこで，筆者が研究によって得た"図書館利用案内書の望ましい姿"［参8, p.41-42］の項目を次に挙げる。

(1) 図書館＝図書館の機能，役割，サービス
(2) 図書館資料＝参考図書，一般図書，雑誌，新聞，切抜，写真，視聴覚資料など
(3) 参考図書の解題付きリスト
(4) 図書館資料の分類，目録，配列
(5) 調査・研究法，レポート作成法
(6) 読書法，その他

これを見ると，参考図書の解題付きの書目に 1 章を割いていること以外は，①の手引書の内容とほとんど変わらないことがわかる。

④ **教科「情報」**

次に，情報科の教育内容を参考のために見てみよう。

「学習指導要領」（1999 年 3 月告示）の「情報」の目標では，"情報に関する科学的な見方や考え方"の育成と，"社会の中で情報及び情報技術が果たしている役割や影響を理解させ，情報化の進展に主体的に対応できる能力と態度"の育成を挙げている。教科「情報」は，「情報 A」「情報 B」「情報 C」の 3 科目で構成されている。それぞれの内容を，説明を省き列記すると次のようになる（それぞれに含まれる指導事項は省略）。

情報 A
(1) 情報を活用するための工夫と情報機器
(2) 情報の収集・発信と情報機器の活用
(3) 情報の統合的な処理とコンピュータの活用
(4) 情報機器の発達と生活の変化

情報 B
(1) 問題解決とコンピュータの活用
(2) コンピュータの仕組みと働き
(3) 問題のモデル化とコンピュータを活用した解決
(4) 情報社会を支える情報技術

情報 C
(1) 情報のディジタル化
(2) 情報通信ネットワークとコミュニケーション

(3) 情報の収集・発信と個人の責任
(4) 情報化の進展と社会への影響

　指導の留意事項には，"他の各教科・科目等の学習に役立つよう，他の各教科・科目等との連携を図ること"，原則として「情報A」は"総授業時間数の2分の1以上を"，「情報B」と「情報C」は"3分の1以上を，実習に配当すること"などを挙げている。前者は，この科目が〈図書館・情報教育〉と同様に，各教科で行われる情報教育を総合し体系化する特質を持つことを，後者はこの科目が情報機器の機能・構造と利用法を，実習を通じて身につけさせることが主眼であることを示している。言い換えると，この教科で扱うのは，本節の冒頭と(1)(ア)で述べたように，情報機器や情報システムなど工学的な色彩が強く，いわゆる〈文科系〉の学問が研究してきた〈情報〉ではない。それゆえ，〈図書館・情報教育〉は〈情報〉の内容を扱う〈情報教育〉として存在意義がある。

⑤　〈図書館・情報教育〉の体系

　〈図書館・情報教育〉にはどのような内容が望ましいのか。全国SLAのものは，情報利用教育の観点で〈図書館・情報教育〉を体系化し，「情報科」に欠けている〈情報のソフト面〉を補うものである。情報機器を用いた情報利用は情報科の指導領域なので，図書館の指導領域としては文部（科学）省や全国SLA，図書館利用案内書のものが適している。図書館の提供する情報や読書材は，それを記載・収録している資料に限らないので，〈図書館・情報教育〉の内容も幅広いものになる。ここでは，全国SLAや文部（科学）省，図書館利用案内書の内容を補正したものを，一つの考えとして

提示する。
- I．情報および読書，文化センターとしての図書館
  1．図書館の機能と種類：(1)　図書館の機能，(2)　各種の図書館（①学校図書館，②公共図書館，③その他の図書館）
  2．図書館の類縁施設：(1)　博物館（美術館，郷土資料館などを含む），(2)　公民館，(3)　文書館など
- II．図書館が保有する情報源－図書館資料
  1．図書資料：(1)　情報検索のために作られた図書－参考図書（①図鑑－形態・色彩などについての情報，②辞典（国語辞典・漢和辞典・外国語の辞典など）－言葉についての情報，③事典（百科事典・専門事典）－事物についての情報，④年鑑－統計などのデータの情報，⑤書誌－図書についての情報，⑥索引－事柄の所在についての情報，⑦地図帳－地表の状態・地名の所在などについての情報），(2)　参考図書以外の図書－そこで取り上げられている主題に関する体系的で詳細な情報源，読書材
  2．図書以外の資料－さまざまなメディア（新聞，雑誌，視聴覚資料，電子資料など）で表現・記録された情報源，教養・娯楽材
- III．図書館（員）を通じて入手できる情報
  1．レファレンス・サービス－図書館内外の資料にある情報
  2．レフェラル・サービス－図書館外の情報の所在についての情報
  3．インターネットに接続された情報機器を通じて流通する情

報
Ⅳ．資料・情報の組織化と検索の方法－分類法と目録法など
Ⅴ．調査・研究法，発表（提示）法
Ⅵ．読書法

5．図書館・情報教育の方法

⑴ さまざまな実施方法

〈図書館・情報教育〉の実施方法には，大きく分けると，図書館独自のものと，教科と図書館が連携するもの，教科独自のものがある。それを整理すると次のようになる。

　A．図書館独自のもの
　　a．図書館内での個別指導（①レファレンス・サービスの際の指導，②読書相談の際の指導，③貸出・返却の際の指導，フロア・ワークの際の指導）
　　b．図書館における一斉指導（①オリエンテーション，②図書館の特設授業）
　　c．生徒図書委員を通じての指導
　　d．図書館の印刷物を通じての指導（図書館利用の手引書，図書館報，その他）
　B．学級活動（ホームルーム）における指導
　C．教科と連携した授業
　D．教科独自のもの

このうちAのaは，担当の学校図書館員が意識するしないにかかわらず，生徒への利用者サービスと表裏の形で行われることが多い。

それは，脇から見た教師が教育活動であることに気づく性質のことである。そこで，Aのaは「Ⅳ. 図書館サービス－情報・資料の提供」の中で取り上げ，本章ではそれ以外の事項について説明する。

(2) 図書館における一斉指導－A　オリエンテーション

図書館を使って一斉指導するのは，クラスなどの生徒集団が図書館を一種の〈教材・教具〉として使う場合である。

① 意義

オリエンテーションの意義は，新入生に学校生活の概要を知らせ，新しい学校に慣れてもらうことにある。重要な学習環境である学校図書館についても，その概要と利用方法を説明し，学習と余暇活動に図書館を利用する意欲を持つように実施する。

年度初めの短時日のうち45分程度の時間で，2クラス程度の規模の生徒に対して実施するので，指導内容も縮約されたものになる。箇条書きにすると次のようになる。①図書館を見せること，②図書館の特徴をつかませること，③図書館の具体的な利用法を知らせること，④図書館を利用して学習する意欲を起こさせること，⑤図書館の余暇活動への援助について知らせること，⑥図書館の係員を紹介すること，⑦それまで学校図書館をほとんど利用したことのない生徒が改めて学校図書館に興味を持つようにすること。

なお，上級学校の場合には，卒業した学校の図書館との相違点に生徒たちが気づくような指導が望まれる。もちろん，学校図書館員は新入生たちの利用した学校図書館の具体的な状況を知らないので，自館の特徴を強調することで相違点を際立たせるのである。

② 内容

卒業した学校や入学後の利用教育の内容などによって，オリエンテーションの内容を本来は変える必要がある。しかし，それは千差万別なので，既習の生徒には復習の意味を込めて，次のような内容を選ぶのも一法であろう。

a．学校図書館員あるいは係員を紹介し，生徒への具体的な援助内容を中心に説明する。

b．図書館資料の説明をする。図書館には図書や雑誌しかないと思っている生徒もいるので，それ以外のものも紹介する。

c．図書館資料の検索に関連し，分類と目録，図書の配架，目録（コンピュータ目録あるいはカード目録，冊子目録）について説明する。説明は簡単に留め，詳しくは「図書館利用の手引」の冊子や個別あるいは〈図書館・情報教育〉の授業などに譲る。

d．図書館資料の館内利用と貸出・返却方法については，生徒手帳や利用の手引書に記載されている説明を照合させながら簡単に説明する。貸出・返却についての詳しい説明は，利用時に随時教えることを知らせる。

e．レファレンス・サービス，読書案内などについて，その具体例を挙げて説明する。

f．いろいろな図書館行事があることと，自館で開催しているものについて説明する。

③ 実施方法

時期は必然的に，4月上旬の学校全体のオリエンテーション期間になる。新入生に対していろいろな計画が立てられるので，その中

に組み込んでもらうために，計画の立案に学校図書館員が参画する態勢を作ってもらう。

　オリエンテーションは図書館を紹介することに意義があるので，必ず図書館（閲覧室）で行う。一度に全員を収容できないので講堂で実施するという例も聞くが，それはやめるべきである。大規模校では新入生を2クラス単位程度に分けて数回実施するとよい。入学後に親しむことになる図書館で，図書などに囲まれて話を聞くことは，それだけで一つの教育効果を生み出す。座席数が不足する場合は椅子を追加して全員を座らせる。年度初めの忙しい時期なので，実施時間は1時間程度が限界である。無理に2，3時間を割いてもらっても，生徒の気持ちがまだ安定していないこの時期では効果が薄いのではなかろうか。むしろ可能ならば，国語科や社会科（あるいは倫理社会科，地理歴史科など）の年度初めの数時間を割いてもらって，〈図書館・情報教育〉を実施するのが効果的である。

　オリエンテーションは，当然のことながら．学校図書館員が担当する。学校図書館員が事務職員の場合には，実施クラスの担任教師が同席するので法的に支障はない。〈教材・教具〉として，ビデオや映画，スライドを使うと効果的な場合も多い。しかし，図書館そのものが最も重要な〈教材・教具〉であることを忘れてはなるまい。

④　残された問題

　一番の問題は，オリエンテーションだけで〈図書館・情報教育〉が終わるおそれがあることである。そこで，図書館サービスの際の個別指導でそれを補うことになる。個別指導は断片的になるために，図書館利用の知識・技術として不十分になるのは否めないので，そ

れを体系化する特設授業が望まれる。この授業の〈教科書〉として，自館作成の図書館利用の手引や研究会作成の図書などが役立つ。

(3) 図書館における一斉指導－B　図書館の特設授業

　文教当局の手引書と全国SLAの授業計画では，〈学校図書館の利用指導〉の内容を，義務教育学校の9年間で年に数回ずつ実施して教授するようになっている。この方法を採るのは，生徒の発達段階に合った指導のためである。また，少ない授業時間を各教科，特別活動などで奪い合っている現状では，〈図書館・利用教育〉の時間を確保するのが非常に難しいためもあろう。

　中学・高等学校では，修学旅行の時期などに普段とは違った特別編成の時間割で授業をすることがある。これは，引率の教師の担当時間が自習になるのを避けるための措置である。その時間割に，〈図書館・情報教育〉の授業を組み込んでもらうのである。職員会議で決める事項なので，授業の意義を教師たちに理解してもらうために，十分な資料を準備することが大切である。もちろん，その前提として，図書部会で了承を得ておくのは当然である。

　時間はたかだか数時間なので，演習などを含む方法で実施するのが効果的であろう。東京都教育委員会高等学校図書館手びき委員会が作成した授業計画の例が，文部（科学）省の手引書に掲載されたことがある［参50, p.95-101］。小・中学校で授業を受けたことがない生徒も多く，また高校生になると体系的な内容が理解しやすくなるので，この方法は図書館利用能力の育成に効果的である。

(4) 生徒図書委員を通じての指導

　生徒図書委員会は，生徒と図書館とを結ぶ重要な絆の役割を持っている（Ⅶ.3.(1)参照）。教師の一員である学校図書館員よりも，同じ仲間である生徒図書委員の方が気楽なのか，図書委員に図書館利用法を尋ねる生徒もいる。カウンター当番の生徒に図書館利用について質問があった時には，学校図書館員に取り次ぐように指示していても，学校図書館員が席を外している時や図書館以外の場所で，簡単な質問を受けて答えることも起こり得る。このことを考慮して，図書館利用法について，年度初めの放課後数日で，ある程度のことを教えておくのが実際的であろう。これは，図書委員を通じた一般の生徒への初歩的な〈図書館・情報教育〉への道になり，図書委員が図書館への理解を深めるきっかけにもなる。

(5) 図書館の印刷物を通じての指導

① 図書館利用案内の冊子

　学校図書館の使い方は個々の学校で多少の違いがあるので，自館の利用法について「図書館利用の手引き」などと題したパンフレットやリーフレットを発行するのが一般的である。その他に，生徒手帳の数ページを使っている場合もある。〈図書館・情報教育〉の内容は多岐にわたるので，ページ数も多くなる。しかし，予算の都合もあるので，一般には数ページから十数ページで我慢しているのが実態であろう。既刊の案内書を副読本として生徒に買わせるのは，教科ではないので難しい。パソコンを使って，きれいな印刷物が作れるようになったのはありがたいことである。

Ⅲ．学校図書館の教育活動　　*105*

②　図書館報

　図書館報は，生徒図書委員会が班活動として担当していることが多い。刊行頻度や様式，内容も文芸誌（紙）風のものから，新着図書案内が中心のものまでさまざまである。いずれにしても図書館利用や読書に関する記事が多く，生徒が利用法や読書法の一端を学べる優れた方法になる。

③　リーフレットなど

　その時々の話題などに関する図書館資料のリストと解説を載せたリーフレットを配るのも，図書館資料の世界へ誘う一つの方法である。ショーウィンドウに展示された図書群や図書館内に特設した展示図書群と関連させて作成し，カウンターに置いて希望者がもらえるようにする。これらのリーフレットに記載された解題付きのリストと展示された図書群は，日頃は書架に埋没している個々の図書などに光を当てることになる。これは，複数の資料によって思いもかけぬ主題世界を生徒たちに示す優れた方法である。

⑹　学級活動（ホームルーム）

　図書館利用指導は，学級指導（ホームルーム）の指導事項の一つである。年間30時間前後のうちの何時間をそれに充てるかは，学級（ホームルーム）の裁量に任されており，実施率は低いのが現実のようである。原因には，担任や生徒が必要性を感じていないことのほかに，学校図書館員に依頼しなければならないこともあるのではなかろうか。学校図書館の方から，担任教師に積極的に働きかけるのも一策であろう。現在では文部科学大臣も言及している〈朝の読

書〉も，最初は一つの学級から始まったのである。

① 〈朝の10分間読書〉

学校の読書教育としては，前述の〈朝の10分間読書〉が広く知られている。毎朝授業開始前の黙読の時間は，同じことの繰り返しに習慣化効果があるという教育方法を用いている。結果として，授業を落ち着いた態度で受ける者が多くなったのは，図書のメッセージの受信に集中する時間を過ごしたことが，教材のメッセージを受け取る準備運動になっているからであろう。そして，それは同時に読書のための教育にもなっている。

② 読書の時間

小学校では各学級が図書館で過ごす〈読書の時間〉を週1回設けていることが多い。指導内容は学級担任の裁量になる。学校図書館員がいる場合には，ブックトークやストーリーテリング（「Ⅳ．図書館サービス」参照）などの機会を設けやすく，充実した読書教育の時間になる。なお，この時間を〈図書館・情報教育〉の全体へ広げていくのも一法であろう。いずれにしても，学校図書館員の智恵を役立てて年間計画を立てたい。

③ 公共図書館訪問

公共図書館から学校への働きかけは，各地で行われている。教師が生徒を公共図書館の見学に連れて行ったり，公共図書館の司書が学校図書館でブックトークをするなど，児童への読書案内に堪能な図書館員による読書教育は成果を上げている。公共図書館の読書材は，学校図書館に比べて豊富である。その点でも，公共図書館と協力する読書教育は大きな意味を持っている。

(7) 教科と連携した授業

　「学習指導要領」の各教科の"指導計画と内容の取り扱い"には，利用する資料などが例示されている。そして，教科の指導内容には〈図書館・情報教育〉の指導事項がかなり含まれている。例えば国語科では，"学校図書館を計画的に利用することを通して，読書意欲を喚起し読書力を高めると共に情報を活用する能力を養うようにすること"や，視聴覚教材，コンピュータやインターネットの活用，情報を収集・活用した発表学習，読書力の育成などを促している[参50, p.23]など，該当する指導分野は広い。また，参考図書の利用に関しては，国語辞典や漢和辞典，百科事典，専門事典などの利用法に，当然その指導内容が含まれている。

　社会科（小・中学校）と地理歴史・公民（高等学校）も，そのような教科である。例えば高等学校の「地理歴史」では"各種の統計，年鑑，白書，画像，新聞，読み物その他の資料"と具体的にメディアを挙げている[参50, p.46]。また，「世界史」では"歴史地図の活用"に言及するなど[参47, p.30]，資料の活用についてきめ細かな指示がある。テレビの紀行番組も，指導要領の教育内容を見れば，学習に役立つことは明白である。もちろん，紀行番組は取材者と放送局の編集者の目で現実を切り取ったものなので，利用の際には映像作品の読み取り方，メディアリテラシーの教育も含まれる。

　このように，各教科の教育には〈図書館・情報教育〉の内容が含まれているので，教科担当の教師と協力して，学校図書館員が指導するのも一法である。授業の場所は，参考図書その他の実物を〈教材・教具〉として活用できる図書館内になる。教科と連携したこの

ような指導は，実際の学習課題と結びつくので，教育効果が高い。

(8) 教科独自のもの

　上で述べたように，〈図書館・情報教育〉には教科教育に含まれている部分がある。しかし，それを十分に把握していない学校図書館員もいる一方で，その内容を取り扱わない教師もいる。このような事態を改善するためには，各教科について，その指導領域に含まれる〈図書館・情報教育〉の内容を解明し，関係する図書館資料を収集し，そのリストを各教科の教師に配布すべきであろう。

① 教科における読書教育

　学校ではさまざまな場で読書教育が行われている。その中で読書と最も関係が深いのは国語科である。しかし，それ以外の教科や教科外の教育活動でもそれは行われている[参53, p.13-26]。例えば，理科教育の場合も，教科書や自然科学書のメッセージを読み出す能力が，科学知識と思考法を身につけさせることで育まれていく。これも広い意味の読書教育である。

　教科の教育に必要な基礎知識を育成するのが，各教科で扱う主題に関する図書である。教科書は教科で扱う知識の骨格のみを述べたものなので，詳しいことは参考文献に委ねられる。しかし，参考文献となる図書には，大多数の生徒には難しいものが多い。そこで，その内容を理解しやすい語り口で記述し，青少年がその主題に興味をかき立てられるような図書が必要である。かつてアメリカ合衆国で理科教育の改革の際に，そのような図書群の執筆と出版が行われたことがあった。アシモフ博士の，自然科学から文学に至る幅広い

著作群[参61]も、この種の図書群の例である。これらは教科用の課外読書材であり、授業中に教科の教師によって紹介される。それを生徒が図書館に借りに来る光景はしばしば目にすることである。これは生徒たちへの読書教育の一種であり、そのための条件整備として、図書館はそれらを収集・提供するのである。

② 教科における情報教育

学校図書館関係者が、現行の司書教諭講習科目の習得を全教師に望むのは、教科指導のために〈図書館・情報教育〉が欠かせないはずだからである。英語科を例にとると、英和辞典、和英辞典、語法辞典、類語辞典、発音辞典、語源辞典など多種多様の辞典について解説し、さらに同じ英和辞典のそれぞれの特色を教えることは欠かせないはずである。さらに、詩や演劇の CD やビデオソフトなどによる学習も、言語による幅広い表現世界への橋渡しとしてのメディアへの理解を深める。化学科の場合にも、化学の実験便覧や化学製品についての『商品大辞典』など、多様な参考図書や他の図書館資料が利用される。このように各教科の授業にかかわり、利用法を指導する必要がある図書館資料が多種多様に存在するのである。司書教諭の青山比呂乃の報告は[参1, p.425-431]、その実践例の一つである。

上で述べた指導は、教科指導の一環として行われるもので、図書館や情報利用に関する系統的な指導ではない。そこで、各教科で随時行われる教育内容を統合・体系化し、それを認識の域まで高めるために、学校図書館における〈図書館・情報教育〉が重要になる。さまざまな機会を捉えて行ってきた青山の実践が、中学1年次の必

須科目「情報の技術入門」に結実したのは偶然ではない。

なお,〈図書館・情報教育〉の図書館における個別指導については次章で,そのための条件整備は第Ⅴ章以下で述べる。

引用・参考文献

1. 青山比呂乃「司書教諭のいる学校図書館と情報教育の可能性－1つの実例報告」『情報の科学と技術』50(8)(2000.8).
2. 東洋ほか編『授業改革事典』(第1巻)第一法規, 1982.
3. 井沢純『読書教育原論』(図書館学大系　7)全国学校図書館協議会, 1989.
4. 石田英一郎『文化人類学入門』(講談社学術文庫)講談社, 1976.
5. 今堀和友「生体と情報」『情報』(東京大学公開講座)東京大学出版会, 1971.
6. 今村秀夫編著『学校図書館の読書指導』(講座現代学校図書館　8)岩崎書店, 1971.
7. 小田光宏編著『情報サービス概説』(JLA図書館情報学テキストシリーズ　4)日本図書館協会, 1997.
8. 柿沼隆志「図書館利用案内書の比較・分析」『学校図書館』no.210(1968.4).
9. 加古里子『私の子ども文化論』あすなろ書房, 1981.
10. カナダ・オンタリオ州教育省編, FCT(市民のテレビの会)訳『メディア・リテラシー－マスメディアを読み解く』リベルタ出版, 1992.
11. 川崎良孝編『大学生と「情報の活用」－情報探索入門－』(増補版)京都大学図書館情報学研究会(発行), 日本図書館協会(発売), 2001.
12. 河野六郎「文字の本質」『岩波講座日本語』岩波書店, 1977.
13. 紀田順一郎「本でない本の読者たち」『読者を探せ－最新「本読み」事情－』学陽書房, 1981.

14. 北川敏男編『情報科学の動向　Ⅰ』(情報科学講座) 共立出版, 1968.
15. 北川敏男編『情報科学の将来』(情報科学講座) 共立出版, 1977.
16. 木原健太郎『教科教育の理論』(現代教科教育学大系　1) 第一法規, 1974.
17. 金田一京助ほか編『新明解国語辞典』(第5版) 三省堂, 1997.
18. 『講座社会学』(第3巻) 東京大学出版会, 1958.
19. 斎藤孝『読書力』(岩波新書) 岩波書店, 2002.
20. 塩見昇, 間崎ルリ子『学校図書館と児童図書館』(日本図書館学講座　5) 雄山閣, 1976.
21. 柴田義松『教科教育論』(教育学大全集　31) 第一法規, 1981.
22. 清水幾太郎『本はどう読むか』(講談社現代新書) 講談社, 1972.
23. 清水康敬「特集　誌上講演会　情報は21世紀に向けどう変わるか」『教育とコンピュータ』14(6) (1998.6).
24. 清水義弘『読書』(らいぶらりいしりいず) 有斐閣, 1961.
25. 情報処理学会編『新版情報処理ハンドブック』オーム社, 1980.
26. 城山三郎, 林公「朝の読書で子供が変わった」『文藝春秋』2002.12.
27. 新村出編『広辞苑』(第5版) 岩波書店, 1998.
28. 『世界大百科事典』(第13巻) 平凡社, 1988.
29. 瀬古浩爾『自分をつくるための読書術』(ちくま新書) 筑摩書房, 1997.
30. 全国学校図書館協議会編『学校図書館・司書教諭講習資料』全国学校図書館協議会, 1999.
31. 高橋英俊「情報とは何か」『情報』(東京大学公開講座) 東京大学出版会, 1971.
32. 筑紫哲也「若者たちはどのような方向に人類をもってゆくのか」『世界若者データブック』(現代用語の基礎知識　86年版付録) 自由国民社, 1986.
33. 『哲学事典』平凡社, 1971.

34. 天理学園学校図書館研究会編『小学校から大学まで図書館科の研究』養徳社，1950.
35. 図書館教育研究会『新版学校図書館通論』学芸図書，1972.
36. 『図書館法規基準総覧』（第2版）日本図書館協会，2002.
37. 長尾真，斎藤和男「情報学の新時代」『情報管理』41(1)（1998.4）.
38. 中川昌彦『ビジネス読書入門－仕事のための読書管理－』日本能率協会，1980.
39. 『日本語大辞典』講談社，1989.
40. 野末俊比古「情報リテラシー」田村俊作編『情報検索と情報利用』（図書館・情報学シリーズ）勁草書房，2001.
41. 広松渉ほか編『岩波哲学・思想辞典』岩波書店，1998.
42. 船橋学園読書研究会『朝の読書が奇跡を生んだ』高文研，1993.
43. 堀秀彦『読書のよろこび』（増補版）雪華社，1970.
44. 水越伸『デジタル・メディア社会』岩波書店，1999.
45. 宮川洋，原島博，今井秀樹『情報と符号の理論』（岩波講座情報科学4）岩波書店，1982.
46. 宮地伝三郎『動物社会－人間社会への道標－』（筑摩総合大学）筑摩書房，1969.
47. 村松浩幸ほか編『ITの授業革命「情報とコンピュータ」』東京書籍，2000.
48. 森昭雄『ゲーム脳の恐怖』日本放送出版協会，2002.
49. 森田英嗣編『メディア・リテラシー教育をつくる』アドバンテージサーバー，2000.
50. 文部省『高等学校学習指導要領』大蔵省印刷局，1999.
51. 文部省『高等学校における学校図書館運営の手びき』大日本図書，1964.
52. 文部省『小学校，中学校における学校図書館の利用と指導』（学校図書館指導資料　1）ぎょうせい，1983.

Ⅲ．学校図書館の教育活動　113

53. 文部省『小学校，中学校における読書活動とその指導－読書意欲を育てる－』(学校図書館指導資料　2) ぎょうせい，1987.
54. 文部科学省編『文部科学白書 平成13年度；21世紀の教育改革』財務省印刷局，2001.
55. 矢崎源九郎，神宮輝夫編著『子供に読ませたい本』(現代教養文庫) 社会思想社，1966.
56. 山崎正一，市川浩編『現代哲学事典』(講談社新書) 講談社，1970.
57. 吉田民人「社会科学における情報論的視座」『講座情報社会科学』(第5巻) 学研，1974.
58. 渡辺茂男『絵本の与え方』日本エディタースクール出版部，1978.
59. 『TRCD ジュニア2000－こどもの本のデータブック[CD-ROM 付]－』リブリオ出版，2000.
60. American Library Association, *A. L. A. Glossary of Library Terms with a selection of terms in related fields*, Chicago, American Library Association, 1943.
61. Asimov, Isaac, 小隅黎訳『アシモフ博士の世界』早川書房，1983.
62. Department for Education and Employment (of the United Kingdom), National Year of Reading, 1998.
63. Dubois, J. et al., 伊藤晃ほか訳『ラルース言語学用語辞典』大修館，1980.
64. National Literacy Trust, Building a Literate Nation, 1998.
65. The White House Conference on School Libraries, (Supplement of Sept/Oct issue of Knowledge Quest), 2002.
66. Young, Heartsill(ed.), *The A.L.A. Glossary of Library and Information Science*, Chicago, American Library Association, 1983.

IV. 図書館サービス－情報・資料の提供

1．サービスの特徴と種類

(1) 教育作用が含まれる図書館サービス

　情報・資料は，学校図書館でも他の館種の図書館と同じように，図書館サービスを通じて提供される。しかし，学校図書館では「サービス」という用語を使わないこともある。それは，利用者の大部分を占める生徒へのサービスには，教育作用が含まれる場合が多いためであろう。

　主に閲覧室内で行われる利用者への直接サービスには，他の館種の「図書館サービス」にはない特質がある。それは，学校図書館では生徒の利用者への「教育作用」が含まれるからである。これはその業務が要求しているのであって，学校図書館員の職種に無関係である。そこで，学校図書館員に求められるのは，図書館の専門家としての知識・技術であり，教師としての意識である。

(2) サービスの種類など

　図書館が提供する〈もの〉は，図書や雑誌，CD，ビデオテープなどのように，メッセージを記録した〈物体〉＝〈図書館資料〉である。このほかに，情報を求めて利用者が来ることもある。その時

表 7-1　メディアとサービスの種類

形　態	資　　料 有　形(物体) （パッケージ系）	情　　報 無　形（信号） （非パッケージ系）
サービス	①利用者が図書館内で読書や調べものができるように図書館資料を整備し配列 ②資料を貸出しすること	①図書館員が資料を通じて利用者が求める情報を提供するレファレンス・サービス ②図書館員が利用者の求める情報を持っている機関などを紹介するレフェラル・サービス ③図書館が用意した情報端末を通じて利用者自身がインターネットなどを利用して情報を獲得できるようにするサービスなど（不慣れな利用者への図書館員による手助けを含む）

に自館の図書館資料などを使って提供するのが〈レファレンス・サービス〉である。そして，自館の資料にない情報を利用者が検索できるサービスが，インターネット端末の設置とその利用援助であり，もう一つが情報の在処を教える〈レフェラル・サービス〉である。これらを整理して表にまとめたのが〈表 7-1〉である。

2．サービスの時間（開館日・時間）

(1) 開館と学校の責任

　学校には，生徒と教師が共用する図書室と，教師専用の図書室などがある。高等学校などの場合は，教師用の資料群のある職員室や教科の準備室が，教師用図書室の代用をすることも多い。もちろん，

サービスを行う場所は前者である。

　図書館を開けることは，利用者への図書館サービスを保障する第一の条件である。図書館はセルフ・サービスだけでは利用者の求めに応じられないので，開館時には必ず図書館員が窓口に常駐する。入館者の安全確保も図書館の責任になるので，常駐の図書館員がそれを確保する。学校図書館の場合には，利用者のほとんどが未成年者の生徒なので，程度の差はあるが，学校図書館員や図書係の教師に生徒の保護責任が加わる。学校図書館の開館時間の設定は，これらのことを念頭に置いて決めなければならないのである。

　事情は学校によって違うので，開館日と時間は学校独自に決める。小・中学校図書館では，休み時間と放課後に開館するところが多い。授業時間中の生徒は教室や体育館，校庭などにいることになっているためである。一方，高等学校図書館では休館時間を設けないことが多い。高校生の自己責任能力が成人に近いためもある。

　司書教諭以外の学校図書館員や，指導員，ボランティアが在室している時間には，司書教諭や係の教師がいなくても，図書館を開館するのが一般的である。これは，不測の事態に対処できる大人がいるためである。放課後，学校内の問題に対処するのは日直の教師なので，日直への連絡もすることになる。

　開館時間は，その学校が何を学校図書館に求めるかということと，図書館係の教師が勤務時間をどの程度割り振れるかなどを勘案して，各学校が設定することになる。その原案は図書部で作り，職員会議の合議内容を元に校長が決裁する。

(2) 学校の活動時間に合わせた開館

　開館日と時間の設定要件に，学校図書館が置かれている学校の年間日程や生徒の登・下校時間がある。学校は在校中の生徒を教育・監督・保護する重い義務と責任を，生徒の保護者と社会に対して負っている。在校中に事故や犯罪などで子どもが死傷することなど絶対にあってはならない。このことを抜きにして，開館日と時間の設定はできない。そこで，生徒の登校日以外は休館し，開館時間も登校時間と下校時間との間に設定する。特に閉館時間は，児童・生徒が図書館から校門まで歩いて行く時間も加味するので，10分ないし15分は下校時間よりも早くなる。

　夜間の定時制課程が設けられている高等学校の中には，全日制の生徒に「居残り許可証」を発行して，定時制課程の開館時間中に利用することを認める例もある。しかし，定時制課程の教師や学校図書館員には全日制課程の生徒を保護・監督する責任はない。定時制課程の生徒が全日制課程の開館時間に利用したい場合も事情は同じである。それゆえ，このような便宜を与えるのは避けるべきである。

　現在は，無人化した学校を，警備会社が遠隔管理しているのが一般的である。生徒が犯罪に巻き込まれないためにも，閉館時間を厳密に守ることはますます重要になっている。

(3) 教職員の常駐と不在時の開館措置

　学校図書館員の不在を前提とした開館は避けたい。単純な業務と見なされがちな貸出・閲覧サービスも，学校図書館では〈図書館・情報教育〉の貴重な場にもなるからである。望ましいのは，カウン

ターの生徒図書委員がその業務をしている場合でも、必要な時に専門職がただちに交替できることである。

　休暇や急用・急病などによる早退で、担当者が時折不在になることがある。この場合には、臨時休館にするか、係教師などが代わりに担当する。急な事態のために係教師も代われない時には、閉館時間を繰り上げることになる。開館時間の変更や臨時休館は、授業前や休憩時間などに校内放送で生徒に周知する。また、図書館入口には簡単な理由を付けた貼り紙などを掲示する。

　開館時にカウンターが無人なのは、一種の〈客商売〉である図書館に、お客に応接する店員がいないのと同じである。このような常識外の事態にあるのは、お客がその学校の生徒と教師に限られていることも一因であろう。それを支えているのは、生徒と教職員への信頼であろう。しかし、無人であることは図書館が来館者を拒否していることである。それを避けるためにも、係教師が常駐できるように開館時間を短くしたり、係の生徒図書委員が交代で常駐するなどの方法が多く採られてきた。館内の雰囲気が暖かくなるような担当者が常駐していることが、資料・情報提供の必要条件である。

(4) 開館時間の弾力的運用

　開館時間は利用者との一種の契約事項であり、担当者の勤務時間に裏づけられているので、みだりに変更できないのは学校図書館も同じである。しかし、一人職場である気安さから、宿題をしている生徒の熱意にほだされて、閉館時間を繰り下げた例を耳にしたことがある。そのような心の暖かさは大切にしたいが、頼めばいつも応

じてくれるという安易な気持ちを生徒に抱かせかねない。そして，転任で比較的時間に几帳面な人が赴任した場合には，その人が生徒に理解がないとひんしゅくを買う恐れがあることにも留意したい。

　瀕死の学校図書館を活性化できる人は，自分のほとんどの生活を学校図書館に注ぎ込む人であることは事実であり，そのような人は貴重な存在である。しかし，そうしたいと思っても種々の事情でできない人もいれば，自分の私生活も大切にしたい人もいる。また，体力的にそれができない年齢の場合もある。そう考えると，弾力的運用は生徒の理解を得つつ，無理をしないことになる。

3．閲覧サービス

(1) 開館準備と閉館後の作業

　実験・実習がある教科の授業では，その準備と後片づけの時間が必要なように，学校図書館も開館前後の作業があるので，開館時間はその分，担当者の勤務時間よりも短くなる。

　図書館の入口の扉には，内部がよく見えるように，透明のガラスをはめたものが多い。扉の内側に「開館しています」あるいは「閉館しました」の表示の札を下げておく図書館も多い。これは，来館者への当然の情報提供であり，他の方法の場合もわかりやすい表示が，サービス業として必要である。

　放課後の清掃と始業式当日の大掃除は，当番の学級の生徒または生徒図書委員がやってくれる。しかし，休日明けの月（火）曜日などは埃でうっすら汚れた閲覧机やカウンターのままで開館するわけにはいかない。そこで，学校図書館員が開館前に閲覧机の拭き掃除

はしたい。学校図書館員が教師である場合には，抵抗を感じるかもしれないが，禅宗の作務と同じと考えれば意義のあることである。

当日の新聞の掛け替えや〈書架整頓 (shelf reading)〉も準備作業である。ただし，書架整頓は人手がほとんどない学校図書館では，準備作業としての実施は不可能であろう。

閉館時に冷暖房のスイッチを切ることも，案外見落としがちである。定時制課程との共用図書館で暖房用のガスヒーターが付けっぱなしであったのを，全日制課程の学校司書が見つけた例もある。大事には至らなかったが，図書館を灰にすることは，図書館員の自殺行為である。注意したい。

(2) 書架整頓

学校図書館では〈自由開架式〉が採用されている。この方式では，図書群は整頓しても短時間で乱れる。その原因は，個々の図書を置く場所が，他の図書との関係で決まる不確定な位置であることにある。しかも，配架位置を記した請求番号の文字は小さく，その意味を知らない利用者は，適当な場所に図書を戻してしまう。こうして何冊もの図書が〈迷子〉になる。配列が乱れていると，書架にあるはずの図書も見出せない。学期に一度の書架点検も大切であるが，日常の書架整頓は，毎日のサービスに欠かせない。開館前の整頓は難しいので，返却図書を戻す時に配列の乱れを直すようにする。

求める図書を発見しやすくする以外にも，書架整頓の意義がある。それは毎日の作業を通じて，図書館員が図書館資料の内容と利用状況を知り，資料構築とサービスに役立つ情報を得ることができるか

らである。また，破損図書の発見と処置にも役立つ。

　図書を見つけやすく，書架の乱れを少なくするには，書架の〈見出し〉を多用する。一つは，書架の各連の上部に付ける見出しであり，書架が櫛形に配置されている場合は，通路の横の側板にも見出しを付ける。この他，各段の図書の間に主題名と分類番号を書いた〈分類板〉を入れる。見出しには各段の書棚に並んでいる図書の叢書名やその主題を書いた紙片を挟む〈見出金具〉もある。

(3)　閲覧室で提供する情報・資料など
①　図書

　図書は「日本十進分類法」(以下「NDC」と略称)による配列が一般的である。なお，参考図書などは大型本とそれ以外を分けて，それぞれをNDC順に配列することが多い。

　（ア）参考図書

　参考図書の配架には，一般書との混配をよしとする意見と別置を勧める考えとがある。簡単な調べものへの対応や，判型が大小相半ばするために書架スペースの無駄が大きくなるのを回避するには，別置の方が優れているので，筆者はそれを勧めたい。なお，混配の利点は，他の図書の案内役にもなる参考図書が，一般書と一緒に並ぶことである。別置の場合には，案内や目録で別置の欠点を補う必要がある。別置した参考図書と座席のある場所が，〈参考図書コーナー〉であり，カウンターの近くに設ける。これは，レファレンス・サービスや，調べものをする利用者に都合がよいためである。コーナーの仕切りは，参考図書を配架した低書架になる。

（イ）大型本と小型本

　大型本も別置することが多い。それは，参考図書の場合と同様に，書架スペースの無駄を少なくするためである。ただし，大型本が多い美術書の棚は間隔を広くして，別置を避ける場合もある。小型本のほとんどは文庫本である。文庫本は他の図書の間に埋没したり，何かの拍子に書架の後ろに落ちることもあるので，別置の方が扱いやすい。新書本はやや埋没しにくく，高さはＢ６判より少々小型なので，利用しやすいように一般の図書と一緒に配架することが多い。

（ウ）一般の大きさの図書

　図書館では，大型本と小型本以外の大きさの図書を一緒に配架している。高さが18cmのＢ６判から，Ａ５判より若干大きい23cmの菊判の図書である。大型・小型を別置する方式ならば，一般書の書棚の間を25cm程度にしておけば，書架に無駄が少なく，見た目によく図書を並べられる。

② **雑誌**

　雑誌の最新号は，利用者が自由に取り出せるように，閲覧室内の雑誌架に配架するのが一般的である。雑誌架にはバックナンバーを入れる場所として，その下部に抽出あるいは展示用の蓋板の裏に置き場が作られている。雑誌のバックナンバーは，最近であっても入手しにくいので，図書館への期待が大きい資料である。そこで，利用者の要求と収容力とを兼ね合わせ，例えば月刊誌ならば，過去半年ないし１年分くらいの号は利用者が自由に見られるようにする。雑誌は盗難に遭うことも多く，表紙も切れやすい。これらの予防のために，表紙を付けることもある。見栄えよりも，書店では手に入

らない号を利用者が確実に見ることができる利点を採りたい。

③ 新聞

　学校図書館には新聞閲覧台を置くスペースがないことが多いので、新聞は雑誌閲覧コーナーの近くの新聞掛けに掛けるのが一般的である。新聞を挟む用具は1日分程度しか挟めないことが多いが、休日の次の日はできれば日・月の2日分を付けられるものを使いたい。夕刊は前日分を付ける。それ以外の号は司書室内の書棚などに保管し、求めに応じて館内で見てもらう。長期休業中の新聞についても同じ扱いになる。なお、学校図書館員は毎朝出勤時に未配達新聞の有無を確かめ、未配達の場合は販売所に催促する。長期休業中で学校図書館員が出勤しない日については、事務室などに保管してもらう。

④ 地図

　地図には、一枚物の地図（map）と地図帳（atlas）とがある。地図帳は参考図書の書架に配架されているが、日本の基本図である国土地理院の2万5千分の1の地形図のような一枚物の地図は、地図ケースの抽出に畳まないで入れる。抽出には見出しを付け、区分線の入った索引図を場所を定めて入れておき、利用者が自由に出し入れして使えるようにする。都市や観光地の地図、過去の状況がわかる地図、外国の地図なども、生徒の興味をかき立てる資料として、自由に利用できるようにしておきたい。地図ケースをカウンター近くに置くと、傷みやすい地図が丁寧に扱われることになろう。なお、地図は貸出禁止にし、必要な場合は自分で購入するように指導する。

⑤ 地球儀

30cm以上の大きさの地球儀は，利用者が手で回して見ることができる高さになるように置く。大きな地球儀がある家庭は少ないので，生徒に喜ばれる資料の一つである。例えば，ヨーロッパへ飛ぶ飛行機が北北西に向かう不思議さも，これを見れば納得できるのである。この他に月球儀などの天球儀も利用できるようにしたい。

⑥ ファイル資料

新聞切り抜きや雑誌記事を綴じたもの，パンフレット，リーフレット類は，調査研究のための〈生の資料〉，すなわち〈一次資料〉の一種である。社会科や保健体育，家庭科，総合学習などで使う機会の多い資料である（その作成・整備については「Ⅴ. 資料の収集と構築」参照）。これは，ファイリング・キャビネットの見出しのある抽出に入れておく。

⑦ 視聴覚資料

これを視聴できる学校図書館は少数派であろう。館内でCDを聴き，ビデオテープあるいはDVDを見る設備を整えるのには，かなりの予算措置が必要であるが，ぜひそろえたい資料群である。視聴コーナーは，閲覧の邪魔にならず，機器の動作不良などにすぐに対応できるように，カウンターの近くに設置したい。他の利用者の邪魔にならないように，音声はヘッドフォンで，画像は液晶画面で見られるようにする。最近のパソコンは，CDやDVDも視聴できるので，閲覧室が小さい場合は，それとの兼用も一案かもしれない。生徒の中には自分のCDなどを持ってきて，それを聴きたいという者もいよう。しかし，機器はあくまでも図書館の資料を利用するた

めにあるので、その旨を説明して断る。

⑧ 電子資料

かつては図書として刊行された辞（事）典や図鑑、全集などが、CD-ROM や DVD-ROM で刊行されている。それらは「電子資料」と呼ばれることが多く、記録されている文字や図、音声のデータを読み出すためにはパソコンを使う。学校図書館で使っているパソコンやディスプレイの性能が、電子資料の要求する条件に合わないために、利用できる電子資料が制約されることもあるので注意したい。

⑨ 書誌情報

図書館資料検索用の所蔵目録がカード目録で、その種類も書架目録に限られている学校が未だ目立つ。しかし、今後はコンピュータ目録が普及していくであろう。他の図書館の情報・資料を利用する手段は、従来はその図書館の冊子目録や書誌類であったが、現在はそれらの書誌類が CD-ROM でも刊行され、配布されるようになってきた。また、千葉県市川市のように、市内の公共図書館と学校図書館がネットワーク化され、個々の学校図書館で市内図書館の目録データを検索し、相互貸借で利用できる都市もある[参1, p.47-52 など]。総合学習や教科の学習のためにも、学校図書館が書誌情報の提供サービスに、さらに力を入れることが望まれる。

⑩ インターネット

インターネットを利用する授業は広く行われている。教室に置かれているパソコンを、昼休みや放課後に個人が利用できるようになっている学校もある。しかし、授業時間中に空き時間の生徒が、図書館内のパソコンを使ってインターネットに自由にアクセスできるサー

ビスも重要である。それは，生徒が学校図書館員の援助を受けることができるからである。図書館にパソコンが数台ある場合には，電子資料用，インターネット用，目録用と明示しておく必要がある。インターネットの利用サービスは，生徒が公平に利用できるように，1回の利用時間を制限する。必要ならば予約制度を設け，予約・利用簿などで生徒の利用を調整するとよい。

(4) カウンター業務と館内秩序の維持

カウンター業務の一つに，館内秩序の維持がある。これは，間接的な図書館サービスとも言える。担当者に求められるのは，一部の利用者が他の利用者に迷惑をかける行為を起こさないようにすることである。しかし，担当者には監視している印象を生徒に与えない気配りと，生徒の自由な活動をやさしく見守る態度がほしい。

① 迷惑行為への対応

利用者のほとんどはその学校の生徒なので，大きな迷惑行為は少ない。しかし，飲食や編物をするなど，注意を促す必要がある者も散見される。図書館はレストランや休憩室でないことと，飲食は図書館資料を汚すおそれがあるので図書館では禁止していることを教え諭す。室内で声高にしゃべる行為も多く見られる。話し声は精神的に集中する必要がある読書の妨げになるので，図書館内では静かにするのが礼儀であることを説明する。室内で追いかけっこをする生徒がいる学校もある。このような生徒には，体育館や運動場で大いに走り回るように話すのも，防止策になる可能性がある。

悪童ぶる生徒の中には，学校図書館員が〈優柔不断〉であると見

て，悪さをして困らせようとする者もいる。学校図書館員への甘えの表現と見ることもできるが，生徒のプライドを傷つけないように留意しつつ，教え諭す温かさと，礼儀をわきまえさせる毅然たる態度が，再発防止になるのではなかろうか。留意すべきことは，高校生になっても（大学生すらも）叱られるのに慣れていない上に，周りの生徒が"ワーイ，叱られた！"などとはやし立てる傾向があることである。この場合には"叱ったのではない，注意したのだよ"と言うと，はやした方もはやされた方も反省し，注意したことを納得することもある。

いわゆる〈底辺校〉の中には，生徒の逸脱行為の程度も大きく，注意されても平然としていて，担当者の手を焼かせるところもある。この場合，生徒が学校図書館員を〈値踏み〉しているのではあるまいか。〈ぐれている〉生徒であっても，信頼する年長者には従順であると言われている。全校の生徒を対象とし，短い時間しか接しない学校図書館員が，生徒から人格的な信頼を得るのは困難であろう。しかし，図書館が本来彼らのためのものであり，社会人になってからも彼らの利益にかなうものであると，〈筋〉の通った話を理解させる努力があれば，生徒の信頼をわずかでも得られるのではなかろうか。自分に役立つものを手荒く扱う者はいないであろう。

② 待機の姿勢

カウンターから死角になっている場所にも，何気なく足を運んだ方がよい。飲食や喫煙，図書の切り取りなどが起こることがあるからである。また，高等学校などでは，恋人同士が語らっていて，他の利用者がその近くの書架の利用をためらうこともある。無粋なこ

とはしたくないが，味方として小声で優しく注意したい。

カウンターで待機中に利用者が来ない時もある。その時に，雑誌や図書を読む担当者も少なくない。たしかに，何もしないでカウンターにいるのは退屈である。図書館には読み物が多く，勉強もしたい。学校図書館員が静かに読書する姿は，生徒の手本になるかもしれない。しかし，〈図書館の先生〉の読書を妨げないように遠慮する礼儀深い生徒も少なくない。そこで，利用者が来るのを待ちながら，潜在的なサービス要求を推察し，対応するように心がける。生徒や教師が書架の前でウロウロしていたり，目録を前に困っている様子を見たならば，何気なく近寄って手助けすることが重要である。

(5) カウンターにおける接遇

① サービス業としての人間関係

カウンター業務で感じるのは，授業などで生徒を指導する時とは生徒の態度が違うことである。同じ生徒たちが，授業中よりもかなり打ちとけた態度で接してくる。これは，図書館における生徒と教師である学校図書館員との関係が，利用者と図書館員という関係に還元されるからであろう。図書館は一種のサービス業なので，利用者である生徒の方が優位に立つのである。中学校図書館の係教師が，"生徒は自分のことを図書館のおじさんと呼ぶ"と言うのを耳にしたことがある。これは，カウンター担当の教師と生徒の間に，図書館の論理が働いているのであろう。

係教師はカウンター業務をどのように行えばよいか。案内や立ち居振る舞いのすべてが，図書館サービスの教材としての意味を持つ

ので、教育的配慮をしつつ図書館利用について助言するのがよい。そのためには、学校図書館員は係教師と生徒図書委員に、図書館サービスの理念を知ってもらうのがよいであろう。

② 接遇の態度

　サービス業の色彩が強く表れるのがカウンター業務である。担当者には客商売の店員と同じように、よい接客態度が望まれる。その手本がデパート店員である。押しつけがましくなく、商品について聞きたいと思っているお客に、さりげなく近づいて親切に声をかける。感じよく、さっぱりしていて、受け応えはテキパキとし、相手の言わんとすることを推察して、適切な助言をする。後で買ってよかったと思わせる選択眼の確かさと専門的力量を持ち、客へのへりくだりがなく、客の要望の実現を手助けをする。求めているものが相手に合わなければ、その理由を告げて、より相応しいものを提示する。それが基本であろう。そして、常々言われることであるが、利用者から学ぶ謙虚さが欠かせない。クレームはサービス改善の情報の宝庫であり、図書館資料ばかりでなく、さまざまなことを利用者を通じて知ることができる。これらすべてを、図書館の〈顔〉であるカウンター担当者に期待したい。そのような図書館サービスを受けた生徒は、違った意味で教師に信頼を寄せるはずである。

　また、店員は扱う品物やその店の客層によって、それに相応しい服装をする。学校図書館の利用者は生徒と教師であり、提供するものは情報・資料などである。図書館を知的な場所と見る人が多いので、やや地味で品のよい服装が望まれる。ジャージが楽であっても、そのような服に着替えた方がよいのではあるまいか。

(6) **フロア・ワークとその際の指導**

　閲覧業務の時間には，担当者は時々閲覧室内を歩く。これは「フロア・ワーク」と呼ばれる閲覧サービスである。顔見知りの生徒やグループが勉強している時などに，"何を勉強しているの？"と優しく声をかけるのも，生徒と交流するきっかけになる。このような時に，内気あるいは横着なためにカウンターに来ない生徒から，質問・相談などを受けることもある。こうして，生徒との距離が縮まる。この応接は，〈図書館・情報教育〉の個別指導でもあり，授業中の教師が行う〈机間指導〉に似た作業である。違う点は，生徒が座席を離れて学校図書館員と一緒に目録を調べ，書架の前で図書を見るなど，時間に限定されずに学習できることである。

　フロア・ワークの際に，生徒が開いた本の上にぎゅっと手を置いたり，その上に紙を置いて字を書くのを目撃することもある。その場合には，本の扱い方について教える。そうすれば生徒は叱られたと感じずに素直に注意に従い，そうしなくなる可能性も高くなる。

(7) **多様な担当者**

　学校図書館では，誕生以来その学校の職員がさまざまな業務を兼務するのが常で，カウンター業務は係教師が生徒図書委員の助けを借りて，輪番で担当してきた。その後，主に高等学校に専任の学校司書が置かれるようになった。小学校図書館に非常勤の読書指導員を配置する例も多い。一方，近年は地域住民や生徒の父母などのボランティアが，カウンターに立つこともある。カウンター担当者が多彩になると，サービスの質の維持がますます難しくなる。そこで，

学校図書館員はカウンター業務の責任者として、これらの人々の業務内容を決め、学校図書館の機能を生かす工夫が必要である。

(8) 生徒図書委員

　生徒図書委員会の重要な活動がカウンター当番である。学校図書館員が、カウンターを図書委員に任せて、隣接の司書室あるいはカウンターの後ろの事務机で、山積している資料の組織化などをするのである。ほとんどの生徒が閲覧室を自習室として使う場合には、これで済むことになる。カウンター当番は、後述のように広い意味の職業教育でもある。実際に図書委員活動を通じて図書館専門職を目指し、その夢を実現した人も多い。また、一般の生徒は、同じ仲間である図書委員に親近感を抱くようである。"一度ここに座りたかった"と言う生徒もおり、生徒図書委員が図書館の空気を和ませている。しかし、カウンター業務には、留意すべき事柄も多いので、無原則に生徒図書委員に任せることは避けたい。

(9) 当番表の作成

　カウンターが無人にならないように作成しているのが当番表である。専任の学校図書館員が配置されている場合でも、開館日・時間と勤務条件との関係で、図書部の教師が交代で閲覧業務をしなければならない日時については、その当番表を用意する。

　生徒図書委員の当番表は、委員会の役員が委員たちの希望の曜日を調整して作成する。保護者や委員本人の中には、カウンター当番をできるだけ避けたいと思う者もいるが、これは労働奉仕の色彩が

強いので，公平な分担が望ましい。当番日に無断欠席する委員もいる。自発的な活動なので，委員としての自覚を求めることで対応する。アメリカ合衆国のように，学習単位として認める制度の実現を図るべきかもしれない。

4．貸出サービス

(1) 貸出の意義

　学校では教師が学習意欲の高い生徒に，自分の図書を貸すことがあった。その背景には，学校が信頼関係で結ばれた生徒と教師によって形成される一種の共同体であったこともある。今日ではこのような関係が薄くなる傾向があるので，貸出の意義を再確認したい。

　貸出には長所と短所がある。利用者の立場では，長所は自分の自由な時間に資料を利用できることである。これは，'開館時間の延長と同じ効果がある'と言われている。また，周りの利用者に気を散らされないで読書などができることも長所になる。そして，図書館にとっても'座席数が増えたと同じ効果がある'と言われている。さらに，無断持ち出しや紛失が減る。短所は，利用者にとっては，貸出の多い資料を目にする機会が減る。図書館にとっても，レファレンス・サービスなどで使う図書などが貸出中であるために相談に対応できないことが起こり得る。この他に，資料が汚損・破損・紛失などの厄にあう機会も増える。このような短所があっても，保存を優先するごく一部の資料を除いては貸出をする。重要なのは，生徒に同輩や後輩のために，資料を大切に扱うよう教えることである。

(2) 貸出規定

① 契約としての貸出規定

　物の貸借には，貸借契約が必要である。それを明文化しているのが，図書館の〈貸出規定〉である。しかし，規定を明記したパネルを見て，"これがいやなんですよ"と言う生徒もいる。「水臭い」というわけである。確かにそうであるが，学校図書館の資料は公共物であり，しかも長い年月をかけて収集・組織化された，将来も利用される大切な資料である。それなりの手続きが必要なことは理解させるべきであろう。

　貸出規定に盛り込むのは，①貸出期間，②貸出冊数，③貸出制限などである。生徒の中には気軽に又貸しをする者もいるので，その行為は，貸してくれた人への背信行為であることを明記しておく。

　学校図書館で個人に貸し出すのは主に図書で，それ以外の資料は，館内あるいは校内利用に留めているのが一般的である。傷みやすいことや購入点数が少ないこともその理由である。

② 貸出期間

　1週間の倍数が，生徒と学校のリズムに合うので最適である。借りた曜日に返すのは憶えておきやすい。これは貸出日を含み，返却日は含まない数え方である，と説明すると利用者に親切である。問題は何週間にするかである。長すぎても，読まない期間が長くなるだけのことも多い。他の利用者と図書館にとって，利用の機会が減らない最適の期間を考えたい。公共図書館と決定的に違うのは，学期中は生徒が毎日登校していることである。図書館へはすぐに行けるので，期間が多少短くてもサービス低下にはならない。以上から，

2ないし3週間が適当であろう。読み切れない時は、貸出更新サービスを利用するように勧め、2週間にするのも一案である。夏休みなどの長期休業の前には、貸出期間を終業式から始業式までとする。

③ 貸出冊数

学校図書館は蔵書冊数が少ないので、貸出冊数も少なく3冊程度になる。これは貸出の限度であって、例えば3冊借用中に1冊返せば、その替わりに1冊借りられるということを周知する。

④ 貸出制限

これには、貸出禁止と貸出期間の短縮がある。常に禁止とする図書には、「禁帯出」の赤ラベルなどを貼って表示する。対象となるのは、参考図書や大型の画集などである。禁止の理由は、参考図書の場合、利用者が図書館でいつでも調べられるようにするためである。閉館時から次の開館時までの時間だけ貸し出す〈一夜貸し〉を勧める説もあるが、開館時には参考図書が常に揃っている必要があるので、貸出禁止にしておくべきである。大型本の場合は、高価であることと、持ち歩いて破損するのを防ぐためである。所蔵の貴重本を貸出禁止にするのは言うまでもない。

教科などの課題の参考資料となる図書群は、期間を定めて貸出制限をする。その場合、事前に担当教師からの連絡がないと、ごく一部の生徒だけが利用できるという不公平が生じる。学校図書館員は職員会議などで事前連絡を要望しているが、前述のように事態はなかなか改善されないようである。しかし、年間の授業計画で参考資料を決めて、図書館に揃えることは一般に行われている。リストをもとに買い揃えて、貸出停止図書のリストとその時期を把握してい

れば，生徒の学習に支障を来たさないことになる。学校図書館員には，このことを教科の教師に理解してもらう努力が欠かせない。

　⑤　特別貸出

　しばしば貸出を利用している生徒が，何かの理由で制限冊数以上に借りたいと要望することがある。その場合には，事情を聞いてよほどのことがない限り，便宜を図って特別に貸出したい。教育の場である学校では，時には規則を弾力的に運用することも許される。もちろん，原則を強調しつつ，特別の配慮をすることが必要である。それは規則への不信よりも，それを生み出した人間への信頼を育むとともに，原則をどのような時に守るべきかの教育にもなる。

　⑥　他人名義を使った貸出への対応

　又貸しは，学校でも見られる。事情に応じて貸出冊数を増やす措置をとるのが予防法であろう。

(3)　貸出記録

　①　貸出票の用意

　学校図書館では利用を奨励するために，入学者全員の利用票を予め作成していることが多い。オリエンテーションの際にはそれを見せて，いつでも貸出を受けられることを知らせる。カード式の学生証を図書館利用証に使う場合も同様にする。この時に，公共図書館への利用者登録を勧める学校図書館もある。目的が異なる2種類の図書館を生徒が上手に使い分けるのが望ましいからである。

　②　貸出票とプライバシー

　貸出記録は貸借契約の証拠書類として，図書館にとって必須のも

のである。しかし、貸出記録は利用者のプライバシーにかかわるので、図書館では利用者と図書の双方の貸出票に記録を残さない方法を採るようになった。利用者と図書のデータをコンピュータの端末で入力し、それを記憶装置に入れておく方式である。その記録は、関係者以外に盗み見られないようにガードする。一方で、この方式は教師に違和感を与えるようである。

公共図書館の先進国であり、思想の自由を守ることに熱心なアメリカ合衆国でかつて生まれたニューアーク式は、日本の学校図書館でも広く使われていた。この方式では、学年・クラス・出席番号を記した個人貸出票に、生徒が借りている図書の標題と請求番号、貸出日・返却予定日が自書されていた。一方の図書にも、貸出票（ブックカード）が入れてあり、その図書を見た人は、以前に誰が借りたかを知ることができた。他人を詮索しないという心配りと、読書はよいことであり、図書館の図書は特に読むべき図書であるという前提が、この方式を問題視させなかったのであろう。

③ 読書記録としての貸出票

ニューアーク式が学校図書館で採用されたのは、当時の公共図書館でこれが用いられていたことと、それによって指導対象である生徒と、〈教材・教具〉である図書の情報を得られることがあろう。教師たちにとって、生徒に関する情報は指導上欠かせないものであり、学校では生徒の指導記録である「学習指導要録」を備えることが義務づけられている。

問題は、図書館の貸出記録がそれに該当するか否かである。考えてみると、個人の貸出記録は、生徒本人の読書記録のごく一部でし

かない。しかし，学習資料の利用状況や読書関心などを知る上で，図書館運営のための重要なデータであることは事実である。それは，生徒の学習や読書に役立つことが学校図書館の目的だからである。個人カード廃止の提案に教師が難色を示すのは，そのためであろう。

　学校図書館の蔵書は，教師たちが生徒に読書を勧める図書から構成されていると，教師と生徒，父母，世間も見なしていた。ブックカードに尊敬する先輩の名前が記載されているのを見て，自分の読書の励みにする生徒がいたこともその現れである。また，個人カードも読書記録として，入学以来の本人の精神的軌跡の一部分を示す貴重な記録である。卒業時にそれを祝辞とともに返された読書家の生徒は，やはり喜ぶのが普通であった。

④　図書館の持つ生徒の記録の扱い

　図書館の持つ生徒の記録に，他の教師はどの程度関与できるのであろうか。教科担当の教師の記録をクラス担任に伝える時は，要約したものが普通である。詳しくそれを知らせるのは，進学あるいは卒業の可否のような特別の場合に限られる。他の教師に開示するのも，当の生徒の処遇が論議される時であり，それも公の場である職員会議上である。あるいは，それが教師の間で話し合われる場合にも，生徒指導のための情報交換として行われるのである。それを扱う者に求められるのが，教師の職業倫理である。

　倫理観は人によって異なるので，図書館担当者は生徒指導上それを提供する際に十分注意を払いたい。生徒指導の議論がされる場合，誤解を招くことや叱責されることについては，教師は当該生徒の名前を明かさないようにする。また，生徒と教師の間の秘密事項は会

議においても公表しないのが一般的である。問題の性質上それについて触れる必要がある場合には、匿名性を失わないように十分注意を払う。図書館の貸出記録も、同様の扱いが必要である。

(4) 貸出・返却業務と〈図書館・情報教育〉

図書館に専任の担当者が1名しかいない場合には、担当者の人柄、資料への見識が図書館への評価を決めやすい。〈クチコミ〉で広がる評価は決定的で、貸出・返却の際の何気ない応接もおろそかにはできない。だからと言って、何も言わないで通すと、機械的・官僚的な印象を与える。返却の際の延滞、禁帯出図書を借りたいと持ってくる場合にも、暖かい気持ちでの処理が必要である。

① 貸出・返却業務の際の働きかけ

貸出手続きの利用者が並んでいない時には、手続きに来た生徒と言葉を交わす機会ができる。常連に"面白かった？"などと感想を聞くのも、利用者の実情や要望などを知る助けになる。また、生徒が手続きをする図書の関連事項を質問することもある。ついでの相談であっても、初めからレファレンス・サービスを求めて来館した時と同様に対応したい。何気ない相談に応じることが、レファレンス・サービスの存在を生徒たちが知るきっかけにもなる。

② 読書をめぐる会話

貸出を受ける（あるいは受けた）図書や、関連図書についての好意的な会話は、生徒と読書の世界を共有する喜びを通じて書物の世界への誘いになることもある。この会話で大切なのは、〈生徒の読書〉を尊重する気持ちである。それは、あくまでも生徒と読書の喜

びを分かち合うことであって，読書相談への解答ではないからである。このような会話が困難と判断した時は，相手が迷惑がらないちょっとした言葉や，感じのよい態度を示すのに止めておく。読書を強制する態度は，生徒を遠ざけるばかりでなく，逆効果にもなる。

　生徒と会話するためには，担当者は幅広い図書に関心を抱かざるを得ない。もちろん，万巻の書を読むことは不可能であり，すべての分野をまんべんなく読まなければならないというのも辛いところがある。しかし，関心を持つことはできるので，知らない分野について生徒に教えてもらうと，会話もはずみ担当者の視野も広がる。

　③　学校図書館員のPR

　教科の教師に比べて生徒と長い時間接する機会が少ない学校図書館員にとって，カウンターなどでの短い会話は，生徒を理解する上で大切なことである。生徒は自分に成績をつけない学校図書館員を，信頼できると判断すると，話しかけてくるようになる。傍らにいる生徒図書委員もこの会話を聞きながら，学校図書館員の人柄をさらに理解する。会話した生徒や生徒図書委員を通じて，学校図書館員の人柄が図書館にあまり姿を見せない生徒にも知られるようになる。

　④　学校や教師の批判への対応

　会話の際に，生徒が学校や教師を批判をすることがある。学校図書館員は生徒の声に耳を傾け，これを教育への一提言と見なし，個人攻撃を避けることが大切である。そして，適切な文献・資料に案内し，問題を次元の高いところに引き上げる努力が必要になる。学校図書館員は，問題の深さを知っているはずなのである。

(5) 貸出上のトラブルとその処理

① 延滞

　学校図書館にも返却期限に遅れる生徒はいる。延滞への対処法は，他の人に迷惑をかけるので次回から遅れないようにと，返却時に口頭で注意するのが一般的である。しかし，常習的な生徒もいるので，自覚を促すために遅れた日数や回数などを図書館側で記録し，自ら注意するように指導するのも一法である。教師は罰金には反対するのが一般的である。生徒と教師の信頼関係に傷がつき，'悪いことをしてもお金を払えば済む'ということになるからである。そのほかに，特別な職員以外には金銭を扱えないこともある。

　延滞で困るのは，卒業間近の生徒が期限までに返さない場合である。それを避けるために，卒業予定の生徒の返却期限を卒業式よりも早い日に設定しておく。しかし，授業最終日以降になると登校しない生徒も多く，回収しにくくなるので，生徒の自宅へ催促の電話をする。保護者の対応は，恐縮し生徒に厳重注意しそうな様子やぞんざいな応対などさまざまである。そこで，生徒へのリアクションを推測しつつ督促することになる。この時に保護者が延滞の書名を聞くこともあるが，生徒のプライバシーの保護のために，書名を告げるのはやんわりと断る。

② 汚損

　図書の汚れは，何人もの手を経て次第に進むので責任は問えない。しかし，対処する必要があることも起こる。その一つに，図書を誤って掃除のバケツの水の中に落とした例があった。水に浸かった図書は廃棄せざるを得ないので，現物弁済になる。しかし，すでに何人

もがそれを利用していて，内容的にも古くなった図書ならば，しかるべき手続きを経て消耗品として廃棄したい。その場合には，注意を促して，弁済は免除することになる。

③ 破損

破損には，本製本では本体と表紙の間（のど）が切れて離れる例が，無線綴じではページが落ちる例が多い。その原因は製本が堅牢でないため，利用者の責任ではない。図書館としては，破損を教えてくれたことに感謝すべきであろう。ただし，扱いが悪くて壊してしまった図書については，生徒に注意を促すと同時に，図書の扱い方も教えておきたい。

④ 紛失

火事や水害などの他に，置き忘れが紛失の原因になることもある。すぐに届け出た場合には，学年・学級・氏名と紛失図書名を確認し，後日図書館に来るように告げる。紛失物として預かった所から連絡がくる場合もあるからである。その時は本人を呼び出して，場所を教えて取りに行かせる。ある程度の日数が経っても，忘れ物の届けがない場合は紛失の扱いになる。

紛失への対応は一般には現物弁済である。同じ図書を購入し持参するように告げる。その際には，神田の古書店街などや，出版元にもないような図書もある超大型書店［参6, p.29］を教えるほかに，友人や親戚などへも探索の網を広げることも教えておく。ただし，本人に落ち度がない火事や水害の場合は，弁済を免除する。

困るのは，それでも現物を入手できない場合である。図書館が探し出して購入金額を弁償してもらうか，原価あるいは時価の金銭に

よる弁済も考え得る方法であるが、学校図書館は教育の場なので、これは適切とは言えない。散々探したということで、赦免するのはどうであろうか。そうすれば、本人は公共物を大切にしなければならないことを痛感するはずである。いずれの場合にも、本人に始末書を書いてもらう。これは廃棄処分の手続きに必要な書類である。

⑤ 回収不能

貸出図書が回収不能になることもある。その原因には、借用者が退学や転校による転居などで行方不明になることがある。該当の生徒の学年と氏名は成績会議でわかるが、学年途中で退学する生徒もいるので、退学・転校の前に図書館に知らせるように、年度初めの職員会議で教師たちに依頼しておく。退学や転校を知った時は、当人が図書館から図書を借りているか否かをすぐに調べ、借りている場合は回収の手筈を取る。元担任に住所を尋ね、電話の催促か督促状を出して、延滞扱いとする。しかし、転居先不明の場合は〈消失〉と同じで、回収不能扱いである。理由書をつけて廃棄の手続きを取ることになる。

(6) 予約とリクエスト（購入希望）

① 予約

貸出中が多い図書を読みたい場合には、予約制度を利用するように、オリエンテーションの際に教えておく。それは図書館一般で実施している制度であり、図書館資料を公平に利用できるようにする仕組みであることを強調する。予約の際には、利用者が予約票に学年・氏名と当該図書の請求番号・書名を記載する。返却期限は貸出

記録からすぐにわかるのでその月日を教え，早く返却された場合には校内放送あるいは掲示で知らせると告げておく。その際はプライバシー保護のために，書名は明らかにしない。

ほかに予約がある図書は，利用者が貸出更新による期間の延長を申し出ても，断ることになっている。利用の公平を図るためである。その際には，予約があることを理由として説明する。これもオリエンテーションの貸出サービスの項目で説明しておく。

② リクエスト（購入希望）

利用者が図書館から借りたいと思っても，蔵書にないことは多い。その時に利用するのがリクエスト制度である。これも予約制度と同じように，公共図書館で広く行われているサービスなので，知っている生徒は多い。これは，図書館蔵書への利用者の希望を知るための重要な情報になる。しかし，学校図書館は学校教育に資する図書館なので，希望を無条件に受け入れるわけにはいかない。利用者には，そのことと選書方針，予算の制約などについて話し，購入するか否かを検討し，結果は後日連絡することを告げる。

5．複写

(1) 複写の意義

書写は時間がかかり，写し間違いが起き，腕が疲れるなど苦労の多い作業である。複写機が使えないと，人目のないところでほしいページを切り取る不心得者が出現する。その被害は同じ図書を使った利用者に教えてもらうまで，図書館にはわからない。図書館が複写機を置くのは，被害予防の意味もある。一方，利用者にも該当箇

所と同一のものが，書写に比べると〈瞬時〉に安く手に入るのはありがたい。さらに，雑誌のバックナンバーのように，購入する意志があっても入手しにくい資料の本文全体を所有できることは，特に調査研究には大いに役立つ。しかし，学校における複写については著作権法に厳しい条件があることを忘れてはならない。

(2) 学校における複写についての著作権法の規定

著作権法第35条は，学校において著作権者から許諾を得ることなく複写できる条件を，非営利の教育機関において，教育を担任する者とその授業を受ける生徒が，授業を行う過程で必要な複製を，必要と認められる限度内で行う場合と定めている。「教育を担任する者」(教科教諭等)の指示により学校図書館員などが行う複製もかまわないとされている。公共図書館における複写の場合は，調査研究のために，著作物の一部を複製する場合は著作権者の許諾を必要としないという法第31条に基づくものだが，31条は学校図書館には適用されない点に留意すべきである。この他第33条，34条，36条に，著作物の教科書への掲載，試験問題への利用等についての規定がある。レポート作成の場合，第32条の引用についての規定も忘れてはならない。

(3) 複写サービスについて学校図書館員が留意すべきこと

著作権法はしばしば改正されるので，学校図書館員は，常にその動向に注意し，法に違反しないよう心配りし，教師や生徒にその意義を理解させるとともに，これからの学校図書館の役割にふさわし

い法のあり方について発言していく必要がある。

6．レファレンス・サービス（情報教育）

(1) レファレンス相談の種類

　学校図書館の活動の中で，生徒へ直接的な働きかけをする機会が，レファレンス・サービスと読書案内であり，前章で述べたように，それは生徒への個別指導の形をとった〈図書館・情報教育〉である。

　レファレンス・サービスで扱う生徒からの相談は，①出された課題への解答を生徒が求めてくる場合，②クラブ活動などの課外活動，③修学旅行などの学校行事に関連する場合，④全くこれらと関係のない場合，というように，異なった動機が背景になっている。

　この他に教師からの相談もある。空き時間がほとんどなく，全科担当で，生活指導にも多くの時間を割かなければならない小学校教師には，教材研究のために資料を選択し利用する時間も限られる。そのような教師にとって，資料の選択や入手を手助けしてくれる学校図書館員はありがたい存在である。その例は，学校司書の実践報告に見ることができる［参4，参10など］。

　課題についての相談は，出題教師の意図を忖度し，回答には十分注意することが大切である。図書館が事前に準備できる時間的な余裕を見て，教科の教師が図書館に連絡してくれるのが理想である。しかし，授業の進行状況から教師が急に課題を出すこともある。事前に課題提出の連絡がないことを，学校図書館員は一方的に批判しないように心がけたい。折角の課題の学習効果が小さくなるのは，担当教師にとっても残念なので，学校図書館員は課題解決のために

来た生徒への具体的な対応を例に，事前連絡の要望を伝えたい。

(2) 生徒への対応
① 相談内容と課題（宿題）との関連

　生徒が課題について図書館に調べに来るのは，教師主導の授業でも一般に見られる。さらに〈総合学習〉が設けられてからは，相談内容と求める資料の種類や幅が広がり，深くなったようである。

　相談や質問のため来館した生徒へのレファレンス・サービスには，他館種の図書館と違う点もある。それは，相談への対応と回答に，いわゆる〈教育的配慮〉が必要なことである。レファレンス相談では，同じ相談内容で2人目の生徒が来た時に，それが宿題で出されたことに初めて気づくのが普通である。そこで，1人目には教育的配慮がやや欠けた回答を出しがちである。相談を受けた時に，それとなく"宿題？"と聞くのも一計であろう。

　授業の課題には，それに関する資料の発見も含まれることがある。そこで，他の館種ならばレファレンス・サービスとして行うべきことが，学校図書館ではできないことになる。その見極めが重要で，質問に対して〈問診〉をしながら，どのように回答するか，あるいは回答しないかを決める。回答してもよいと判断した場合は，他の館種と同様に相談者が何を答えとして求めているかを，質疑の中で明らかにしていく。回答は出題教師の意を忖度したものになる。回答には教育的配慮が欠かせないが，教師が陥りやすい「教えてやる」という態度を見せないように心がける。親切に生徒の学習を支援するのが，学校図書館への生徒の信頼感を高めるのである。

② 〈図書館・情報教育〉としてのレファレンス・サービス

レファレンス・サービスが,〈図書館における個別指導〉としての〈図書館・情報教育〉であることは,文教当局が編纂した手引書で紹介されている東京都立日本橋高等学校の事例[参12, p.84-85]にも示されている。そこには司書教諭が問題の把握方法と,それに対応する参考図書の利用法を生徒に指導する過程が明確に示されていて,今でも教えられるところが大きい。

レファレンス相談に回答する際に,学校図書館員が参考図書を見せ,生徒と一緒に目録を引き書架へ行くなど,回答に至る過程を体験させることもできる。この指導法は相談を寄せた生徒だけでなく,その生徒が友達に教える波及効果がある。生徒たちはそれによって,図書館資料の検索手段や,資料が実際に役立つことを知るのである。

(3) 資料と検索道具の整備

レファレンス相談に答えるための情報を探し出すには,そのために作られた道具が必要である。参考図書もその一種であり,主題や書名などから情報を直接探し出すには,目録・書誌・索引などの整備が欠かせない。参考図書については第Ⅴ章でも述べるが,基本図書は同じ種類で代表的なものを複数揃えたい。これは,同じ英和辞典でも,編集方針や編集者,執筆者などが異なり,提供する情報に特色が生まれるからである。相談への回答には参考図書以外の資料も,参考図書以上に役立つ場合があることを忘れてはなるまい。

学校図書館員は,生徒と教師からのレファレンス相談で,これらを活用して相談能力を高めていく。しかし,勤務校だけでは相談の

種類や使用した資料・道具も限られる。雑誌記事や図書館員仲間との勉強会，研究会，研修会などさまざまな機会を捉えて学んでいくことが必要である。これらを通じて，資料や道具として何を補っていけばよいのかもわかってくるはずである。

(4) 学校図書館員に求められること

　生徒の興味・関心事は幅が広く，教科以外のことに関しても相談がある。いわゆる'森羅万象神社仏閣，何でもあり'で，幅広い関心が教科の学習効果を上げるのに役立つ。それに対応するレファレンス・サービスが専門性の高い職務であることは，学校図書館でも変わらない。ところが，司書教諭の専門科目では，これに関する内容が非常に少ない。ベテランの助けを得られない職場なので，学校図書館員こそが必要な知識・技術を身につけるために，司書科目の「情報サービス概説」と「レファレンス・サービス演習」，「専門資料論」を履修する必要がある。司書科目を修得しても，自動車運転免許と同様，専門的な職務を遂行するには熟練が必要で，それは日々のレファレンス・サービスと研鑽によって獲得するものである。

　司書教諭の科目のみを履修した学校図書館員は，レファレンス・サービスについては研究書[参7，参11]などで，また，相談の回答を見出す方法は前記科目群の教科書など[参2，参3，参8など]を参考にして学習を深めたい。引用・参考文献に挙げた以外にも多数の優れた図書が刊行されているので大いに活用されたい。

　レファレンス・サービスの実例は，別の意味で参考になる。『図書館雑誌』に連載されている「れふぁれんす三題噺」は，具体的な

相談への回答の過程が細かく書かれていて、学ぶところが大きい。学校図書館の場合も、「動物のねむりかた」についての例などが載っている[参13, p.268-269]。この連載を含めて、レファレンス・サービスの回答例は、館種にかかわらず参考になる。与儀千鶴子は、"レファレンスした件名をそのつどコンピュータ入力して、学校に即した書誌データを作成している"という[参13, p.268]。レファレンス・サービスに利用できる資料の少ない学校図書館では、この方法は効果的である。ただ、同じ主題であっても取り組み方が違うこともあるので、〈レファレンス記録〉を併用したい。

　教師は"知らない"ということを、児童・生徒に正直に表明するのは不得手である。学校図書館員では、情報の載っている資料がわからないことがそれに該当する。専門職失格と言われそうであるが、すぐには見つからないことは多い。それは、レファレンス・サービスではあらゆる主題を扱い、情報が隠れている資料の量が膨大なためである。生徒も教師や学校図書館員が何でも知っているとは思っていないので、わからない場合はごまかさないで、調べておいて後で回答する方が信頼される。もっとも、何を聞いてもわからないでは生徒の信用を失う。そうならないために日頃の研鑽が必要である。

　「書架整頓」の項目でも述べたが、毎日の書架整頓は自館の図書館資料の内容を把握するのに役立ち、それがレファレンス・サービスで情報の在処を探す時に役立つ。また、日頃から参考図書に丁寧に目を通しておくことも欠かせない。凡例で構成を確認し、興味ある事柄や相談事例について実際に調べてみる。そうすることが、いわゆる'森羅万象神社仏閣'に少しでも通じる道でもある。さらに、

参考図書をはじめ多様な資料について取り上げている図書や雑誌記事を読み，テレビ放送などを見聞することで，図書館資料が伝えてくれる世界への知識を広めよう。

(5) 教師の応援

　日頃から教師たちとは意思の疎通を図っておくことが大切である。教師の出題の意図や利用する参考資料など，教えられることが大きい。学校図書館員は，大学では学問の一分野しか専攻していないことが多く，専攻外の分野には浅い知識しかない。その分野にかかわるレファレンス相談への回答が，見当はずれになるおそれが大きいのは当然である。学校には各分野に通じた教師が揃っているので，専門的な回答が必要と判断した時には，教科の教師の助けを借りるようにしたい。生徒の個人的な事情から先生に聞きにくい場合には，学校図書館員がその主題を専攻する教師に相談するのも一法である。

　幅広い知識が必要なレファレンス相談に対応するため，学校図書館員は各教科の教師との日頃の会話や資料選択委員会などを通じて，すべての分野についての知識を身につけるようにしたい。教えることが生業である教師たちは，喜んで教えてくれるはずである。

(6) レファレンス・サービスの記録

　レファレンス相談の〈事例〉を積み重ねたレファレンスの記録は，相談の内容と図書館資料との対応関係を明らかにするための資料になる。その対応関係の類似性を通じて一種の法則性を見出し，同時に微妙な違いを明確にすることで，その法則性をさらに精細なもの

にできる。たくさんの記録に立脚した考察により普遍性を獲得すれば、学校図書館のレファレンス・サービスの質が向上し、学校図書館員への信頼性も増すことになる。

7．読書案内（読書教育）

(1) 読書案内（読書教育）

　学校図書館では、貸出・返却のカウンターが読書相談の窓口にもなっている。それゆえ、カウンターに"読書相談をお願いします"と来る生徒は少ないのではなかろうか。それは、レファレンスの相談に比べて、読書相談がプライバシーにかかわるからである。カウンターという公開された場には、そのような特性の相談はそぐわない。やはり、何気ない雑談の中で、どのような図書を読むかが語られるのを生徒も好むはずである。中には読書相談をじっくりしたいという生徒もいる。その場合には、司書室に席を移して相談に乗る。

　読書は人格にかかわることなので、読書相談では学校図書館員の〈人間性〉が問われる。日頃からさまざまな人間の生き方や言葉に触れ、芸術を嗜み、思考を深めることが求められる。夏目漱石のように"とても私には勤まりません"と言って遠慮したいのが大方であろう。辞職すると路頭に迷うので、できないと知りつつベストを尽くすのみである。そのような時に役立つのが、名著・典籍の解題付き書誌であり、自分の読んだ作品への感動である。

　これほど深刻でないのが、"夏休みにどんな本を読めばよいか"に類する相談である。しかし、それに答えるのは同様に難しい。相手の読書歴、何を求めているかなど、相談者についての情報が必要

である。学校図書館員がそれとともに持っていなければならないのは，広くて深い図書の世界の鳥瞰図である。

(2) 読書案内に役立つ図書

図書の世界の鳥瞰図を得るのに助けとなるのが，例えば『読書のすすめ』（岩波文庫別冊）のような，いろいろな人々が語る読書の思い出集や，例えば「日本の名著」，「世界の名著」，「東洋の名著」などと題した，名著の解説付き図書である。この種の図書には広い意味の文学書以外に，人文科学，社会科学，自然科学など，当時の大学の教養課程の科目群に対応する分野や，さらに狭い分野の名著を紹介するものがあった。その集大成とも言える大きな事典が，出版されたこともあった[参9]。書名に「名著」が入った図書以外では，「文学鑑賞辞典」などの書名を持ったものや，『新版ロシア文学案内』（岩波文庫）のような，生徒が手元に持っていてもよい図書もある。このような文学の案内書は，読書材が文学作品から選ばれることが多いので，読書案内の参考資料になる。

読書に関する情報提供は，読書案内ではなくて図書館利用教育になるかもしれない。小・中・高それぞれの段階，生徒の読書歴・読書能力に対応した参考資料は多く出版されている。それらを揃え，同時に学校図書館員も図書の世界の知識を広げることが欠かせない。

8．図書館行事

(1) 図書館行事の企画・実施

学校図書館も，読書会や展示会などを主催あるいは後援すること

がある。それらは「図書館行事」と呼ばれ，図書館をあまり利用しない人に図書館に来てもらうことや，図書館を広く知ってもらうための「館外活動」に含まれる。名著・典籍を保存・提供する伝統的な図書館像とは相容れないところがあるためか，この活動に消極的な学校図書館員もいた。しかし，「学校図書館法」（第4条）に"読書会，研究会，鑑賞会，映写会，資料展示会等を行うこと"とあるように，それは法的にも学校図書館の活動内容になっている。

　図書館行事は，学校の教育活動の一環として行われることになる。そこで，計画にあたっては，当該学校の教育目標と目的を考慮し，年間の教育計画の中に組み入れる。図書部で審議し承諾を得た図書部案を職員会議に提出し了承を得て，校長の決裁を経て正式決定になる。実施結果は，図書部会あるいは職員会議で報告する。

　図書館行事の企画・実施にあたっては，生徒図書委員会の協力が欠かせない。学校図書館員は委員会役員や関係の班と相談して，企画を練り上げ実施に移す。その時に，生徒の多彩で豊かな才能が発揮されるのである。なお，計画表は図書館の掲示板のほかに，職員会議とクラス担任の了承を得て各クラス教室の掲示板に貼る。また，実施1か月前頃には図書委員会が作成したポスターを貼りたい。

(2) 読書会

　① 意義

　図書館行事の中で，読書教育の色彩が最も濃いのが読書会である。街の書店には常連がいて，その人たち同士が馴染みになって，同好会が生まれ，やがて読書会になっていく。図書館も読書好きが集ま

る点では，書店と同じである。これらの人たちが集まる場を作るために図書館が読書の会合を主催するのは，自然の流れである。

　読書は個人的な営みなのに，なぜ読書による集まりが可能なのか。読書好きの心理には，読書の楽しみを他の人と共有したい，他の人はどう思っているかを聞きたいという気持ちもあるからではないか。図書館の読書会もそのような機会を提供する場なのである。

　学校図書館では，生徒の興味・関心事に関係する図書や，勧めたい図書を選び，年に数回読書会を開催するところが多い。生徒図書委員や読書好きの生徒たちと相談しながら，児童・青少年期にぜひ読んでもらいたい図書を選び，その年間予定表を作成する。

② 目的

　読書会の目的には，国語科の教科書と授業では一部しか扱われない長編作品の全編を読み，作品のテーマについて考えを深めることがある。国語科の授業では言語による表現法に主眼が置かれるので，人間の感情や社会的背景などを十分に扱う時間が少ない。それについて考える場を作ること，作者のメッセージが読者によって違って受け取られることなどをさまざまな感想を通じて知り，作品を多面的に読む参考にすることも目的に入る。

　読書会ではその年齢層に関心の高い問題を取り上げると，話し合いが盛り上がりやすい。平均以上の読書力を持つ知的な生徒が多い学校では，世界文学の古典などを取り上げると，実り多い読書会になる。現在の教科書には，古典や名著よりは現代作家の庶民的な作品が収録される傾向がある。しかし，読書を通じて，精神世界の幅広さと奥深さに触れさせるためには，古典や名著は欠かせない。

読書会を年10回程度開催していた筆者の経験では，推理小説研究家で晩年その関係の図書館を設立し，同僚であった故中島馨（筆名：河太郎）教諭が，'生徒の読書リストとしても役立ちますね'と筆者に話したのが印象に残っている。読書会での話し合いとともに，取り上げる作品のリストが一種の読書案内になるのである。また，読書会用に作る当該作品に関する図書のリストも読書案内になる。

③　開催の条件

　開催を制約する条件に場所と日時がある。場所は図書館内が適切であるが，開館時間中の閲覧室は利用できないので，図書部会や生徒図書委員会，図書館業務に使う館内の小集会室になる。それがない学校図書館の場合には，図書館に第二閲覧室があればそこで，それがない場合には空き教室を使う方法もある。

　日時も大きな問題である。読書会では取り上げる作品を生徒が読んでおくのが前提で，長編の場合はそれを読む期間を見込んでおかなければならない。ところが，中等学校では定期試験が一学期に2回あり，その他に運動会（体育祭）や文化祭（学芸会，展示会など），遠足，修学旅行と，さまざまな行事が立て込んでいるのが現実である。これらを勘案しながら月日を決めるのは至難の業である。

　全学年全クラスを対象にすると，昼休みや放課後が開催時間になる。昼休みは時間が短いので，放課後が適切である。土曜日に授業がある学校や，それを特別な活動に充てている学校では，土曜日の適切な時間に読書会を設定することも可能である。

　学級会（ホームルーム）も，読書会を開催できる時間である。この場合は学級が主催し，図書館が応援する。学級の図書委員が，ク

ラス委員長や文化委員などと協議して原案を作る。

　学校の授業の主眼は，常識となった知識を教えることにある。しかし，文学作品などを題材として話し合う読書会は，それとは異質の教育・学習活動になる。それは，文学作品の言わんとするところは永遠の謎であり，読者はその一部を垣間見るだけだからである。そして，謎が残るからこそ読者は作品を反芻し，現実の世界と照合し，人間理解を深めていくのである。読書会の助言者として出席した国語科の教師の，"読書会で語り合ったことを胸に秘めて，また自分で考えるのですね"という言葉にその意義が示されている。

(3) お話会・紙芝居など

　お話や紙芝居は子どもに人気のあるメディアで，青年や大人たちにも好まれる。これに熟達し，児童書をよく知っている公共図書館員が，小学校へ出かけてブックトークなどをする例も多い。訓練を受けた父母や地域の人々が，ボランティアで話し手になることもある。北畑博子が挙げるさまざまな例は[参5]，ブックトークが読書へ誘なう有力な方法の一つであることを示している。学校図書館でも，生徒を読書へ誘なう行事として計画的に実施したい。

① ブックトーク

　ある主題に関係のある図書群のリストを提示し，実物の図書を見せながら，肉声でその内容を語るのが〈ブックトーク〉である。ここで浮かび上がる図書の姿は生々しく，書誌データと文章（解題）から推測するのに比べると格段に身近な存在になり，それらの図書を読もうとする意欲が高まる。そして，同じ主題に関する複数の図

書の紹介を通じて，生徒は物事を多面的に見ること，人によって見方が違うことを実感する。これは，図書の内容を無条件に信じる危険性や，さまざまな図書を読む大切さを教える，重要な読書教育である。それと同時に，何を選びどのように紹介するかに，学校図書館員の見識が反映する'空恐ろしい'読書教育活動でもある。

学級活動（ホームルーム）や図書の時間の指導計画の場合，前者では学校図書館員がその教室へ出向くこともあるが，双方とも生徒と担任が図書館に来ることもある。図書館で実施する際には，同じ主題の図書がさまざまな分野にあることを実感させるために，学校図書館員が書架から抜き出しながら紹介するのも一法である。

② ストーリーテリング

〈ストーリーテリング〉というと，古い民家の囲炉裏端で子どもたちが古老から話を聞く光景を想像する。しかし，家庭や学校，図書館で行われているストーリーテリングは，絵本や物語の本などを読んで聞かせる，「読み聞かせ」が多い。

子どもに限らず大人も話を聞くのが好きである。話を聞きながら，さまざまな情景を想い浮かべ，空想の世界へ羽ばたいていく。古今東西どこでも物語が聞く人々を楽しませる。それが，〈お話〉の図書を読むことの楽しさへと人々を導いていく。この意味で，学校図書館のストーリーテリングは小学校だけのことではない。むしろ，読書と縁遠い生徒の多い高等学校で効果が大きいかもしれない。

③ 紙芝居

紙芝居は，絵と言葉が子どもたちを〈お話〉の世界へ誘なう点で，絵本の読書と似ている。話し手が人間であるので，絵本を見せなが

らのストーリーテリングにもっと近いと言ってよい。お話やストーリーテリングにない大きな特色は，絵が絵本よりも大きくくっきりと描かれているために，迫力があることである。話の展開も，話し手が〈観客〉の反応を間近に感じながら緩急自在に進めていく。絵を替える時も展開の速さに合わせて，映画の技法である〈ワイプ〉のように，次の場面へと変わっていく。その効果を高めるため，紙芝居は手持ちで演じるよりは木枠の〈舞台〉を使って上演したい。

(4) **映写会・講演会・鑑賞会**

　修学旅行の事前教育のために，教師の講演や映写会を行うことがある。これらは，学校図書館の業務であることも多いので，企画・実施については関係学年と協力して行う。事前教育以外にも，大きな業績を上げた人の講演会や，仕事や生き方で生徒の手本になるような地域の人に講演を依頼することもある。これらも学校図書館の管轄になるが，関連の校務分掌と十分な打ち合わせをして実施する。

　生徒はさまざまな映像作品をテレビで毎日長時間見ているので，あえて学校図書館で映写会をすることもないように思われる。しかし，生徒が貴重な作品を見過ごしていることも多い。学校図書館や視聴覚ライブラリーにある作品を上映するのは，日頃のテレビ番組の視聴に反省をもたらす契機になる。

　演奏会へ行く機会が少なく，レコードが高価であった時代は，図書館のレコード・コンサート（音楽鑑賞会）は音楽に接するよい機会であった。CDが簡単に手に入り，テレビやラジオの放送で容易に音楽を聴ける現在は，鑑賞会を開催する必要性はほとんどないと

言ってもよい。意義があるとすると，音楽鑑賞の授業では断片的になる作品全体に接する機会を提供することである。

(5) 展示会

　図書館資料には，古人や同時代人の貴重なメッセージが収められている。しかし，それらは誰かが吹聴しないと，人々の元に届かない。そこで，図書館では関心の高い主題を選び，関係資料を展示して，書架に隠れていたメッセージを人々の目につくところに出すために，図書群などを展示する。学校図書館でもこれは同じである。

　歴史的な日や現在の問題など題材はたくさんある。〈総合学習〉と連携して展示するのもよい。展示する図書群の書目と解題を小型の紙葉にパソコンを使って印刷し，カウンターに置いて読書を勧める。これとショーウィンドウの展示を関連づけるのも一法である。これによって，図書館のコレクション全体への関心が強まり，学校図書館員すら貧弱と思っていた自館の図書館資料にも，案外宝が隠れていることが明白になる。

(6) **文学散歩など**

　これは，学校図書館の主催で，図書委員会の活動としても行うことができる。古来から「歌枕」の伝統がある日本では，作品に関係のある場所への思い入れは大きい。学校から近く，作品と関係の深い場所を訪ねて，往時に思いを馳せることは，作品への理解を深めることになる。なお，これは校外授業の一種になるので，そのための手続きが必要である。生徒の人数によって，引率教師の人数が決

められることにも留意したい。

引用・参考文献

1．市川栄子「市川市における学習情報資料の図書館ネットワーク・システム」『学校図書館学研究』vol.3（2001.4）．
2．大串夏身『レファレンスサービス演習』（JLA図書館情報学テキストシリーズ　5）日本図書館協会，1997．
3．小田光宏『情報サービス概説』（JLA図書館情報学テキストシリーズ　4）日本図書館協会，1997．
4．狩野ゆき「図書館へ行けば『なんとかなる』『なにかある』と当てにされたい」『子どもと教育』no.273（1994.12）．
5．北畑博子『どこでもブックトーク－行ってみよう本の世界へ』連合出版，1998．
6．田口久美子「利用者が求める快適な環境づくり－ジュンク堂の書店展開から見えてくるもの」『情報の科学と技術』52(1)（2002.1）．
7．長澤雅男『レファレンスサービス－図書館における情報サービス－』丸善，1995．
8．長澤雅男『情報と文献の探索』（第3版）丸善，1994．
9．平凡社『世界名著大事典』（全8巻）平凡社，1960-1962．
10．堀内真紀子「コミュニケーションを大切にしながらよりよい学校図書館をめざして」『子どもと教育』no.273（1994.12）．
11．三浦逸雄，朝比奈大作編『現代レファレンス・サービスの諸相』日外アソシエーツ，1993．
12．文部省『高等学校における学校図書館運営の手引き』大日本図書，1964．
13．与儀千鶴子「教科学習と関連したレファレンス」（れふぁれんす三題噺）『図書館雑誌』95(4)（2001.4）．

V. 資料の収集と構築

1. 学校の教育活動と図書館資料

(1) 2種類の学校図書館資料

　学校図書館の利用者は教師と生徒なので，その資料も両者の利用目的や，読書・資料活用能力，身体差などの違いによって2つのグループに大別される。利用目的で分けると，教師には教えるための，生徒には学習のための資料になる。次に，読書・資料活用能力は後者が低いが，熟達度の差は生徒が高等学校上級生に近いほど小さくなる。もちろん個人差は大きく，高校生の中には読書傾向や読書能力が成人と変わらない者も目立つ。そのような生徒の多い高等学校では，教師と生徒の双方が利用できる図書館資料の比率が高くなる。

　小・中学校では教師専用の図書室を設けていることが多い。なお，教材室などに一括して保管している掛け図や掲示用の大型算盤などの〈教材・教具〉を，図書館資料に含める場合もあるが，それは公開利用されないので，本書ではそれを除外して説明する。

① 教師用図書室などの図書館資料

　教師専用の図書室を設けるのは，図書館利用に際して生徒と教師の間には違いがあるためである。上で見た理由以外には，教師が落ち着いて教材研究できるための配慮もある。また，高等学校では，

書架を置いた教科別の職員室(「研究室」とも呼ばれる)や実験の準備室が,教師用図書室を兼ねていることが多い。

　教師用図書室の資料は,教科指導や生活指導のためのものである。その選択・管理は,教科や関係部署の教師が独自の予算の枠で行い,学校図書館がかかわるのは,それを図書館の台帳に登録し目録を作ることだけである。教師が資料を使いやすいように,登録・目録作成にも図書館が関与しない学校もある。その結果,同一資料を複数の教科で購入することもある。重複購入を避けるために,選択した資料を事前に連絡し合い,購入教科などを調整することが望ましい。図書部がそれを行うのが穏当であろう。もちろん,教科で常備しておきたい資料を,複数の教科が重複購入するのは当然のことである。図書館がそれらの目録を備えるのは,教科で保管する図書館資料を他の教科なども活用できるようにするためである。

② 生徒・教師用図書室の図書館資料

　教師たちは教師用図書室以外の学校図書館の資料を,生徒用のものと誤解しているようである。しかし,それらが教師用でもあることは,初等教育学校では〈教材・教具〉およびその〈素材〉として,中等教育学校ではそれに加えて,教師の研修・教育用の参考資料であることからも明らかである。本章では,生徒・教師用図書室の資料について述べる。

(2) 明確な収集内容

　どのような図書館資料を集めるかは,その図書館の設置目的によって決まる。「学校図書館法」では,①教育課程の展開に寄与するこ

と,②健全な教養の育成,としている。第Ⅱ章で見たように,①は〈教材・教具〉の〈素材〉となる図書館資料で,すなわち〈教科教育〉と〈教科外指導〉などにかかわる資料になる。また,②は読書材,すなわち〈読書教育〉にかかわる資料になる。学校図書館ではこのほかに,学校の教育活動で作成した資料や,生徒の個人的な興味・関心に応える資料も収集する。

　資料のメッセージの内容で分類すると,学校図書館の資料は,①知識やデータなどを提供してくれる〈情報資料〉,②お話や物語などの読み物などが載っている〈読書資料〉,③学校独自の〈学校の資料〉,④その他,になる。教育活動と資料内容とを関係の深さを線で結ぶと,次のようになる。

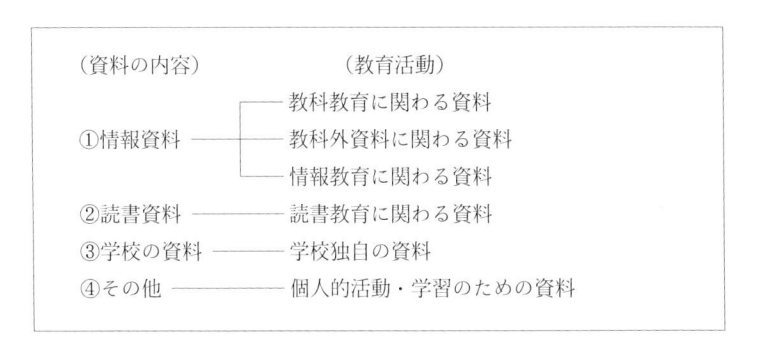

```
(資料の内容)           (教育活動)
                   ┌── 教科教育に関わる資料
 ①情報資料 ────────┼── 教科外資料に関わる資料
                   └── 情報教育に関わる資料
 ②読書資料 ──────── 読書教育に関わる資料
 ③学校の資料 ─────── 学校独自の資料
 ④その他 ────────── 個人的活動・学習のための資料
```

　以下では,教育活動の観点から学校図書館資料の特徴を述べ,そのための資料選択と図書館サービスの際の参考資料にしたい。

　流通しているたくさんの刊行物から,学校図書館に適切と思われ

るものを選ぶには，何らかの尺度が必要である。それが，個々の学校で作成している〈選択方針〉と〈選択基準〉である。これは，図書部会や資料選択委員会で内規として作成し，年度の最初の会合で再確認あるいは改訂する。

資料選択は選択者による一種の〈検閲〉である。しかし，予算や収容力，図書館の目的などがあるので，避けられないことでもある。その結果，学校図書館でも資料選択にかかわる検閲問題が何回も起こっている。特に，自らの価値観を強く主張するアメリカ合衆国ではそれが多い。学校図書館における検閲問題とその解決策の事例集は[参41]，この問題を考えるための重要な参考資料となる。また，その付録の一つ「選択方針を作成するための助言と見本」[参41, p.117-126]は，〈選択方針〉と〈選択基準〉を作成する際に役立つ。

なお，資料選択については，数の上では利用者の大多数を占める生徒の収集希望に全く応えていないとする強い批判も目につく[参27, p.125-139]。生徒の希望に応えることは大切であるが，それはあくまでも学校図書館の設置目的に合うものになる。

(3) 教科教育にかかわる資料

① 教科内容と教科書

教科の学習内容を簡潔に述べたものが教科書である。そこで提示されるのは，その教科が扱う学問や知識，技術などの簡単な見取図に過ぎない。予備知識や経験のない初学者や新人が，教科書の説明のみでは理解できないのは当然である。本来ならば生徒自身がさまざまな経験をするように努め，当該科目の予習をしておくのが当然

であろう。しかし，そのような生徒は一部に限られるので，教師が不足を補っている。教師は，生徒がすでに持っている知識や経験などを，それぞれの世界の理解に必要な知識や経験へ転化させ，あるいは必要最低限の知識を生徒に与え，その一部を経験させるのである。

② 学習参考書

教師が懇切丁寧に教えても，1対1の指導でない限り授業内容を理解できない生徒は生まれる。そのような生徒に，内容を嚙み砕いて説明しているのが学習参考書である。課題とそれを導き出す方法，解答などが述べられている。個人学習の頼もしい家庭教師である。

受験参考書にもなる学習参考書を，閲覧・貸出用に購入する学校図書館もある。それには必ずたくさんの書込みと傍線が引かれてしまう。借りた生徒がそうするのは，学習内容の記憶を確かにするためである。また，貸出の更新も多いが，それは手元に置いて使うためである。そのような使い方をする図書は使用者が購入するべきもので，貸出用に購入するのは図書館の趣旨に合わないことである。

それでは，学習参考書は学校図書館資料として排除すべきであろうか。上でも述べたように，それは教科学習に役立つので，生徒が適切な学習参考書を所持・利用することは望ましいことである。そこで，学校図書館が採り得る方法は，優れた学習参考書を見本として，〈禁帯出図書〉で書架の専用場所に配架することである。各学習参考書には，該当教科の教師が特徴などの解題を記した紙葉を表紙裏に貼付し，それを生徒の選択の参考資料とするのである[参5，1987，p.122]。必要度の高い科目について，その教科の教師に適切な

複数の学習参考書を選択してもらい，教科への寄付分と図書館での購入とを合わせて現物を用意する。教育課程の変更や学習参考書の改版などがあれば，関係教科の教師の協力を得て，蔵書を更新し新たに解題を執筆する。いずれの場合も図書部で協議・決定し，当該教科に依頼することになる。教師たちは，学習方法がわからない生徒たちのために，熱心に協力してくれるはずである。

③ 教科書と参考文献など

教科書と黒板だけが〈教材・教具〉である座学中心の授業であっても，教科にかかわる資料は下調べや予習のために使われる。特に，実験や実習の授業では活用されることが多い。利用者が教師か生徒かにかかわらず，その入手先は学校の職員室や研究室，学校図書館を含む図書館，書店，自宅の書斎，友人などと幅広い。これは，教科書が一種の案内書・入門書であり，学習内容を深めるための文献・資料の存在を前提とした〈図書〉であることを示している。

生徒の学習を方向づける課題学習や，教科書から幅広く奥深い知識・技術などの世界へ生徒を誘なう発展学習のためには，多彩な資料を揃えた学校図書館が欠かせない。それゆえ，学校図書館の基本的な〈コレクション〉は，教科書の各単元の参考文献を集成しただけでは不十分である。

④ 各主題の概説書

教科で扱われる主題世界は，その主題にかかわる学問世界である。それは，全体像を体系の形で提示する〈総論〉と，その学問の各分野を扱う〈各論〉で構成されている。さらに，それぞれの分野で主題が細分化され，理論展開がなされる。学校教育では学問世界の基

本的事項の常識を学ぶので，図書館で収集する図書は各分野の学問世界全体の見取図を提示する入門書や概説書と，そこで取り上げられる主題の図書が蔵書の中核を占めることになる。それは，教科で取り上げる主題の参考文献の集合になる。なお，同一図書が同一教科の複数の分野や他教科の参考文献になることも多いので，この種の図書の集合は各教科の参考文献の単純合計にはならない。これに教科外教育のための参考文献が加えられる。

⑤　科学読物

　自然現象や動植物の仕組みを理解させるための教科である理科の内容は，上級学校の場合ほど論理的で抽象度が高いために，学習に消極的な生徒が多い。しかし，子どもたちは一般に自然の事物への好奇心は高いようである。興味をかき立て，事物を動かす仕組みをわかりやすく物語るのが科学読物である。具体的思考の段階にある小学校低・中学年生や，抽象的思考の段階へ移行しつつある小学校高学年生と中学校生には，この種の読物は必須である。科学的な事柄は大人にも難しいので，例を挙げてやさしく解説している読物は，中等教育学校の図書館では購入したいものである。その際に，非科学的な記述の図書は除外する。

(4) 総合的な学習にかかわる資料

　〈総合学習〉は第Ⅱ章でも触れたように，生徒自らが課題を設定し，それについて調べ，結果を発表するまでに至る学習活動である。主題としては，"国際理解，情報，環境，福祉，健康" が例示されているので，これらに関する資料要求が多くなる傾向がある。要求

に応え得る資料の種類は，図書以外の新聞や雑誌の記事，パンフレット，リーフレット，さらに視聴覚資料や電子資料などと多様になるはずである。インターネットを使った実践報告も目立つのは，メディアの多様性を象徴している。

これらの資料や情報源は，これまで学校図書館の資料としては必要度の低いものであった。そうなっていたのは，教科ではたくさんの主題を扱うために，個々の主題について掘り下げて学習させる余裕がなかったためである。〈総合学習〉の時間の主眼は，この種の学習の機会を設けることであった。上で述べたように，この学習で要求される資料の幅は広く奥深いので，他の学校図書館や公共図書館などとの相互協力を通じて，資料を円滑に融通し合うことが欠かせない。

(5) 教科外指導にかかわる資料
① 「道徳」および「現代社会」「倫理」

第Ⅱ章で見たように，教科外教育の一分野が「道徳」である。これは小・中学校の教育内容で，高等学校ではこの内容に近い教科・科目として，公民科の「現代社会」と「倫理」が設けられている。「道徳」ではいろいろな徳目が取り上げられる。それらに関連づけやすいのが伝記や文学作品で，前者の例としては遵法の精神とソクラテスの伝記，後者では友情の大切さと太宰治の『走れメロス』がある。このように徳目と作品などを結びつけるのは，作品の持つ多面性を単純化し，特定の価値観を強制することになり，問題が残る。徳目を深く考えさせるためには，多様な内容の作品を図書館に揃え

ることの方が重要ではなかろうか。

　（ア）伝記

　著名人の伝記も多く書かれている。そこには，何事かを成し遂げた人でも苦難と挫折，努力があったことが述べられ，凡人を自覚する人にも参考になることが語られる。また，歴史上の人物を描いた「人物叢書」のような伝記の叢書は，その人物が生きた時代を生き生きと語る歴史でもある。同様に，ベートーヴェンの伝記は，読者に音楽の世界を垣間見させる力をも持つ。さまざまな人生を，具体的な人物を通して見せてくれる伝記は，人生への出発点を前にした生徒たちが学ぶところの多い図書である。

　（イ）記録（ルポルタージュ）あるいは〈ノンフィクション〉

　事件や事実を通じて人々の生きる姿を描いたのが，「記録」あるいは「ルポルタージュ」と呼ばれる著述である。作り物の話（虚構－フィクション）に対して「ノンフィクション」と呼ばれることもある。生徒の人間形成に資するところがあるジャンルである。

②　児童（生徒）会，委員会，ホームルーム，学校行事など

　教科外指導のもう一つの分野が，児童（生徒）会活動，委員会活動，クラブ活動，学級会（ホームルーム）活動，学校行事（文化祭，体育祭，修学旅行など）である。児童（生徒）会活動と委員会活動は，生徒が自治活動を通じて，民主主義社会の主権者としての能力を高めるためのものである。そのためには，政治・経済・社会の仕組みを知り，歴史上の出来事の背景を考える資料が求められる。放送番組にもそのようなものがあるので録画して利用したい。クラブ活動では，特に高等学校の場合に，やや専門的な図書や雑誌が要求

される。日頃の活動の成果を発表する文化祭の準備期間には、そのような資料が多く求められる。また、ホームルーム用には学校放送番組の録画資料が役立つ。修学旅行関係では、目的や行き先によって、必要な資料の内容が異なってくる。その他さまざまな内容の資料が、その時々の必要に対応するのである。

③ 職業案内書

学校卒業後にどのような職業に就くかは、青少年とその親たちにとって最大の課題である。職業選択の時を迎えている生徒が学ぶ〈完成教育校〉では現実の問題であり、〈進学準備校〉の生徒にとっても上級学校の選択に直接かかわる。

盤石に見えた大企業が廃業し、終身雇用制が崩壊しつつある現代では、就職は職業選択の意味合いを強く持つようになってきた。さまざまな形で職業準備教育が行われているが、多様な職業の詳しい情報を提供する案内書も教師・生徒から求められている。近年は専門的な職種が多くなっているのを反映して、それらの職業の特質や適性などを適切・詳細に説明した図書なども多く出版されるようになった。学校図書館では、それらの図書や雑誌・新聞記事によるファイル資料、視聴覚資料などを積極的に収集・提供したい。

(6) 読書教育にかかわる資料

図書館の蔵書は見方を変えると、すべてが〈図書館・情報教育〉にかかわる資料である。ここでは、それらの中で特に読書教育に関係が深いものを取り上げる。

① 発展段階と読書材

　心身ともに大きく成長する段階にある未成年の時期は，読書能力も大きく伸びていく。それに対応してさまざまな図書が刊行されている。それらを収集するために，学校図書館員は発達段階の観点から読書材について知っておく必要がある。

　教育心理学では人間の生涯を発達段階に即して，乳児期，幼児期，児童期，青年期，成人期，老人期に分けている［参31, p.497］。それに学校類型を当てはめると，児童期は小学校，青年期は中・高校になる。そこで，読書教育の資料としては，小学校図書館では児童向けを，中・高校の図書館では青少年向けの読書材を集めることになる。家庭科では育児についても取り上げるので，幼児期の読書材はすべての学校図書館で収集する。高校生は一般向けの図書も読めるので，それらも高等学校図書館で収集する。また，中学生の中にも読書能力の高い生徒がいるので，一般向けの図書の中で難しすぎないものを集める。

　（ア）幼児期の図書－絵本

　絵本の中には，長い間読み継がれてきた作品も少なくない。それらの，いわば「絵本の古典」をまず収集したい。外国の絵本で，翻訳版では判型や絵の大きさなどが変えられているものは，原本も購入したいものである。原本が英語の絵本は，中・高校生の英語学習にも役立つ。他の言語の絵本も著名な作品は集めたい。絵本の解説書や目録は多く，収集の参考になる。

　どのような絵本がよいのか。図書館学者で児童文学者である渡辺茂男の主張を要約すると，彼が推奨するのは〈あそび，空想性，芸

術性, 物語性, 情緒, 科学性, 社会性の各々が豊かな絵本〉[参36, p.86-]で, 芸術的に優れた絵と文章の一致, 発達段階に合致していることである[参36, p.84-85]。L. H. スミスは, 長い間読み継がれ, 子どもに喜ばれている絵本がよい絵本であると言い, その特質を挙げている[参43, p.232-233]。要約すると, 発想が新鮮, しっかりした主題, アクションによる展開, 起承転結の明確な筋書, 子どもが自己と同一視できる主人公, 子どもと関連がありながら主人公の境遇が異なる題材, 子どもの感受性を熟知している画家による生気に満ちた挿絵になる。また, 佐々木宏子の挙げる〈よい絵本〉の特徴は, 絵に躍動感がある漫画風の線画, 明確で時には誇張した喜怒哀楽の表情と行為の描写, ユーモラス, シリーズもの, 日本の作家, 読み聞かせが容易, わかりやすい絵である[参12, p.55-]。

　絵本には〈お話絵本〉の他にさまざまなものがある。中川正文は〈モノの本〉,〈知識絵本〉,〈生活絵本〉,〈物語絵本〉,〈詩の絵本・童謡絵本〉,〈観察絵本〉の6つに分けている[参22, p.218-220]。増村王子も絵本を内容と主題で,〈赤ちゃんの本〉,〈動物と乗り物の絵本〉,〈翻訳絵本〉,〈民話絵本〉,〈知識の絵本〉,〈創作絵本〉,〈その他の絵本〉に分ける[参33, p.110-120]。佐々木宏子は絵だけの絵本を〈文字なし絵本〉と呼び, それを各ページが単独に楽しめる〈赤ちゃん絵本〉,〈おみせや絵本〉,〈不思議(かくし絵・仕掛－佐々木注)絵本〉と〈物語絵本〉,〈四季の絵本〉,〈旅の絵本〉,〈視覚イメージ絵本〉の6つの型に分けている[参12, p.169-171]。

　学校図書館資料としての絵本は, 読書材と〈教材・教具〉の意味を持つので, 絵本の類型に偏りがないように選択・収集する。また,

優れた絵本の持つ特徴を流通している絵本と照合することで，実際の選択作業も容易になる。

（イ）児童期（小学生）の図書－児童書

小学生の読書材になる児童書の歴史は非常に短く，ヨーロッパでは200～300年[参39, p.3]，日本でも子ども向けの冊子〈赤本〉の出現は17世紀[参19, p.78]，「往来物」を含めても14世紀に遡る程度である[参20, p.14-15]。児童書が出現したのは，子どもは大人と違った"独自の要求と関心とをもつ存在としてみとめ"るようになった時代背景があるという[参44, p.3]。それ以前には，例えば『御伽草子』のように子どもも大人も読者であり，それは「お話」として語られていた。これは大人にもおもしろい児童書でなければ，子どもも喜ばないこと[参2, p.184]に通じるところがある。

そこで，大人が児童書をどのような図書と見ているかを探ってみよう。児童書を子どもの生活に欠かせない〈精神の飛翔〉のための糧と考えているのがポール・アザールであり[参38, p.2-3]，L. H. スミスも，子どもがおかれた"環境の狭い範囲に限られる""人生経験"の"境界を一気にのりこえていく道"である[参43, p.5]と述べている。この児童書観は，児童書にかかわる人たちの常識になっていると言ってよい。

児童書にはどのようなものがあるのか。渋谷清視が類型化し表にまとめたものによると[参17, p.21]，それは，マンガの本，神話・民話・伝説などのいわゆる昔話の本，詩の本（童謡・少年少女詩・児童詩），童話・小説の本［動物文学の一部，創作歴史小説・SF小説なども含む］，ノンフィクション文学の本［伝記・歴史物語・随

筆・紀行文・科学物語・探偵冒険物語・ルポルタージュ・生活記録]，知識の本［社会科学・自然科学に関する本質的なことがらを，絵本・ノンフィクション文学の方法を用いないで解説的に盛りこんだ本。図鑑]，戯曲の本［教室劇・学校劇・児童劇の脚本を収めたものと，いわゆるレエゼドラマを収めたものとがある]，児童作品の本，事典・辞典類になる（丸括弧は注記として，角括弧は説明として，それぞれ渋谷が付けたもの）。

児童書のほとんどを占めるのは児童文学であり，スミスによるとそれは昔話，神話，叙事詩，詩，絵本，物語，ファンタジー，歴史小説，知識の本になる［参43, p.vii-viii]。そして，その文学性はスミスが"知識の本"と呼ぶ［参43, p.326以下]，自然科学や社会科学の児童書にも求められるという［参3, p.13]。文学性が重要な理由は，子どもが自ずからその内容に没入し，自然への興味をかき立てられる物語性が，児童書には不可欠なためである［参43, p.336]。

小学校で上級学年に進むに従って，生徒は教科の学習を通じて体系的な知識を学び，何冊もの教科書を精読していく。柴田義松によると，教科書は子どもには"読み物"，"さまざまの知識の源泉となる資料集であり，また問題集"で"手引き"，"参考書"である［参16, p.160]。これは，読書しない小学生にとって，教科書が唯一の児童書であることを意味する。

教科書が児童書の読書への架け橋になるか否かは，その学校と教師の指導法［参16, p.169-171]や読書観などによるところが大きい。教科書以外の〈教材・教具〉として図書を使って学習する場合には，〈知識の本〉の読書が行われる。また，国語科以外の教科で文学書

を使うことがあるように[参11, p.271]，児童書の読書へ誘なう学校教育の役割は大きい。これは青年期にも当てはまることであり，学校教育が児童期から青年期を経て成人に至る読書の切り替えを順調にする要因でもある。

（ウ）青年期の図書－青少年図書

青年期向けの図書を〈青少年図書〉とすると，青年期の年齢層が問題になる。加藤隆勝によると，青年期は"12，13歳ごろから22，23歳ごろまで"と考えるのが適切であるという[参6, p.13]。日本の図書館界ではこの年齢層へのサービスを「青少年サービス」と呼んできた。これが，アメリカ合衆国の図書館界でいう'young adult service'に近いものであることは，"青少年"に"ヤング・アダルト"と注記を付けた論文の標題[参30]にも示されている。'young adult'について J. ロジャーズは，12歳から20歳，特に近年は10歳からであるとしている[参42, p.366]。このことから，〈青少年図書〉は，'中学・高校生，あるいはそれに小学校高学年生を加えた年齢層向けの図書'と考えてよい。

青年期は依存的な存在である〈子ども〉が，社会の自立した一員である〈大人〉へ心身ともに移り変わっていく，肉体的精神的に不安定な状態の時期である[参31, p.497]。そこで，青年は安定した〈子ども〉の世界に戻ろうとし，あるいは〈大人〉を模倣することで精神的な安定を得ようとする。読書の場合，前者は児童書を，後者は"普通の図書"[参5, 1986, p.151]を読む行動になる。青年が半人前と見なされる社会では，大人の図書を読むことも青年にとっては成人への近道になる。青少年図書が児童書に比べて，書店や公共図書

館でも影が薄かったのは[参42, p.367]当然である。

　青少年の関心事は，自らが現実に直面する職業の選択と，社会人・職業人に必要な知識・技術・倫理などの習得，伴侶となる異性を知ることである。これらは容易になし得ないことであり，現実の壁は厚い。青年はそれを乗り越えるためにさまざまな試練にあい，困難を克服していく。異性に憧れ，失恋の苦悩も味わう。このような精神的遍歴を通じて，青年は自己を発見し自我を確立していく。理想を抱き，異性に憧れ，希望と挫折のない交ぜになったこの時期を象徴的に示す言葉が〈青春〉であった。〈青春文学〉と呼ばれる作品はそうした青年期を生きる人間像を描いた作品であり，ヘッセの『青春彷徨』や漱石の『三四郎』，ゲーテの『若きヴェルテルの悩み』等々，枚挙に暇がない。また，多様な試練を経て〈一人前〉になっていく青年の姿を描いた〈教養小説〉は，人間形成のための糧になる。これらの作品が読者を青少年に特定していなくても，青年期に読むべき図書として推薦されたのはそのためである。また，人生経験の浅い若者たちを導く人生論も書かれた。

　このような読書の様態も，〈教養主義読書〉の凋落[参18, p.9]によって様変わりしてからかなりの年月を経た。青少年の心に大きな位置を占めるのは，仲間や身近な大人，テレビゲームやアニメ，劇画などの主人公，テレビやラジオの出演者である。前者は学校や塾，クラブなどの友達や指導者，先輩・後輩，職場の同僚・上司，親，教師などで，後者は俳優やタレント，スポーツマン，歌手，演奏家，ディスクジョッキーのパーソナリティなどである。これらの登場人物が織りなす〈ドラマ〉は，青少年がその主人公に同化しやすく，

同工異曲のものが次々と人気を博している。

　学校の教科学習を通じ体系的な知識を学ぶ児童期の構図は，青年期も同じである。その学習内容は深化して抽象的・論理的になり，高等学校段階では一般人の常識にまで高められるはずである。ところが，必修科目数と単位数が減り，特に私立大学の入学試験科目数が極端に少ないために，習得した内容が常識の域に達しない卒業生が多数を占めるようになっている。不読書の生徒には唯一の図書であった教科書も，学問的な常識を形成するには不十分なものが多い。この現状を改革するために，斎藤孝が勧める"固い内容の本"[参10, p.37]が，青年期の読書材として再登場すべきであろう。

　② 文学書

　読書について語ったもののほとんどが文学作品を挙げているくらいに，読書と文学は縁が深い。読書力が高く精神発達が著しい生徒は，後述の「名著」や「古典」とうたわれる文学書を読むことが多い。そこで，高等学校図書館では，国語科の〈教材・教具〉および読書材として文学書を揃えている。

　有名な文学作品は，叢書の形で出版されることが多かった。世界中の名作を集め，全105冊が揃うまで27年かかった『筑摩世界文学大系』や，江戸時代以前の古典を集めた全102巻の『日本古典文学大系』は，そのような叢書の二例である。なお，前者の第1巻『古代オリエント集』では，現存最古の文学作品を収録している。

　多数の作者の作品を収録し，「文学全集」と名づけられた叢書であっても，その実体は膨大な文学作品の中から，出版社の編集方針に沿って選ばれた少数を集めたものである。学校図書館が生徒の読

書材として文学作品を集めるには、複数の文学叢書を集め、それらに収載されていない名作を補充しなければならない。盗まれやすい文庫版を購入しない選択方針の場合も、それ以外の版が得られない作品は、例外を設けざるを得ないのである。

「文学全集」には、作家個人の著作を網羅した〈個人全集〉がある。高等学校の国語科の授業では、それにしか掲載されていない作品を取り上げることも多い。一人の作家を知るには全著作を読むことも大切であるが、本文校訂をしてテキストに信頼のおける〈個人全集〉が出版される機会は少ない。普通科の高等学校図書館では、出版の情報を得たら資料選択委員会で検討し、収集しておきたい。

外国語の文学作品は、学校図書館では翻訳書を収集するのが一般的である。同じ作品で訳者の異なるものや、同じ訳者が翻訳し直したものもある。翻訳は訳者によって内容が異なるので、できる限り複数の訳者のものを揃えておきたい。また、外国語の文学作品の原文は外国語学習に役立つので、著名な作品の原書や、日本で編集された注釈付きの図書を収集したい。

③ 歴史書

歴史は物語られるものであるので、例えば「古事記」のように歴史と物語の両面を持つものは多い。古いところではヘロドトスの『歴史』や司馬遷の『史記』などが有名である。著名な歴史書を筆頭に、古今の歴史書を読書材として収集したい。また、「世界の歴史」、「日本の歴史」などと題される歴史叢書も、歴史関係の科目の副読本と、物語本との両面を持っている。

④ 知的文化財・遺産としての図書－名著と古典

　読解にかなりのエネルギーが必要な図書の場合は，次世代への受け渡しがうまくいかなくなる可能性が高い。名著にはこの種のものが多い。難解な名著が読み継がれてきたのは，読むべき図書として推奨されてきたからである。難解な言葉や論理にてこずりながら，青少年がそれを読んだ理由はそこにある。しかし，〈大人〉の権威が崩れ，青年の文化が社会的に認められ，価値が多元化・平準化した結果，読解の困難な名著は敬遠され，無数の著作の中に埋没した。青少年の軽読書志向は，文化遺産としての図書の伝承を困難にする一大事なのである。それゆえ，蔵書としてそれらを収集することは，文化遺産を伝える場である学校の図書館の重要な役割である。

　（ア）名著

　名著を収集するためには，学校図書館員はそれを知り，ある程度は読んでいる必要がある。名著の案内書として，「○○の名著」という書名の図書が数多く出版されている。かつて教養書として出版された毎日新聞社の叢書『毎日ライブラリー』には，定番の『世界の名著』や『日本の名著』の他に，大学の教養課程で必修であった3つの分野に関係のある『人文科学の名著』，『社会科学の名著』，『自然科学の名著』があった。この他に『東洋の名著』も含まれていたことは特筆すべきことである。新書版でも「○○の名著」という書名のものはしばしば出版されている。「中公新書」にも多く，名著とは縁が薄いと誤解されがちな自然科学関係にも，「新日本新書」で3冊本の『自然科学の名著』があるなど，名著は各分野にわたることがわかる。それを8冊の大型本の事典として集大成したの

が,『世界名著大事典』(平凡社, 1960-1962) であった。なお, この事典は全17巻本の第 1 巻から第16巻に再編成され, 第17巻の補遺を加えて, 1987年から89年に出版されたという[参28, p.32-33]。

　名著についての解説は百科事典や専門事典, その他さまざまな図書に掲載されているが, 文学関係が多数を占めている。それは, 原始時代から物語が語られ, 伝えられてきたことによる。また, 文学はそれを表現するのに使われる言語を支える存在であるので, それに大きな力を果たしている名作を, 文化遺産として後世に伝えようとする意志が社会にあるためでもある。

　文学作品は前項で述べたように, 著名なものは「文学全集」と呼ばれる叢書に収録されることが多い。読書教育を担当する学校図書館員も, 代表的な作品は読んでおきたい。しかし, 長編を読む時間は作りにくいので, 少なくとも文学案内や文学史などで知識を広めよう。文庫版にも優れた案内書が多い。それらを読むのは, 資料選択に必要な知識を広げることでもある。

　(イ) 規範としての図書－古典

　生活の規範となるメッセージを記した図書が〈古典〉である。〈経(教)典〉や〈聖典〉と違うのは, それが宗教書でない点にある。古代中国では支配層の統治行為や生活の規範になる図書群として〈古典〉が形成されたが, 一般には〈人の道〉に外れず, 人の手本となるような教養人を育む図書の意味が強いようである。この点は名著と同じであるが,〈古典〉と称えられる図書にはその色彩が強いのかもしれない。

　書かれてからかなりの年月を経ていることも, 古典の条件になる。

"これはすでに古典になったと言ってもよい"という表現が可能なことは，古典が時の試練を経て，いつの時代でもそのメッセージが手本になる普遍性を獲得した図書であることを示している。時代の激動に流されずに自我を確立するための拠りどころとして，重要性の増している古典の収集・提供も，学校図書館の重要な役割である。

(7) 情報教育にかかわる資料

① 情報教育と図書館資料

教科の教育には，情報教育の側面がある。現象やメッセージから情報を読み出す能力を育成することは，情報教育の重要な目的の一つである。例えば，寒い日に川面から湯気が立ち上る現象の意味を読み取る能力を育成するのは，理科教育である。また，普通の文章を読み解く能力は，国語科の授業で効果的に育成される。一般向けの物理学の図書を読むには，物理学の最低限の知識が必要になる。その能力を育成するのは，理科教育の物理科の授業になる。

情報を読み取る能力は各教科で育成され，教科に関連する図書館資料は，その能力を高めるために大きな役割を果たす〈教材・教具〉である。同時にそれは，情報教育のための図書館資料にもなる。

教科で随時断片的に実施されている情報教育に読書教育を加えたものが，第Ⅲ章で提示した〈図書館・情報教育〉の体系である。その「Ⅱ．図書館が保有する情報源－図書館資料」を参照されたい。

② 情報教育と参考図書

〈参考図書〉は，"通読しなくても情報が得られるように，それをコンパクトに，検索しやすく配列し"た図書で[参5, 1990, p.376]，

〈レファレンス・ツール〉の重要な一角を成すものである。情報教育の観点でこれを見ると，生徒が情報の種類に対応した図書を選び，そこから求める情報を獲得する能力を身につけるための重要な〈教材・教具〉になる。

　日本の参考図書については，大部な解題書誌が刊行されている[参28]。しかし，そこからやみくもに自校に適したものを選ぶのは難しい。その際に参考になるのが，情報別に適切な参考図書を紹介している図書である[例えば，参24]。また，参考図書を含む情報提供に役立つ資料を具体的に紹介しているのが，図書館情報学の教科書類である[例えば，参8，参21，参26ほか]。

　情報教育に役立つ可能性の大きい資料を選ぶのは，教科教育を担当している教師である。しかし，その時間が割けないために，資料選択委員会用にリスト作成ができない分野もある。資料全体を鳥瞰している学校図書館員は，候補になり得る〈もの〉をリストアップしておく必要がある。そのためには，刊行される資料が情報教育に役立つか否かを念頭に，目配りしておくことが大切である。

(8) その学校に固有の資料＝学校のいろいろな記録

　公共図書館の郷土資料にあたるのが，学校のさまざまな記録である。それらは学校や教師，生徒などが製作したもので，その学校にしかない貴重な資料である。小学校で卒業論文を学級全員に書かせる例があるが[参34]，後輩の勉学への励ましになるばかりでなく，その学校の教育の成果を示す財産でもある。書いた生徒が承諾した場合には，図書館に保存したい。また，総合学習などのレポートは，

他の生徒の課題学習の参考になるように，図書館で保管し館内で利用できるようにしたいものである。卒業前には記念アルバムや文集が作られることも多い。先輩たちのメッセージを伝える資料として，予算を確保して購入し図書館資料に加えよう。何十年かの節目に学校史が編まれることがある。その際には図書館に保存されている資料と，外部から集められた数多くの資料が使われる。後者の資料も学校図書館の資料として新たに加えたい。

(9) 個人的活動・学習などのための資料

生徒の中には教科や教科外活動で学んだことに啓発され，興味・関心を広げ深めようとする者もいる。一方，学校の勉強は不得手であるが，趣味や実用的なことには滅法詳しい者もいる。その興味・関心に応える資料があることは，生徒たちの学習の幅を広げ深め，結果的に生徒が授業内容を理解するのに役立つ。この意味でも，生徒の購入希望を幅広く受け入れたい。しかし，学校図書館の資料購入予算は，教科教育のための資料を最低限揃えるのもおぼつかないのが現実である。公共図書館などとの連絡・協力が重要である。

2．各メディアの特質と選択・収集

(1) 多彩なメディアの類型

① メディアの類型

学校図書館の資料は，以下で述べるように非常に多彩である。図書以外の資料の中核を成すのは"視聴覚教育のための資料"，すなわち〈視聴覚資料〉であるが，そのメディアは多彩である。類型化

表5-1　メディアの類型

① 図書
② 図書以外の資料
A．文字資料：小冊子，リーフレット，雑誌，新聞，ファイル資料，点字資料，マイクロ資料
B．録音資料：（ⅰ）円盤（SPレコード，LPレコード，CD，MD）
（ⅱ）録音テープ（オープンリールテープ，カセットテープ，カートリッジ）
C．静止画像資料：（ⅰ）機器不使用のもの（絵画，図版，写真，図（地図，チャート）
（ⅱ）機器使用のもの（スライド，トランスペアレンシー）
D．動画資料：（ⅰ）フィルム（70mm，35mm，16mm，8mm）
（ⅱ）録画テープ（VHS/SVHS，ベータ，8mm/Hi8），DV（ミニDV/スタンダードDV）
（ⅲ）円盤（VHD，LD，ビデオCD，DVD-ROM，DVD-R，DVD-RW，DVD+RW，DVD-RAM）
E．電子資料：（ⅰ）OS
（ⅱ）パソコン・ソフト
（ⅲ）データ（電子図書など）
F．博物資料（手稿，実物標本，模型，地球儀/月球儀）
G．総合資料（郷土資料，特別資料）

の方法もさまざまで，再生機器の必要性と受容感覚の二次元による分類法もその一つである[参9, p.35-37]。かつて筆者も多様な類型法を比較・吟味し，視聴覚資料を含む〈図書以外の資料〉の類型化を試みたことがある[参5, 2001, p.378-385]。それに図書を加えた図書館

資料の類型表を，一部省略して紹介すると〈表5-1〉になる。B，C，D以外の類型の中にも，視聴覚資料に分類できる〈もの〉が散在している。そこで，本書ではその記録方法と記録されたメッセージによって類型化した。なお，本書では，動く画像を記録したメディアの呼称を，「動画資料」として記述を進める。

これらのメディアの中には，新しい媒体にその席を譲ったものも少なくない。また，学校図書館では収集・提供していないものもある。そうなるのは，担当者がそこまで目配りする余裕がなかったり，それらに予算がさけないためもある。

② メッセージと多様なメディア

多様なメディアを収集・提供する施設には「図書館」の名が相応しくないと考えるためか，名称を変える例も出ている[参5, 1982, p.367]。では，一種の自己否定でもある〈非図書〉を，図書館はなぜ収集・提供するのであろうか。理由として考えられるのは，'図書館は〈メッセージ〉を記録した図書を集める'ということである。

原初的な記録方法である人間の記憶力によるメッセージが複雑になると，語り部のように歴史などを正確に記憶する専門家が生まれる。やがて図書が発明されて，言葉や絵，図によるメッセージがそれに記録される。個人ないし集団によって記憶され再現されてきた歌や踊りなどによる郷土芸能のメッセージも，レコードやCD，ビデオなどの発明・商品化によって記録される機会が生じる。人々が重要と見なした図書を図書館に収集・保存・提供したように，重要と評価されたメッセージを記録したものを図書と同じ扱いをするのは，自然の流れだったのであろう。

しかし，メッセージを記録した〈もの〉のすべてが，図書館資料になるとは限らない。例えば，キャンバスに記録された絵画を収集するのは美術館である。一方，絵画と同様に芸術作品であっても，無形文化財である音楽作品は，レコードやCDなどへの記録物として，図書館などで収集できるようになった。多彩なメディアの中で図書館が収集する〈もの〉は，これまでの状況から見ると，複製可能なメディアである。複製技術の進展によって図書館資料の多彩化は，今後も進行するのであろう。

今日では利用者の図書館要求が〈情報〉提供に傾きつつあり，レファレンス・サービスの重要性が高まっている。その延長線上にあるのが，利用者の求める〈情報〉を持っている機関などを紹介するレフェラル・サービスや，開かれた情報のネットワークであるインターネット端末の設置と，その利用の際の利用者援助などである。

図書館の提供する〈もの〉が無形物の〈情報〉そのものに変わってきた結果，その一種である"ネットワーク情報資源"などを〈図書館資料〉に含める考え方も出てきている[参5，2001，p.377]。しかし，それを有形の物体である〈資料〉の概念に込めるのは論理矛盾である。この考えを採用するならば，「図書館資料（library materials）」の代わりに「図書館資源（library resources）」を用いるべきであろう。なお，本章では従来通りの〈図書館資料〉の収集とその構築について主に述べ，無形物の〈情報〉については「Ⅲ.3.情報教育」や「Ⅳ.図書館サービス」などで扱っている。

③ 〈教材・教具〉がもたらす多彩さ

図書館資料が図書と雑誌に限られている学校が多かったのは，教

師や学校図書館員の多くが，'図書館を〈図書〉の〈館〉'と見なして，視聴覚資料を視聴覚部のような，図書館とは別の校務分掌の所管にしていたためである。その理由には，視聴覚資料が教師用として収集されていたことと，高価で傷みやすく，専用の機器が必要なことがあった。

視聴覚資料がやや傷つきにくい素材に変わり，価格も著しく低下してきたので，生徒への利用制限は緩和されつつある。そこで，専任の学校図書館員の配置が進めば，学校図書館が視聴覚教育の資料を収集・整理・提供するという「学校図書館法」の規定が，半世紀ぶりに広く実施されるようになるであろう。

学校図書館が視聴覚資料などのような図書や雑誌以外の〈もの〉を収集・保管・提供するのは，教育活動では多様な〈ものごと〉が〈教材・教具〉になり得るからである。それらには〈教材・教具〉として作られた〈もの〉もあれば，そうでない〈もの〉もある。後者は〈教材・教具〉の〈素材〉であり，それらを教育活動に〈役立つもの〉，すなわち〈教材・教具〉に転化させるのが〈教授者〉である。それらの中には，B. フランクリンが図書とともに学校図書館に収集すべきものと位置づけている[参4, p.156-157]〈博物資料〉や，J. デューイが図書館とともに，学校の観念図の中央に位置させている博物館[参37, p.85, 91]の資料も含まれている。

教育内容が組織化され，計画的・継続的に教育が行われる学校では，教師たちが授業計画に基づいて，適切と考えられる〈教材・教具〉を選択あるいは創作し，さまざまな〈素材〉を〈教材・教具〉に転化して利用する。〈素材〉の利用は計画的なこともあれば，手

近な〈もの〉を臨機応変に活用することもある。また，最適なものが手に入らなければ，次善，三善のものを〈教材・教具〉にできるのがベテランの教師である。そこで，〈教材・教具〉に転化できる可能性の高い〈素材〉を揃えている学校図書館が，学校の教育実践の幅を広げ奥行きを深める助けになる。そのためには，さまざまなメディア，多様な内容の〈素材〉がすぐに探し出せて，〈教材・教具〉として活用できるように，学校図書館資料が構築されていることが望まれる。こうして，学校図書館資料は多彩になる。

　しかし，予算と施設等の条件が限られている図書館としては，やむを得ず選択的に対応することとなる。そこでとられる方法は，ある程度長期にわたって〈教材・教具〉となる可能性が高い〈もの〉を集めることである。学校図書館員は教師たちとともに，有形無形の要望を考慮に入れつつ〈素材〉を選ぶのである。具体的な選択作業については，図書館員が専門家として重要な役割を果たすことになる。かつて故椎野正之大正大学教授は，"学校図書館員は，教師が投げている球を受け取っていないのではないか"と語ったことがあるが，教育活動に役立つ資料の選択・構築も，教師たちが求める好球を投げ返すことの一つである。

(2) **図書**

　図書については，これまで各所で詳しく述べてきたので，その〈コレクション〉が持つ意味について考えてみる。

　① **個々の図書と図書群との相違**

　〈教材・教具〉の〈素材〉として収集された〈図書〉の集まりは，

それらの合算の状態のまま留まらない．'量は質に転化する'の格言の通りに，そこには個々のものにない〈何か〉が生じる．裏田武夫教授は，一女子大の学生が自分の大学の図書館に求める図書があるにもかかわらず，それよりも蔵書規模の大きな図書館で"勉強した方がずうっと中身のあるような気がする"と言う[参1，p.317-318]理由を考察した結果，J. シェラ（Jesse Shera）の言葉，"本というものは一冊孤立してある場合と，図書館においてそれに関する色々な周辺の本と一緒に並べてある場合と，一冊の本の値打がまるで違ってくる"に教示を受け[参1，p.168]，"一冊ポツンと本屋"にあるのと，"図書館で他の諸々の本とずうっと並んでいる"のとでは，"同じ本であっても"その"価値は違う"との結論に達したという[参1，p.315]．裏田教授によると，そうなるのは，"図書館の蔵書"は"人類の記録された情報"が"クラスターを成して"おり，その"クラスターは種々様々なルービック・キューブから成り立っている"[参1，p.316]ためである．そして，蔵書を構成する図書の持つ情報の間には，他を"超克しようと"し，さらに不足している部分を"埋めて行っ"たり，情報に"精密さを加え"て"完全体に近付"こうとしたり，あるいは"情報価値の評価をがらっと変え"ようとする"否定の論理"があるという[参1，p.317-318]．すなわち，図書館の図書群は，"否定の論理"という関係で結ばれている図書の集合なのである．何らかの〈絆〉で結ばれている個人の集合である社会が，個人とは違った存在になるのと同じように，図書館資料は個々の図書とは違った存在になるのである．

　この"否定の論理"という関係は，図書が不特定多数の人々にメッ

セージを送るメディアであることにも由来する。図書は"読み手の恣意に依存する"存在であるので[参5，1983，p.224]，既存の図書にない新しさをメッセージに込めることによって，読み手の興味・関心を引かなければならない。この〈新しさ〉による〈差〉の主張を，裏田教授は"否定の論理"と形容したのであろう。〈否定〉あるいは〈差〉のいずれであっても，そこには〈絆〉が存在する。そして，その〈絆〉には濃淡があり，また個々の図書を結ぶ〈糸〉は複雑である。つながりの濃い図書群がクラスターを形成し，それらと関係の薄いものと細い〈糸〉で結ばれているのが図書館の図書群である。そして，その〈糸〉で作られた網の目が細かければ細かいほど，言葉の細かい網の目が世界を緻密にすくい取るように，読者の知ろうとする世界を明瞭に示してくれる。

② 文献宇宙と図書館資料の構築

上で見た〈関係〉は，図書館の蔵書に固有のことであろうか。確かに，個人の蔵書は図書館のように明確に関係づけられていないことが多い。しかし，それらを関係づけて配列している場合には，その図書群は図書館と同じようにクラスターを形成しており，研究者の場合，専攻の分野については中小図書館のその分野の図書群よりも優れた結びつきのクラスターになっている。図書館との違いは，図書館では結びつけ方に普遍性を求めるのに対して，研究者の場合には発想や視点などの違いによって千差万別になることである。

このように考えると，〈関係〉そのものは図書館に固有のこととは必ずしも言えないことがわかる。むしろ，図書館に所蔵されていると否とを問わず，これはすべての図書群について言えることであ

る。関係性は複数のものの間に存在するので，編者が"それぞれの分野で基本的に読むべき本はなにか"という観点から選んだ書目，〈コレクション〉に『理想の図書館』という標題をつけることができ［参40, p.7］，また，新設図書館の蔵書構築をすることができるのである。図書が形づくる世界を，星々の形成する宇宙にたとえて「文献宇宙」と呼ぶ理由も，そのようにして説明できる。この視点で個々の図書館の蔵書を見ると，それは文献宇宙の中の小宇宙である。学校図書館の資料構築は，学校の中にどのように小宇宙を作るかでもある。

　〈文献宇宙〉に近い図書館資料は，世界中の図書館を総合した図書館（これを「世界図書館」と呼んでもよかろう）の〈コレクション〉になる。世界規模の図書館のネットワーク化によって世界中の図書館を結び合わせるのは，〈文献宇宙〉の現出を目指したものである。学校図書館は，生徒たちを〈文献宇宙〉へ誘うショーウィンドウであり入口である。それゆえ，学校図書館資料は学校の教育活動の〈教材・教具〉に留まらず，生徒が直接そのメッセージを受け取れる人類の知的文化財を含んでいる必要がある。

③　〈図書のコレクション（蔵書）〉の構造

　個々の図書館の蔵書は共通の構造を持っている。それは簡単に求める情報が得られる〈参考図書〉と，それ以外の一般の図書に大別される。後者は主題の概説書などのような基本的な図書群と，その主題に属する個々の問題を扱った図書群とに分かれる。そして，一般の図書の中でかなり大きな位置を占めてきたのが，これまで見てきたように，読書材となる文芸書などである。

普通教育学校では，あらゆる主題について適切な図書を集めるので，蔵書は〈文献宇宙〉の星々の中でかなり明るい星々にも例えることのできる図書で構成された小宇宙になる。適切な図書が欠けている主題があれば補うものを選書することが，選書（資料選択）委員会の重要な作業になる。学校図書館員は選書のためにも，日頃から自館の蔵書の作り出す〈図書の小宇宙〉を知るように努めるとともに，その奥にある世界規模の〈文献宇宙〉にまで思いを馳せることが必要である。

(3) 図書以外の文字資料

① 新聞

最新の出来事についての情報（ニュース）やその解説を提供するのが新聞である。テレビのニュース番組があるので新聞を購読しない人も増えたようである。両者の長短を見てみると次のようになる。
'百聞は一見にしかず'のように現実の様子を見ることができる点と速報性ではテレビが勝り，読者（メッセージの受信者）のペースで繰り返し読む（受容する）ことができることと，取り上げるニュースや話題などの数や詳しさでは新聞が優位に立つ。特に後者は新聞がテレビを圧倒的に引き離している。また，記録性については，放送が'送りっ放し'と揶揄されるように，公開される記録がほとんど残らないことがある。一方の新聞は，劣化しやすい用紙の保存に注意し，縮刷版，マイクロ版などを利用すると，いつでもそれが利用できる。なお，視聴者のペースで繰り返し見ることと記録性は，テレビ放送の録画で可能になったが，手間と費用，スペース，検索

などの点で新聞の比でないことに変わりはない。このような特徴を持つ新聞は,〈図書館・情報教育〉の一領域であるメディア教育の〈教材・教具〉として欠かせない図書館資料である。

　生徒の読解力の違いにより,小学校では小学生向けの新聞を,中・高校では一般向けの新聞を選択・購読する。一般の新聞には,頒布の範囲によって全国紙と地方紙,その内容によって一般紙と経済紙,スポーツ紙,読書紙,政党紙,業界紙などに分けられる。全国紙は全部を〈教材・教具〉として収集したい。それは,同じニュースでも取り上げ方や記述のしかたなどが,新聞によってかなり違うためである。生徒の家ではほとんどの場合1紙しか購読していない。そのために,生徒も知らず知らずのうちに,ニュースの見方が偏りがちになる。誰もが利用できる図書館に開架されている新聞は,生徒が違った視点を得るための不可欠の存在なのである。

　経済紙に掲載されている経済活動のデータなどは,中等教育学校での教科学習の際に必要な〈生の資料〉として重要である。一方,スポーツ紙は,体育教育の資料として,センセーショナリズムに陥っていない新聞を1紙選ぶので足りるであろう。一般紙のスポーツ面もかなり充実しているからである。政党紙は,学校教育の政治的中立の原則から収集しないことが多いが,政治教育の資料としては重要なので,政党に偏らないように収集するのも一案である。業界紙は学校図書館に縁が薄いようであるが,実業高校などにとっては参考になる記事が多いはずである。

　新聞の本紙はかさばる上に紙が劣化するので,そのバックナンバーを保存して利用するのは面倒である。縮刷版はその欠点を補うため

に刊行されてきた。冊数が多くなるので、マイクロ版も刊行されているが、高価なために学校図書館の予算では贖えないのが現実である。大規模な公共図書館などを利用するように勧めたい。近年はバックナンバーの CD-ROM 版も出版されているが、紙面そのものの印影を再現したものでない上に、著作権が執筆者にある寄稿文を欠いていることにも問題が残る。なお、バックナンバーの利用に不可欠な記事索引の刊行が不十分であるのは、情報活用について日本が後進国であることを示している。

② **雑誌**

雑誌は、娯楽雑誌、教養雑誌、実用・趣味の雑誌、科学雑誌、学習雑誌、研究雑誌などさまざまである。学校図書館は教育の場にあるので、教養雑誌や科学雑誌、学習雑誌を中心に揃える。小学校図書館では小学生向けの雑誌を収集するが、中学校・高等学校では一般向けの雑誌が収集の対象となる。

広報雑誌は無料のことが多い。それらの中には学校図書館資料として有用なものもある。選択委員会で検討し、望ましい雑誌については寄付依頼を出して収集する。出版社の PR 誌は、読書関係の記事が多いので、図書館利用者に歓迎されている。これらは書店を通じて無料で配布されるものがほとんどであり、版元に申し込むと学校図書館へも無料で送付してくれる。

雑誌の購読は年度単位で行うことが多い。次年度の開始前の適切な時期に、新年度に購入するものを図書部で決める。予算の制約があるので、新規購入の希望を勘案して、これまで購入してきた雑誌との入れ替えを検討する。雑誌には巻号が暦年によるものと、会計

年度によるものとがあり，購入の際に巻号にかかわる問題が起こることがある。学校図書館の予算は会計年度によるので，暦年方式で発行されている雑誌は，同じ巻の途中で中断される。保存する雑誌は，巻の終わりの号まで買うか否かを決める。

雑誌は盛衰が激しいジャンルで，その編集方針も変わる。選択した時は選択方針に合っていても，後に合わなくなることもある。その場合は資料選択委員会で，購読中止とすることになろう。

③ ファイル資料

役立つと思われる新聞記事を切り抜いておくことは，しばしば行われている。また，特定の主題について連載記事が載ることがあり，時事的問題を理解する助けとなる解説的なものも多い。読む暇がなかったり，読み落とした時に，保存してあるものをまとめて読むと，佐野眞が"後になって新聞を利用するとき，そのひとつひとつの記事は過去のことであっても，それぞれが生き生きと時代をとらえていることに気付きます"と述べているように[参13, p.i]，問題の理解に役立つ。雑誌記事ほどの長さの記述は，その主題や，取り上げ方の独自性など，他のメディアでは得難いものが少なくない。

残しておきたい新聞記事を，切り抜いて利用する〈スクラップ〉をする人も多い。図書館ではいつでも利用できるように，同じ大きさの台紙に貼って見出しを付け，主題の見出しが付いたファイルに挟んで保存する。ファイル資料は，それらをファイリング・キャビネットに主題別に納めたものである。ファイルに同じ主題の雑誌記事やパンフレット，リーフレットなどを挟むこともある。また，パンフレットやリーフレットを，縦長で上部の開いた箱などに主題別

に入れて，書架に配列することもある。

　ファイル資料はその主題に関する一次資料が多い。総合学習で生徒たちが設定する課題学習には，一次資料でないと情報が得にくいものが目立つ。二次資料を使う調査だけでは不十分なままに留まることになるので，学校図書館はこの種の資料の充実に努めたい。

　必要性がわかっていてもファイル資料に二の足を踏む学校図書館が多いのは，作成に膨大な人手が必要だからである。一人職場の学校図書館ではその実行は不可能である。頼れるのは生徒図書委員や，父母，祖父母，地域の人々などのボランティアである。個人向けではあるが，佐野眞の著書[参13]は学校図書館でも大いに役立つ。

④ マイクロ資料

　文字資料の保存・利用のために発明・商品化されたのが，マイクロ資料である。新聞や雑誌のバックナンバーは，発行後短期間のうちに流通網から消えてしまう。しかし，それらに書かれたことはその後も利用される機会が多い。そこで，図書館がバックナンバーを保存・提供することが望まれる。しかし，バックナンバーは膨大な量に上り，書架の収容力を越えてしまう。それらのサイズを縮小する方法として採用されたのが，原本の版面を残して縮小し，フィルムに印画したマイクロ資料である。ロール状のマイクロフィルムと一枚物のマイクロフィッシュなどがある。

　一次資料としての利用が少ないためか，新聞・雑誌のマイクロ版は少なく価格も高い。また，利用にはマイクロ・リーダーが必要になることと，それを必要とする課題学習が行われていなかったために，ほとんどの学校図書館では収集していない。

(4) 楽譜

　楽譜は，演劇における脚本に該当するものである。文学書に収録されている脚本は揃っているが，楽譜の収集はないがしろにされやすい。それは，楽譜を読める生徒が少ないためである。しかし，楽曲を分析し構造を把握するために，楽譜は重要な手段である。音楽科と音楽部や大学の音楽科を目指す生徒のためばかりでなく，趣味として音楽鑑賞する生徒のためにも，図書館では主要な曲の楽譜を収集しておきたい。

(5) 静止画像資料（地図を含む）

　このメディアには，機器を使うスライド，トランスペアレンシーと，使わない絵画や図版，写真，図がある。前の二者は授業用なので，それ以外のものについて述べる。

① 絵画と図版

　図書館の柱に版画の復刻版や絵画の複写をインテリアとして掛けることがある。元来絵画は美術館の展示物であるので，図書館での展示はこの程度に止まるのであろう。しかし，美術の宿題に関連して見るために，大きな図版を収集する場合もある。絵画や写真は大きさが大切なので，画集よりもずっと大きい図版が必要である。

　美術館には，限られた作品しか展示されていないのが一般的である。文化史的に重要な作品は，企画展覧会の会場か所蔵の美術館で，展示されている時にしか見ることができない。そのような原画を想像しつつ鑑賞するためのメディアが，複製画や図版である。それらを原画とは全く別物として拒否するのも一つの見識ではある。しか

し，音楽の生演奏とはかなり違う CD の音を受忍するように，それらに寛容であるのも一つの見識である。特に，原画との違いが比較的小さいデッサンや版画ではその感が深い。複製画や版画の復刻・複製などは，閲覧室内に展示する方法がよかろう。出版物として購入した復刻画や複製画が冊子になっていない場合には，説明を付けて額入りで展示し，時々中身を入れ替えるとよい。

絵画や版画には生徒の制作物もあり，それらは本人に返されるのが一般的である。共同制作のものは学校に寄贈されて，美術室や廊下，ロビーなどに展示されることもある。学校博物館がない学校がほとんどなので，これを図書館資料として収集し，美術科の教師とも相談して，時折展示するのも一つの方法である。

② **絵葉書**

地理の教師から，学校図書館に観光地で売られている絵葉書があるとよいと言われた経験がある。例えば何頭もの牛が放牧されている阿蘇山の火口原の絵葉書は，世界一のカルデラと火口原の利用の様態を，一目で理解する助けになる。日本だけでなく世界各地の絵葉書が，地理学習の〈教材・教具〉になる。学校図書館員も含め教職員や父母が海外旅行の際に収集した絵葉書を，学校図書館で入手できるとよかろう。

③ **写真**

デジタル・カメラの普及によって，写真はますます身近なメディアになった。授業の課題発表で生徒が写真を使うことも多い。生徒が写真による表現技法とメッセージの伝達法を習得する必要度が高くなったのである。技法に関する図書のほかに，写真の鑑賞のため

の作品群が図書館にも必要である。写真集や写真雑誌の作品の他に，展示用の大判パネルの写真もほしい。運動会やクラブ活動，卒業アルバムの写真など，学校の貴重な記録を学校図書館で保存し機会を作って展示したい。

④ 地図

地図は，地理の学習，修学旅行，個人旅行の下調べなど，さまざまな用途に使う資料である。学校図書館も地図を充実して，生徒と教師に役立てたい。

地図には，一枚物の地図と，何枚もの地図と索引で構成された地図帳とがある。後者は参考図書の一種である。一枚物の地図の代表は地形図である。日本の地図の基本図は地形図で，その縮尺はかつては5万分の1であったのが，現在は2万5千分の1である。日本全図を経線と緯線で区切った索引用の地図は必ず購入する。

どの地図を収集するかは，地理科の教師と相談して決める。地理の授業では，例えば散村の城端のように，典型的な場所の地図が例示されるので，学校図書館ではそのような場所の地形図を優先的に収集する。また，山岳地帯や都市，観光地，過去の状況がわかる地図なども地図学習に役立つ。観光用の地図も学校図書館資料に加えたい。教師や学校図書館員が，国内外への旅行の際に，現地で販売されている地図を収集すると，資料の幅が広がることになる。

地表の状態は変化するので，以前の版の地図を最新版に入れ替えるよう気をつけたい。しかし，古い版の地図は作図当時の状況を知るための重要な資料になる。古い時代については〈歴史地図〉があるのでそれを収集するが，それほど古くない過去については，旧版

を廃棄しないで利用する方法もある。

⑤ スライド

　デジタル方式で記録した静止画像を，パソコンを使ってスクリーンに投影できるようになり，スライドの出番が少なくなった。しかし，これまで収集したものは活用したい。スライドの画像が退色やかびが原因で破損することもあるので，保存の価値がある画像は，デジタル方式へメディア変換をしておきたい。

(6) 録音資料

　音声を記録するメディアも多種多様である。どのメディアを選ぶかは図書館にとって重大な問題である。多様なメディアは，録音が可能か否かによって2つに分けることができる。現在使われているのは〈コンパクト・カセット〉とMD，CD-R，CD-RW，CDで，録音できるのは前4者である。聴きたい作品をすぐ探し出して再生できるランダム・アクセスができるのは，カセット・テープ以外のデジタルのメディアである。また，MDは収容場所が少なくて済む。録音を追記できないものはCDである。

　作品を記録して販売されているメディアには，CDとMD，カセット・テープがある。録音されているのは音楽が多く，その他に外国語の教材，詩などの文学作品の朗読，落語や浪曲，講談，講演などがある。したがって，録音資料と関係が深いのは音楽科と外国語科（英語科）であるが，その他に国語科や生活科，道徳，公民，学級活動（ホームルーム）などでも幅広く使われる。録音資料も学校図書館で管理し，目録などの検索手段を充実したい。

例えば、音楽科の授業で利用する音楽資料などは音楽科の準備室に保管し、担当教師が管理する方が便利である。その一方で、生徒が断片的に引用された作品全体を聴く場合には、図書館かあるいは自宅でそれが収録された録音資料を利用することになる。これは、国語科で部分的に学んだ作品の全体が読めるように、図書館でその作品を提供するのと同じことである。

そこで問題は何を選ぶかになる。これに関する図書が刊行されたこともあり[参15]、名曲の解説とそれを収録した録音資料の案内書や雑誌記事も多い。音楽科教師と相談して選曲し、著名な曲については代表的な演奏版を複数収集したい。音楽科の内容も、かつての西洋音楽中心から邦楽や民族音楽、ポピュラーにまで広がっている。これらを課外学習用の〈教材・教具〉として収集しようとすると、案外適切なものが少ない。その点で役立つのが放送番組である。録画資料で一例を挙げると、「世界の民族音楽」と題するNHKのシリーズ番組は、適切な資料になり得る。ただし、図書館が資料とするには著作権処理を要することに注意したい。

今では再生機器が入手しにくくなったSPレコードと、その後に生まれたLPレコードを多数持っている学校もある。これらのメディアは傷つきやすく、何度も再生しているうちに音質が悪くなるので、MDあるいはCD-Rにメディア変換しておきたい。その際も、著作権処理に留意することは言うまでもない。

(7) 動画資料

① 動画資料とメディア

　動画用のメディアは，現在も新しく優れたものが次々と開発・商品化されている。すでに図書館でこのメディアを収集している場合には，新しい媒体への移行が問題になる。メディアの種類が違うと対応する機器も異なるからである。以前のメディアを保持している場合，資料と機器の双方を保管しておかなければならない。新しいメディアへの移行は，予算措置を含めていろいろ難しい問題がある。

　動画資料には録音資料と同じように，録画された作品と，学校や教科，生徒たちなどが制作した作品，学校放送などを録画した作品がある。また，メディアには録画できない（読み出し専用）ものと，録画可能なものとがある。

　録画された作品には映画が多かったが，磁気テープからDVDへの移行が進むにつれて，映画以外の作品も多く出されるようになった。流通しているDVDの目録も出版されているので，〈教材・教具〉に適した作品を，図書と同じように資料選択委員会で検討するとよいであろう。価格も図書並みに安いものがあるので，選択の幅も広がった。録画方式がビデオテープからDVDに急速に移行しているのは，DVDは画質と音質が格段に優れ，見たい箇所を簡単に素早く探し出すことができ，3時間の作品でも盤面を替えずに再生できるなどの長所を揃えているからである。

② 動画資料と放送番組

　刊行されている動画作品以外で，〈教材・教具〉になり得る優れた作品が多く，内容も幅広いのは放送番組である。唯一の放送局の

時代から，公共放送としてのNHKは学校向けの教育番組を制作し，教師とともにその普及と活用に努めている。授業で利用されるそれらの番組は，優れた〈教材・教具〉になる。放送時間が授業時間と合致しにくい不便さも，録音・録画機器の普及により解消され，利用しやすいメディアになった。内容も学年別，教科別，教科外指導用などと，学校の教育課程と連動しているので利用しやすい。

　学校放送以外の番組にも，〈教材・教具〉に使えるものが多い。学校放送の枠を外して選択の幅を広げると，動画資料の内容が豊かになる。地上波民間放送に加えて衛星放送全般へも選択の対象を広げる。そのためには番組予定表の雑誌が欠かせないので，図書館用に購読することになる。放送予定の変更については，新聞や放送などでチェックする。

　著作権法（第35条）では，教師が授業用に著作物を複製するのを認めているので，録画した動画資料を授業で活用できる。それらを学校図書館資料とするため教師たちと検討し，〈教材・教具〉の〈素材〉として使えそうな番組を録画し，著作権処理をしておく。

　録画資料を授業で使う場合には，利用箇所だけをダビングして使う。他の部分も再生してしまうと，生徒の注意がそれて逆効果になるからである。該当箇所を探す際にビデオテープではそうなりやすいが，必要箇所を一度で検索できる録画用DVDは，それを避けることができる長所がある。ただし，デジタル化の進展に伴い，ダビングによる一部利用が困難になった。

③　DVDの多様な録画方式

　録画用DVDの記録方式には，DVD-R, DVD-RW, DVD+RW,

DVD-RAMと,複数の方式が乱立し,さらにBD(ブルーレイディスク)のような新しい方式も姿を見せている。このような時期にどれを選ぶかは重大問題である。ハイビジョン放送の録画でなければ,上のBD以外の4方式のどれかということになる。この4つのうちで,DVD-Rは記録に失敗するとディスクが無駄になることと,ディスクそのものの耐久性がよくないことなどの理由で,候補から外したい。普及し始めたDVD-RWとDVD-RAMの優劣であるが,パソコンやDVD録画機に,両者を再生できるものが出てきたので,読み出しについては両者の優劣はなくなった。問題は,学校図書館で録画用として使う場合の利便性である。

④ 録画方式の優劣

小さな盤面に,膨大な量の情報を記録しているDVDは,CDよりもさらに取り扱いに注意が必要である。ところが,何人もが使う学校では,不注意な扱いをする人が絶無とは言えない。そこで,盤面がむき出しのDVD-RWは失格となり,カートリッジ入りのDVD-RAMが選ぶべきメディアになる。盤面を傷つける煙草の煙やかびなどを防ぐ点でも,後者の方が優れている。

収録内容の消去と新たな録画という書き換えの耐久性も,重要な問題である。DVD-RWは約1,000回,DVD-RAMは約10万回と言われている。耐久性に関係のある記録層の数は,前者が4層,後者は7層という。なお,これまでの100倍以上傷に強く摩耗しにくい盤面のコーティング技術が開発され,内容の読み出しエラーの発生率が大幅に低下したとの報があるので[参29, p.96-98],耐久性では両者の距離は縮まる可能性が高い。

以上から筆者としては、学校図書館用にはカートリッジ入りDVD-RAMを勧めたい。授業用に放送番組を録画するには、番組表の雑誌で予約録画し、DVD-RAMに編集・収録するために、高価であってもハードディスク付きの録画機がほしい。

DVDの再生機器は、各方式に対応するマルチ仕様のものにしたい。しかし、現状では完全対応になっていない[参14, p.117]。DVD-RWとDVD-RAMの双方に録画可能な新製品も出現してきた。新技術に関する情報には、常に目配りしておきたい。

(8) 電子資料 (CD-ROM, DVD-ROM) など

① 電子資料の種類

パソコンで利用するソフトとデータとを〈電子資料〉と呼ぶ。それには、①パソコンを動かす基本ソフトであるOS（オペレーション・システム）と、②OSを使ってさまざまなことができるアプリケーション・プログラム（以下「アプリケーション」と略称）、③文章や画像などデータ中心のものの3種がある[参5, 2001, p.382]。パソコンが「ハードウェア」を短縮して「ハード」と呼ばれるのに対して、これらは「ソフトウェア」を短縮して「ソフト」と呼ばれる。①はパソコンの付属品として、②はパソコンに組み込まれた（インストールされた）ものと学校で別に購入したもの、雑誌や図書の付録、教師が自作したもの、無料あるいは有料でインターネットから入手（ダウンロード）したものなどがある。

①のOSの管理・保管場所は、パソコンの利用者によって、（ア）情報科およびその他の教科、（イ）学校図書館、になる。②について

も同じように，(ア)と(イ)でそれぞれ管理・保管することになろう。ただ，アプリケーションは一度パソコンに組み込まれれば，不具合等で再組み込みをするまで不要になるので，紛失予防のために保管が得意な学校図書館で管理するよう要請される可能性もある。

② 電子資料と辞（事）典

目指す情報の記された箇所へ素早く到達できるのが理想である辞（事）典類などは，パソコンのソフトとして，かなり以前から出版されている。平凡社の『世界大百科事典』が冊子体で出版された時には，これが図書の形態による最後の出版ではないかと評判になったものである。百科事典のように大型で分厚く十数冊ないし数十冊になるものは，印刷製本費が嵩み非常に高価になるので，改訂の間隔も間遠くなる。年鑑版による追補も使いづらい。このような欠点がないのが，パソコンで検索するCD-ROM版の百科事典である。図版や地図を入れると数枚のCD-ROMになる欠点も，記録容量が数倍のDVD-ROM版で解消された。もちろん，毎年改訂版を刊行するのも容易である。利用に際していちいちパソコンにCD-ROMあるいはDVD-ROMを入れて，それを読むためのソフトを立ち上げるのは面倒であったが，ハードディスクに組み込めるものも出版されるようになった。図書の代わりにパソコンを使って，メニュー方式で利用者が複数の電子資料を簡単に読み出せるようにしている学校図書館もある。

③ さまざまな電子資料

CD-ROM版の電子資料として出版される例は多い。百科事典や語学辞典の他に『日本語彙体系CD-ROM版』（岩波書店，1999）の

ような"日本最大のシソーラス"(同書,帯),『岩波理化学辞典 第5版 CD-ROM 版』(岩波書店,1999)のような専門事典,大正14年版から平成9年版までの『理科年表』70冊分を収録した『理科年表 CD-ROM97』(文部省国立天文台編,丸善,1996),『ジュリスト内容総索引 CD-ROM』のような,法律関係の著名な一雑誌の創刊号から第1100号までの総索引(有斐閣,2001),一出版社の絶版文庫版の本文を収録した『CD-ROM 版新潮文庫の絶版100冊』(新潮社,2000)など,内容はさまざまである。図書の形では出版されないものも多いので,内容を検討しつつ収集したい。

④ 電子版辞(事)典の欠点

電子版の辞(事)典などを利用する人が物足りなさを感じるのは,ブラウジングの楽しみが少ないことである。時間に余裕のある時に辞(事)典を調べる場合,ついでに調べている項目(見出し)の前後や,その項目を探す時に偶然開いた箇所の説明に見入ることがある。それによって思ってもみなかったことを知り,内容が記憶に残り,後で役立つことも多い。それが,辞(事)典などを読む大きな楽しみでもある。図書では得られるこの楽しみが得にくいのが電子版の辞(事)典などである。画面をスクロールすれば前後を見るのは容易であるものの,図書のように他のページを次々と素早く見るには面倒である。いちいち検索語を入力して,画面に出てくるのを待たなければならず,画面上の表示字数は少なく,他の巻にある項目との参照もしにくい。このような欠点があるので,図書の辞(事)典類に親しんでいる人にとっては,それらが全面的に電子資料へ移行するのは望ましくないであろう。

⑤ OS 改訂の問題

収集に際して留意すべきことに，検索ソフトの OS の問題がある。現在もマイクロソフト社の Windows（以下「W」と略称）系とマッキントッシュ社の MacOS（以下「M」と略称），Linux，TRON など複数の OS があるが，W 系の市場占有率が90％以上と言われている。アプリケーションは OS に対応して作られているために，W 系のものがほとんどである。2 つ以上の OS に対応する，いわゆるハイブリッド版でも，W 系以外では M 系のみのものがほとんどである。しかも，同じ W 系でも〈3.1版〉以降最新の〈XP 版〉まで目まぐるしく改訂されてきた。不安定なために評判のよくない版もある。M 系も現在は〈MacOS10〉と改訂が続いてきた。改訂に際しては上位互換を標榜しているものの，対応しないアプリケーションもあるために，版によっては読み出せない電子資料が出てくる。また，富士通が製作・販売し，導入した学校も多い FM-TOWNS のように市場から撤退した OS と機器もある。生徒の学習用に適している夏目漱石に関するそのソフトも，利用不可能になった。

電子資料収集を躊躇させる OS の改訂は，電子資料の最大の弱点である。しかも，メディア変換のように録画資料などでは可能な方法がないために，収集した高価な図書館資料が短期間で使えなくなる危険性がある。ソフトの中には，少し前に製造販売されたパソコンでは機能不足のために利用できないものも多い。〈教材・教具〉として適切であっても，自校のパソコンの規格では使えないことがあるのも，電子資料の欠点である。

ソフト製作の企業は利益を確保するために次々に改訂し，パソコ

ン製作の企業は新製品を次々に投入する。一方，W 系や M 系では OS の仕様が開放されていないために安全対策が十分に取れないなどの理由で，開放型の OS，Linux や TRON に目が向けられている。版次の違いを越えた完全互換性の一日も早い実現が望まれる。

(9) 実物・模型－博物資料

〈実物〉は，そのものを理解するための最適の〈教材・教具〉である。実物を使う学習方法が，形態や色彩，動きなどを詳しく調べる観察や見学であり，その変化や他との関係などを知るための実験や実習である。また，保存性や大きさなどの理由から実物そのものが〈教材・教具〉として不適切である場合，代用となるのが〈模型〉である。

情報の観点から言うと，実物と模型はその〈物体〉が情報そのものを提示していることになる。実物・模型を収集・提示しているのが博物館であり，それらの資料が〈博物館資料〉である。前述のように，フランクリンや J. デューイが学校に必須の施設として位置づけた博物館がないことがほとんどなので，博物館資料は学校図書館で収集・組織化・提供する。学校博物館が設けられている場合も，メディアの専門家である学校図書館員がそれを管理することになる。

実物や模型の中には，教師が授業で使用するものが多い。それらは教材・教具室や職員室などに保管して，教師が管理する。それに対して学校図書館では，地球儀，月球儀のように，図書館内に展示するものを扱う。廊下の広い場所に地形の模型を展示している学校もある。地形の模型は地理学習に関係が深いが，直接関係がない時

も生徒たちが見るので，学校図書館が管理する方がよかろう。

　アメリカ合衆国では，学校区のメディアセンターが〈教材・教具〉用に，さまざまなメディアの〈博物館資料〉を用意していて，学習の主題に合わせて構成した〈キット〉を学校に貸し出すという。例えば，日本人が学校を訪問するというので，着物や下駄，番傘，箸など日本の文化を紹介するのに役立つ品物を，キットとして揃えて貸し出してくれるのである。この例では，日本人がそれらの品物の使われ方などを含めて説明すれば，資料が持つ情報も生きてくる。学校図書館が図書館資料としてどの程度の実物や模型を持つべきかは，今後の研究課題である。学校図書館員はさまざまな博物館を見学し，博物館学の学識を豊かにする必要がある。学校図書館員の資格要件に，「博物館学」の履修が入ることが望まれる。

3．資料選択のための組織－資料選択（選書）委員会

(1) 教師の資料選択（選書）委員会

① 委員会の構成

　図書館の資料選択委員は，主として教師で編成される。中学・高校で各教科から選ぶのが一般的なのは，教師が教科別になっており，教科教育のウエイトが大きいためである。一方，小学校では，各学年の学級担任から選ぶのが一般的である。これは，小学生の時期は生徒の心身の発達が著しいために，発達段階に即した図書館資料が必要であることと，学級担任が全教科を担当するからであろう。資料選択の観点から言えば，いずれの場合も教科と学年に偏りがない選び方が望まれる。

委員と図書部教師の選び方が同一である場合は，図書部が資料選択委員会を兼ねる。そうでない場合には，部員が担当していない教科あるいは学年の教師から委員を補充して，選択委員会を構成する。委員の職務は，教科の教師たちの購入希望を集約することと，学校の教育活動に適切な図書館資料を選ぶことである。多忙な教師は，毎回選択候補を出してくれるとは限らない。それを見越して，学校図書館員は教科教育に役立ちそうなものをリストアップし，参考資料を用意しておくとよい。選択候補が多く出る学年や教科に資料構成が偏る可能性もあるためである。

② 委員会の開催

選択委員会の開催頻度は多い方が望ましい。それは，利用者の要望に素早く応えるためと，日々発行される図書などが短時日のうちに市場から消えてしまうためである。しかし，委員会をたびたび開くのは，授業や生徒指導などで忙しい教師たちの都合があって難しい。購入予算が非常に少ない学校では，年1，2回の開催になる。これでは利用者の希望と出版流通の状況に対応できないので，予算にかかわらず最低月1回程度は選択委員会を開催したい。

委員会の頻度を多くしたいのは，図書館資料が新陳代謝しないと，図書館が〈死んでいる〉，あるいは〈冬眠している〉印象を与えるからである。'図書館は一種の生命体'であり，学校図書館も例外ではない。新陳代謝のない図書館が，学校の教育活動に必要な資料を提供するのに支障を来たすことは言うまでもない。

選択委員会は，図書館内の小会議室などで行う。それは，選択委員が図書館に足を運ぶ機会になるからである。選択委員としての学

校図書館員，特に司書教諭は委員会を主催することになるので，日頃から大型書店へ足を運び，関係図書・雑誌・新聞などの記事や書評・メディアの紹介などに目を通して，選択眼を磨いておきたい。また，それぞれの専門分野の話題や出版物にも関心を深めておく。

③ 資料の除籍

選択委員会の職務には，資料の除籍も含まれる。除籍の理由には，紛失や破損，内容が古くなったことなどがある。破損図書については，除籍の他に製本・修理の選択肢がある。製本・修理費は高額なので，使い続ける価値があるか否かで判断する。仮製本の図書の内容は消耗品的なものと見なす向きが多いようであるが，中には貴重な図書もあるので慎重に検討したい。管理不十分で紛失した図書は，在庫がある場合には再び購入するか否かを審議する。

(2) 生徒図書委員の資料選択（選書）委員会

生徒の購入希望には，図書館へ直接寄せられるものと，図書委員を通して出されるものとがある。それらを集約するのが生徒図書委員会の資料選択班である。同班の生徒と委員会の役員とで生徒の資料選択委員会を構成する。資料選択委員会では，自校図書館の選択方針に基づいて，生徒の購入希望資料を選択するか否かを決める。選んだ資料を生徒の購入希望として，教師の資料選択委員会に提案する。生徒の資料選択委員会の決定を最終決定にしないのは，学校図書館の運営責任が学校にあるからである。

実際は，生徒の委員会が決めた生徒の購入希望は，教師の資料選択委員会ですべて承認されているようである。委員会での教師たち

の発言は，"生徒の希望はできる限り受け入れましょう"という言葉に集約できる。教師たちが生徒の選んだものを拒まないのは，生徒を信頼しようとする教師の本性に由来する。生徒の選択をそのまま認めることは，実は生徒への信頼だけによるものではない。もう一つの理由として考えられるのは，信頼できる成果を生徒が出せるという，教師の自信がある。学校図書館に相応しくないものを生徒が選んだならば，それは自分たちの教育の失敗ということになる。

生徒からの信頼という点ではどうであろうか。生徒たちは一般に，学校図書館資料を選択する権限と責任が教師にあることは理解している。生徒たちが教師の資料選択に不信を抱くとすると，それは選ばれた資料が自分たちに役立たないと思う時である。教師には，その資料の意義を生徒に説明する率直さが必要である。自我を確立しつつある青年期の中・高校生は，大人の言い分を半ば理解しつつも，それを大人の独善であると反発しがちである。一方で，彼らは自分の未熟さを自覚し，理を諭されることを求めている。教師が納得させる努力をしなければ，生徒は教師が自分を信用しないで見棄てたと感じる。これは結局，教育の放棄になる。生徒図書委員会による資料選択にも，教育の問題が底流にあることを忘れてはなるまい。

4．選択のための準備

(1) 選択用資料の収集・整備

図書選択については，さまざまな資料が入手できる[参7，p.166以下]。出版社が刊行している出版目録は，最新号を含めて収集しておきたい。また，内容を詳しく紹介する新刊あるいは新刊予告のパ

ンフレットやリーフレットは，検討資料として重宝である。それは，自校の図書館で収集済みの類似資料との比較にも役立つ。出版社の広報雑誌も役立つ資料である。

① **出版物全般**

出版物全体について，定期的に情報を提供してくれるのが『日本全国書誌』（週刊）である。納本制度により日本全国の出版物が集まる国立国会図書館が発行している。なお，納本しない出版者もいるので，抜け落ちている出版物があることにも留意したい。一般の書店で手に入りやすいのが，出版情報誌『出版ニュース』（旬刊）で，刊行時の2，3週間前に出版された図書の書誌情報が入手できる。政府刊行物は国の政策を知るのに役立ち，国の機関でなければ得られない情報を入手できるので貴重である。特に高等学校図書館では，『政府刊行物月報』も購入しておくと資料選択に役立つ。

② **選定リスト**

現物を手にした選択が難しい図書館担当者向けに出されているのが，図書館のナショナルセンターが行っている選定事業で選ばれた図書の書誌である。JLAからは公共図書館と学校図書館向けの『選定図書速報』が発行され，全国SLAは『学校図書館　速報版』（月2回刊）に「選定図書」のリストを掲載している。

これらは，刊行後あまり時間を経ない図書の書誌情報が得られるので，図書館では重宝である。しかし，新刊は書店から姿を消すのが早く，個々の出版社の予告では不十分なので，網羅的なものがほしい。そのような読者の要望に応えるのが，書店で無料で入手できる新刊予告のパンフレット『これから出る本』（月2回刊）である。

掲載図書の中には標題を変えたり，出版延期になるものもあるが，書店や書評などで知るための準備に役立つ。

③ **年間のリスト**

年刊の書誌類からは，もう少し長い期間の情報を得ることができる。『出版年鑑』の目録は『出版ニュース』の書誌データを1年分まとめたものである。NDC順に配列されているので，主題分野の図書を補うためにも便利である。「選定図書」を1年分集めたものに，JLAの『選定図書総目録』（年刊）がある。全国SLAは，毎年編集の時点で流通しているものの中から，学校図書館の核となる図書を選んだ解題付き書誌，『学校図書館基本図書目録』（年刊）を発行している。これは小・中・高別に編成されているので，教育段階によって蔵書内容が異なる学校図書館にはありがたい。また，書誌データは「日本目録規則」（NCR）に準拠しているので，目録記述の参考にもなる。

④ **基本図書のリスト**

個々の図書館が自館に相応しいと考えるものの中には，買い落としたものが少なくない。そのような不足を補うためにも，『学校図書館基本図書目録』のような，複数年にわたって出版された図書が掲載されている目録は便利である。

⑤ **流通リスト**

せっかく選んでも絶版などで入手不可能なのは困る。それを避けるための書誌が，その刊行時点で入手可能な図書および電子図書などのリストを収載した図書である。*Books in Print* が世界的に著名である。日本では同種のものとして，『日本書籍総目録』（日本書

籍出版協会）が冊子体で出版されてきたが，2002年版から『出版年鑑』にCD-ROM版として付属している。

ここで挙げた書誌類はごく一部である。図書館資料論の図書などを参照して，必要な書誌類を整備しておきたい。

⑥ 視聴覚資料

視聴覚資料の選択に役立つ資料は，図書に比べると格段に得にくくなる。特に〈教材・教具〉向けに作られたものは，一般の目にはつきにくい。教師向けの教育関係の雑誌に記事や広告が出ることが多く，そうした雑誌は職員室あるいは教師用図書室で保管されていることが多い。学校図書館員は，それらの雑誌を読んで図書館資料に関する情報を得るように心がける。教科や学年などの予算で購入している雑誌などは，学校図書館員も読めるように，職員会議で依頼するのがよかろう。

一般向けのカタログは，CDやDVDなどの販売店に置いてある。収録作品の解説やさまざまなデータは，CDなら主に音楽関係，DVDなら映画関係の雑誌などに掲載されている。最近はデータを中心とした雑誌も目立つようになり，流通しているCDやDVDなどの目録の改訂版が毎年刊行されている。娯楽作品が多いが，学校図書館に相応しいものもあるはずである。

録画による収集の場合，資料の選択に役立つのが放送番組表の雑誌である。数誌が発行されており，番組の概要や関連事項の記事が掲載されている。豊富な情報が得られるので，これを活用したい。

(2) 購入希望調査

① 希望調査用紙

購入希望を整理・集約しやすいように，書式を決めるのが一般的である。B6判あるいはA5判程度の大きさの用紙に，著者，書名，出版社，出版年，価格，希望理由の欄を設け，理由の欄は大きくしておく。書名と出版社，理由以外は無記入でもよいことにしておくと，希望が書きやすくなる。

② 生徒の希望

学校図書館の資料選択方針は，オリエンテーションの時に生徒に説明しておく。毎日流される出版情報により希望を出す場合が多いと思われるので，生徒が希望を図書館に直接出せるようにすることが大切である。購入希望用紙を投函する鍵付きのポストを館内に設けて，学校図書館員が毎日取り出すようにしておく。もちろん，学校図書館員に直接出すのも拒まない方が印象がよくなる。

これ以外に，広く生徒の希望を聞くために，学級選出の図書委員が定期的に希望を集める。生徒の資料選択委員会の開催前に，作業時間の余裕を持たせて締切日を設定し回収する。委員たちへの指示と希望用紙の回収は，生徒図書委員会の資料選択班の仕事になる。生徒から図書館に直接出された希望も合わせて資料選択班へ渡す。

生徒からの購入希望で留意すべきことに，希望が通りやすいように何人もの友達に自分の希望図書を書かせたり，名前を借りて何枚も書く生徒がいることがある。複数からの希望が優先されるだろうという予測に基づく戦術である。その扱い方を決めるのは，最初は生徒の資料選択委員会である。選択方針を優先した選択が望まれる。

③ 教師の希望

教師の希望は図書館へ直接寄せられるものと，図書部員あるいは教師の資料選択委員の手を経るものとがある。後者については，希望集約の予定月日が決まっていると，教師も希望を出しやすい。選択委員会で集約の年間計画を作成し周知を図るとよい。

(3) 希望資料の所蔵調査

購入希望の中には，往々にしてすでに購入して整理中のものや，配架済みのものがある。そこで，重複購入を避けるために，希望資料の所蔵の有無を目録と書架，貸出記録などで確かめる。調査の結果，購入済みでない希望資料を選択候補とする。購入済みのものを希望した生徒や教師には，その旨と該当資料の請求番号を知らせる。告知方法は直接伝える方法と，図書館内の掲示板で知らせる方法とがある。後者の場合には，希望者のプライバシーを守るために必ず氏名は伏せる。

(4) 学校図書館としての素案の作成

学校図書館では，(ア)図書館に直接出された教師からの希望と，(イ)教科などからの希望，(ウ)図書館の観点で必要と考えられるもの，(エ)生徒の資料選択委員会で購入を希望するもの，の4つを柱に原案を作成する。資料としてはカタログや新聞・雑誌などの紹介記事，書評などを用意しておく。(ウ)は，日頃の図書館サービスや出版情報，大型書店その他での見聞を通じて，購入すべきであると判断したもののリストである。そのような資料を提案するのは，資

料選択委員に検討してもらうたたき台としてであるとともに，選択の候補が偏らないようにするためでもある。その他に，教科教育の目では抜け落ちてしまうものを補う意味もある。そして，学校図書館の目的にかなった購入候補のリストが作成できれば，学校図書館員への評価が高まるばかりでなく，資料選択にかかわる教師たちの精神的負担を少しは和らげることになる。

5．資料選択の実際

(1) 購入予算の枠

　資料選択委員会を制約する最大の条件は，予算の枠である（Ⅶ.6.(2)「①資料購入費」参照）。資料購入費が200万円で，委員会を8回開くとすると，1回分は25万円になる。ただし，前年度から継続購入する叢書類の予定金額が20万円分あれば，1回分はさらに減って22万5千円になる。新たに叢書類を選択すると，それも年度内あるいは次年度以降の予算を使うことになる。出版の遅延などで年度中に図書が入手できないこともあるなど，一般の物品購入の常識が通らないことを事務方に理解してもらい，適切な処理方法を取ってもらう。公共図書館の例を援用すると解決しやすいようである。

　委員会では購入候補の合計金額を見て，どの程度絞り込むかを念頭に置きつつ選択する。その際の第一の判断基準は，選択方針である。これまで述べたようなさまざまな観点から，候補になっている個々のメディアの諾否を決めていく。選択の参考資料になるのは，委員や図書館が用意した出版社のカタログや広告，書評などである。また，選択委員会では寄贈図書についてもその諾否を決める。

(2) 資料選択の実際

　選択方針は抽象的であるために，選択候補になっている個々のメディアの適不適の基準としては不十分である。実際の資料選択に際して，参考資料の一つとなるのが「学習指導要領」である。試みに1999年3月文部省告示の「高等学校学習指導要領」を見ると，"目標"と"内容"，"内容の取扱い"の各項目で，教科で取り上げる主題と指導方法などが記述されている。それらを参考に資料選択を行うことになろう。まず，流通している刊行物で，各教科で扱う主題にかかわるものを選択の候補とする。当該学校の類型に対応した資料，例えば小学校ならば児童青少年向けの資料を，高等学校では一般向けの資料を選ぶ。そのメディアの主題の扱い方は，指導方法に相応しいか否かで選ぶ。また，それぞれの教科に関係のある学会や研究会などの研究成果や，教育実践書，教科教育の専門書などは，資料選択の際の参考になる重要な資料である。

(3) 教科からの希望

　教科から出された希望は，予算の制約により次回延ばしになることはあっても，購入を否定されることはない。理由は，教科教育にいずれの〈教材・教具〉を選ぶかの判断は，その教科の教師の専管事項だからである。それは，治療方針の決定が担当医師の権能であることと同じである。購入希望に応えないのは希望を出した教師の専門性への不信を意味し，その後の協力が得られなくなる。

　学校図書館がなすべきことは，選択方針を明確にして，教師たちの協力を引き出し，図書館資料の質を高めることである。いずれに

しても，資料選択には多大な労力が必要な上に，それが教師にはいわゆる〈雑務〉であって，〈義務〉にはほど遠いことであることを，学校図書館員は忘れてはなるまい。

⑷　現物を手にしての選択

　物を購入する場合には，現物を手にして選ぶのが最も望ましい。特に，メディアはカタログや解説などでは適不適が判断しにくく，'聞くと見るとは大違い'ということが多いのである。ある市立高等学校図書館では，取引先の書店に依頼して，取次がその書店に見計らいで配本してきた図書を司書室に運んでもらい，選択委員が授業などの合間に司書室に来て検討する方式をとっているという。その作業を元に，選択委員会で検討するのである。このほかに，取次に出かけて実物を検討する学校図書館もある。自館に適した方法で，実物を見ながら点検したいものである。なお，この方法だけでは計画的な収集はできないので，ほかの方法も併用することになる。

⑸　録画作品の選択

　前述のように，動画資料には放送番組を録画したものが多くなる可能性が高い。録画する番組を選ぶのも資料選択委員会ということになると，業務が滞る結果になろう。そこで，大まかに方針を決め，具体的な希望がある場合を除いて，学校図書館員に選択を任せてよいと思われる。もちろん，録画の際には著作権処理をすることが必要である。そして，利用状況や内容の陳腐化を目安に，消去する候補のリストを作成して委員会で検討すればよいのではないか。

6. 選択委員会終了後の作業

(1) 選択した資料の所蔵調査

　資料選択委員会の資料を用意する時に，すでに所蔵調査をしているので，必要ないように見えるが，見落としが絶無とは言えないので，もう一度調べる。見落としをしないように，返却図書や新着図書を配架する際に，書架の後ろに図書が落ちていないか気を配ることが必要である。所蔵調査をお座なりにしないように注意したい。

(2) 選択したメディアの発注

　再度調べても所蔵図書にないことを確かめてから，発注作業に入る。注文先の書店は年度単位で決めておく。そうしないと，継続本や欠本を補充するような，面倒で利益の上がらないことはしてもらいにくいからである。

(3) 叢書類のチェックリストの作成

　新刊の叢書類は，何回かに分けて配本されるものが多い。雑誌類と違って，必ずしも配本日が守られるとは限らない。また，配本を間違えられる可能性も皆無とは言い切れない。そこで，学校図書館でも叢書のような〈シリーズもの〉のチェックリストを作成し，配本ごとに欠落の有無をチェックする。配本される時期には，チェックリストで前回の配本からどの程度過ぎているかを調べる。最近は出版物の発行部数が減少し，'品切れ増刷見込みなし'が一般的になっているので，欠本を出さないようにしたい。欠落があった時に

は，ただちに書店に連絡し，できるだけ早く納品させる。

(4) 納入された資料の検収

　書店が納入してきたメディアは，注文書や注文票のしおりと照合し，間違いないことを確認してから受け取る。注文外のものが含まれている時は返却し，書店員に納品書の該当箇所を抹消してもらう。汚損や破損も見つけたら即座に返却し，同様に処理する。細心の注意を払って検収しても，受入れ作業や組織化の時に，落丁・乱丁・汚損などを発見することもある。これらは不良品なので，発行元に交換の義務がある。納品書を書店に確認してもらい，該当箇所を抹消の上，返品する。書店員が帰った後で，確認作業をする場合もあろう。それは，同じ日に注文したものが揃って納品されるとは限らないからである。パソコンで注文管理をしていると，間違いを発見するのが楽かもしれない。検収し，支払いが済んだものは，司書室の書架に「未整理・持出し禁止」の紙葉をつけておく。紛失防止のために，装備が終わるまでは誰にも貸出さない。事情があって利用を急ぐものは，特別に他に優先して組織化を行い装備を終える。

引用・参考文献

1．裏田武夫『図書館学の創造』日本図書館協会，1987.
2．小野忠重『本の美術史－奈良絵本から草双紙まで』河出書房，1978.
3．科学読物研究会編『科学の本っておもしろい－子どもの世界をひろげる250冊の本』連合出版，1981.
4．柿沼隆志「学校図書館選書論の系譜」河井弘志，柿沼隆志『アメリカ

図書選択論史の研究』大東文化大学図書館学講座, 1983.

5. 柿沼隆志「図書館資料論」『大東文化大学紀要〈人文科学〉』「序説」no.20 (1982.3),「Ⅰ　図書資料（その１）」no.21 (1983.3),「Ⅰ　図書資料（その２）」no.22 (1984.3),「Ⅰ　図書資料（その３）」no.23 (1985.3),「Ⅰ　図書資料（その５）」no.25 (1987.3),「Ⅰ　図書資料（その８）」no.28 (1990.3),「Ⅱ　図書以外の資料（その３）」no.38 (2001.3).

6. 加藤隆勝「青年期の発達心理学的意義」『青年期の発達的意義』（現代青年心理学講座　3）金子書房, 1973.

7. 河井弘志『図書館資料論』（新・現代図書館学講座）東京書籍, 1998.

8. 木野主計ほか編著『資料特論』（新・現代図書館学講座）東京書籍, 1998.

9. 黒岩高明『視聴覚資料組織法』学校図書, 1979.

10. 斎藤孝『読書力』（岩波新書）岩波書店, 2002.

11. 阪本一郎ほか編『新読書指導事典』第一法規出版, 1981.

12. 佐々木宏子『絵本と子どものこころ－ゆたかな想像力を育てる』（有斐閣選書）有斐閣, 1983.

13. 佐野眞『自分だけのデータ・ファイル－新聞情報の整理法』日本エディタースクール, 1993.

14. 澤村徹「DVD±R/RWドライブ＆DVDマルチドライブ大研究」『Windows Start 01』no.91 (2003.1).

15. 志鳥栄八郎『学校レコード・ライブラリー』音楽之友社, 1972.

16. 柴田義松『教科教育論』（教育学大全集　31）第一法規, 1981.

17. 渋谷清視・横谷輝編『子どもと文学』鳩の森書房, 1970.

18. 清水義弘『読書』（らいぶらりいしりいず）有斐閣, 1961.

19. 庄司浅水『日本の書物－古代から現代まで』（美術選書）美術出版社, 1978.

20. 瀬田貞治『落穂ひろい－日本の子どもの文化をめぐる人びと』（上）福

音館書店, 1982.
21. 戸田光昭編『専門資料論』(新・図書館学シリーズ) 樹村房, 1998.
22. 中川正文編『児童文学を学ぶ人のために』世界思想社, 1977.
23. 長澤雅男『情報源としてのレファレンス・ブックス』日本図書館協会, 1989.
24. 長澤雅男『情報と文献の探索』丸善, 1994.
25. 長澤雅男『新版レファレンス・ブックス』(補訂版) 日本図書館協会, 1986.
26. 中森強編著『専門資料論』(新・現代図書館学講座) 東京書籍, 1998.
27. 仁上幸治「選書基準をめぐる冒険(2)-柔軟化に対する反動にどう対応するか-」(特集:選書基準と蔵書構成)『現代の図書館』33(2) (1995.6).
28. 日本図書館協会日本の参考図書編集委員会『日本の参考図書』(第4版) 日本図書館協会, 2002.
29. 長谷川教通「テクノロジー最前線 今までのDVDより100倍キズに強いディスクが出来上がった」『ビデオサロン』2003.1, 2002.12.
30. 半田雄二「青少年(ヤング・アダルト)サービスの問題点-全国公共図書館の意識と今後の方向」(特集:子どもたちを引きつける図書館活動)『図書館雑誌』77(5) (1983.5).
31. 藤原喜悦ほか編『新・教育心理学事典』金子書房, 1977.
32. 平凡社『世界名著大事典』(全8巻) 平凡社, 1960-1962 (補訂全17巻版, 1987-1989).
33. 増村王子「絵本について」日本子どもの本研究会編『子どもの本の学校』講談社, 1970.
34. 南晋三『やったぞ!ぼくらの卒業論文』ポプラ社, 1983.
35. 文部省『高等学校学習指導要領』大蔵省印刷局, 1999.
36. 渡辺茂男『絵本の与え方』日本エディタースクール出版部, 1978.
37. Dewey, John, 宮原誠一訳『学校と社会』岩波書店, 1957.

38. Hazard, Paul, 矢崎源九郎ほか訳『本・子ども・大人』紀伊國屋書店, 1957.
39. Hurlimann, Bettina, 野村泫訳『子どもの本の世界－300年の歩み』福音館書店, 1969.
40. Pivot, Bernard, 安田正勝ほか訳『理想の図書館』パピルス, 1990.
41. Reichman, Henry, 川崎良孝訳『学校図書館の検閲と選択』青木書店, 1993.
42. Rogers, Joann V. "Young adults and libraries", *Encyclopedia of Library and Information Science*, vol.33, New York, Marcel Dekker, Inc., 1982.
43. Smith, Lilian H., 石井桃子ほか訳『児童文学論』岩波書店, 1964.
44. Townsend, J. R., 高杉一郎訳『子どもの本の歴史－英語圏の児童文学』(上) 岩波書店, 1982.

VI. 資料の組織化

1. 固有の諸問題

(1) 組織化の業務への理解不足

　学校図書館に専任職員が1名いれば図書館は十分に機能すると考える人は，管理職や教師にも多いようである。そう考える人たちの念頭にある図書館員の業務は，カウンターで閲覧・貸出をすることが主である。学校図書館員が一人何役もの職務に追い回され，中でも必要不可欠な組織化が大きな時間を占めていることには，思い及ばないのである。むしろ，利用者がたまにカウンターに図書を借りに来るだけの状況に，図書館員は暇だとの感想を抱くのである。活発に利用されている学校図書館には，さすがにこのような誤解もなくなったはずだが，学校図書館の利用が低調な場合には，この認識はあまり変わっていないのではなかろうか。

　暇と思われる理由には，資料収集や組織化が一般の利用者の目に触れにくい司書室で静かに行われていることもある。しかし，学校図書館では，カウンターのすぐ後ろに置かれた席や，閲覧席と透明なガラスなどで区切られた部屋の席で，担当者が組織化に多くの時間を費やしている姿はよく見えるはずである。それにもかかわらず，理解が進まないのは，たくさんの物品をすぐに使えるように組織化

した経験がないためではなかろうか。理解が進まないといつまでも人員配置は進まず、図書館は貧しいサービスに留まることになる。

まず同僚の教師に理解してもらうために、学校図書館員は組織化の複雑な作業と性質について、日頃の雑談の際に触れるとよいのではないか。忙しいのに理解されず、事態が一向に改善できないのは、労働意欲の減退を招くものである。それを避けるためにも、学校図書館員自身が動き出す必要がある。業務のコンピュータ化が進んでも、〈図書館・情報教育〉のためにも、組織化の知識・技術は必要なので、これを蔑ろにしないことが大切である。

(2) 専任担当者の不在あるいは不足

資料の組織化は、専任がゼロあるいは1名がほとんどという学校図書館にとっては大問題である。司書教諭が配置される12学級以上の学校であっても、専任であることが保障されない限り、事態は変わらない。担当者がいなくても学校図書館が存続しているように見えたのは、蔵書が少ないために教師と生徒で組織化を行えたからである。しかし、冊数が多くなれば専門家による組織化が避けられない。高等学校図書館に司書有資格の専任職員を置く割合が高いのは、小・中学校に比べて蔵書規模が格段に大きいためである。

専任職員が配置されても、組織化にまつわる問題がすべて解決するわけではない。その一因は、一人で図書館のすべての仕事をしなければならないことにある。一般の教師や行政当局者は、図書館に専任職員を配置する必要性を理解しても、その業務に複数の職員が必要なことは想像がつかないようである。教科の教師の人数は、授

業時間数と持ち時間数の関係から人数を算出しやすい。しかし，上で触れたように，図書館の業務量は算出しにくいので，教師が兼務するかあるいは一人いれば十分という考えに至るのであろう。

　なぜ組織化が簡便なのに，所蔵資料の検索に支障を来たすはずの問題が表面化しなかったのか。資料検索が必要な調べ学習のような学習方法があまり採用されておらず，問題を解く練習を主体とした学習が行われていたことにその原因がある。総合学習が導入され，さらに一般の教科指導でも課題学習が多くなれば，貧弱な検索機能しか生み出さない組織化では，図書館は早晩行き詰まることになる。

　専任職員数の不足を補うために，公共図書館の多くがやっているように，組織化を業者に委託するところもある。しかし，例えば高等学校図書館で要求される，内容細目に記述されるような文献も検索できる目録の作成は，採算上かなり難しくなる。自館での組織化の省力化のために，国立国会図書館などの書誌データを利用する場合もある。いずれにしても，コンピュータ化と同時に人的措置が重要課題である。

(3) 技術の習得と伝達の困難さ

　かつて中規模以上の図書館では，資料組織化の難しい部分は，新人の司書にはさせないのが一般的であった。それは，組織化の方法は他の専門的な技術と同様に，大学の専門科目の修得だけでは不十分だからである。新人の司書はベテラン司書の指導の下，何度も試行錯誤を繰り返して専門性を高めたのである。ところが，組織化の委託が広がった結果，技術の伝達が十分に行えなくなっている。

一方，学校図書館では，専門職員の一人職場かあるいは不在という事情から，新人や経験の浅い図書館員が，ベテラン図書館員から組織化の指導を日常の業務を通じて教わる機会は元々なかった。組織化の経験が浅い場合には，担当者は思いついた方法によるか，人に聞いたり専門書を読むなどして，その仕事を行うことになる。思いついた方法がそれなりに役立てば，それが組織化に相応しいものと確信する。一種のアマチュアリズムの横行である。図書館の組織化の技術も，初めはそのように作られたことは否定できないので，それが最適であるとの主張には一理あるように見える。しかし，さまざまな経験を重ね，理論化を進めてきた組織化の技術の方が，後で支障を来たすことは少ない。

(4) 組織化の知識・技術の向上

　唯我独尊のアマチュアリズムに陥らないためには，仲間と学習し合い，研究会や専門職団体に参加し，技術に磨きをかけることが肝要である。その場合には，学校図書館関係の団体だけでなく，各種図書館を横断的に組織しているJLAや研究団体などにも参加したい。学校図書館員には，組織化の過程で浮かび上がってきた諸問題を解決するための図書館界への提案と研究成果の発表によって，学校図書館における組織化技術の向上に寄与することを期待したい。このような現場での実務に裏づけられた提言や研究は，実学の色彩が強い図書館情報学には欠かせない。それは同時に，図書館専門職を支える図書館情報学を，力強いものにしていくのである。

　組織化の技術を確実に習得するには，医師の臨床経験のように，

現場における経験の積み重ねと，絶え間ない研修が欠かせない。ところが，国立国会図書館などの書誌データを容易に利用できるようになった現在では，組織化も容易になり，技術力の衰弱がささやかれる状況になってきた。しかし，それらの書誌にデータのない資料や，データがある場合でも分類や件名が学校図書館には不適切である時には，学校図書館員による組織化が必要になる。学校図書館員には，絶え間ない研鑽が求められるのである。

⑸ 学校の蔵書・資料などの組織化の範囲

　資料組織化の問題の一つに，教師用図書を対象とするか否かがある。具体的問題としては次のようになる。

　（ア）選択は教科で行って，発注・組織化・装備を図書館が行う。この業務には登録も含まれる。この場合は，教師用図書は学校図書館の蔵書に数えられる。図書類は関係教科の職員室に配架する。

　（イ）教科がすべてを行う。この場合には教師用図書は学校図書館の蔵書数には含まれないこともある。

　学校図書館は〈零細図書館〉であり，学校に初めて専門職が配置された時には，すでに教科に少なからぬ蔵書があった学校も多い。そのような学校では，（イ）の方法を選ばざるを得なかったであろう。専任の学校図書館員が配置された後でも，生徒・教師用の図書館資料の組織化に手一杯なために，この状況は続いている。他の教科が利用しやすいのは（ア）の方法であるが，切り替えが難しければ，共同利用できる教科関係資料の簡単な冊子目録を用意する方法もある。

(6) 視聴覚資料等の組織化

① 学校図書館外の視聴覚資料

　視聴覚資料は，学校には〈教材・教具〉として早くから導入されていた。しかし，それらは図書館が収集・組織化・提供する資料としてよりも，教科の教師が実験室や職員室，教材室などに置いて，授業の時に使うものであった。教具などを生徒に使わせることを厭わない教師が，視聴覚資料・機器についてはそれを嫌っていた。理由は，それらが高価で破損しやすいことにあった。生徒の利用を許した結果，壊されてしまった苦い経験を持つ教師は多かった。「学校図書館法」にあるように，一般の視聴覚資料が図書館に置かれ，生徒も利用できる状況にはならなかったのである。

　このような状態にあった視聴覚資料は，前節(5)の(イ)の場合に該当するので，その組織化に図書館は無関係である。今日でもこれに該当する学校は少なくない。しかし，視聴覚資料も図書や雑誌，新聞と同じように，生徒の学習と余暇に役立つ図書館資料である。そこで，生徒個人が利用できる資料として収集すれば，その組織化が業務に加わることになる。

② 組織化の技術

　視聴覚資料が図書と同じように広く利用に供されるようになったのは，近年になってからである。そのために，視聴覚資料の組織化の技術は，図書よりも大幅に発展が遅れている。さらに，視聴覚資料と総称されるメディアの内容は多種多様であるために，組織法は一様ではない。また，新たな視聴覚メディアが次々に生まれてくるので，組織化の技術が深化する暇がないほどである。

これらのことを反映して，図書館情報学での視聴覚資料の組織化に関する研究は遅れており，専門教育も不十分なままである。しかし，学校図書館員は重要な〈教材・教具〉でもある視聴覚資料の組織化を避けて通ることはできない。視聴覚資料に関しては，『日本目録規則』（「NCR」と略称）〔参11〕が充実してきたので，手持ちのメディアを使って研究仲間で勉強することも大切であろう。

③　組織化における図書との関係

　視聴覚資料の組織化では，視聴覚資料と図書とを一緒に配架するか否かも問題になる。配架の方法に直接関係があるのは，図書館資料の分類法である。一緒に配架する（混架）の場合には，同じ分類法を用いることになる。

　図書の分類は，ほとんどの学校図書館では『日本十進分類法』（「NDC」と略称）〔参17〕で行われている。これは図書全般の分類表であるが，視聴覚資料の一種であるCDを例に取ると，その内容のほとんどが音楽作品なので，NDCを使って分類すると〈760　音楽〉に属するものが圧倒的に多くなる。表の上でCDが偏在しないようにするのが，小川昂の分類法である〔参19, p.140-147〕。これは，NHKが収集・利用している大量のSPとLPレコードの〈コレクション〉のための分類法であり，そこではメディアの現実に合わせて，過半の分類番号が主題としての〈音楽〉に使われている。

　学校図書館では教科学習の資料が中心になるので，国語科や英語科用の詩の朗読や演劇の録音のような，音楽以外の作品もかなり含まれる。また，「Ⅴ.2.(6)　録音資料」などで述べたように，学校放送や一般の放送作品の録音も加えると，その内容の主題は幅広く

なり，NDCによる分類の方が適しているかもしれない。

　図書と視聴覚資料とを同じ分類法で組織化するにしても，それはただちに図書と視聴覚資料とを一緒に配架することにはならない。両者の形態が違っており，さらに視聴覚資料も多様なメディアの集合であり，形態や記録方式に共通点を見出すのは難しいからである。それゆえ，メディア別に組織化する方が，問題が少ないと思われる。2節以下ではこれを前提に記述を進める。

(7) 組織化の能率

　優先的に多くの時間を費やさなければならない業務は，資料の組織化である。それは，組織化が図書館サービスのために欠かせないからである。組織化にかかる時間が多いほど，利用者サービスをはじめとするそれ以外の業務に使える時間が減る。組織化に忙殺されるために，学校図書館の持てる機能をほとんど発揮させることができず，評価をさらに低めてしまう悪循環に陥りがちなのである。

　この悪循環を断ち切るために，業務の能率を高める方法が求められてきた。かなり以前から図書館業務にコンピュータを利用することも一般的になった。しかし，学校図書館では資料の組織化までは進んでいないところが多い。現在は過渡期にあるので，これまでの方法についても若干の説明をしておこう。

　かつては学校図書館員が1冊1冊を分類し，目録を書いていた。しかし，近年は大手の取次会社が，出版物に書誌データが付けるのが一般的になった。カード形式のものに，請求番号と登録番号を付けて，必要枚数をカード・コピー機で複写し，必要な標目を付けれ

ば，かつて必要であった多大な時間を大幅に短縮できる。学校図書館の目録として満足できない場合があっても，人手がないために各種の目録を揃えるのを諦めていた図書館にとっては福音であった。目録は図書館に不可欠な検索手段であり，〈図書館・情報教育〉の〈教材・教具〉だからである。しかし，カード複写機が製造中止になり，この方法は近いうちに終止符が打たれることになろう。これに替わるのが，後述のコンピュータの利用である。一度に利用できる人数が少ないなど，コンピュータ目録にはカード目録よりも劣った点もある。しかし，作成と維持に労力を要するカード目録は，学校図書館においても過去のものにならざるを得ないのである。

2．分類法

⑴ 分類とは

　「分類」という言葉は，その表記から〈分けること〉と誤解されやすい。誤解を解くために一言付け加えると，「分類」に対応する英語が classification であることからわかるように，鶏の雛を雄と雌に仕分ける際に雄用と雌用の箱を用意し，それぞれに〈雄〉，〈雌〉という〈クラス（class）〉を示すラベルを付けて仕分けることに例えることができる。そこでは〈クラス〉は2つになるが，便箋や手紙などを8段の引き出しに仕分けて入れる時は，〈クラス〉の数は8つになる。図書の場合も，大きさや貴重なものか否か，通読用か参照用か，その主題は何かなど，いくつもの方法で分類する。なお，これらの中から一つを選ぶよりも，複数のものを組み合わせて仕分ける方が，図書館でも一般的である。最も精細な方法が，〈本文〉

の主題による分類である。精細になる理由は，主題があらゆる物事を含むからである。この分類作業は'主題名の付いたたくさんの箱へ一冊一冊の図書を入れる作業'になる。零細図書館である学校図書館であっても，小学校では書架に並べられた数千冊が，高等学校では数万冊が，そのように分類された図書群である。

〈ものごと〉を主題によって分類する際には，上でも見たように，仕分け箱を用意しておく必要がある。個々のものを仕分ける学問に博物学がある。見分け難いものを見つけた時には，図譜などで照合してどの種・属目に属するかを判定する。博物学ではこれを「同定する（identify）」と称する。これが図書の分類と違うのは，属性を明確に規定した〈もの〉が判定の基準として存在し，それと照合して同一か否かを判断する点にある。図書は本来それぞれが他との違いを主張しているので，同じ主題を扱っているか否かでその〈クラス〉に所属させる。複数の主題を扱う図書は，複数の〈クラス〉に所属させる。これも博物学の〈同定〉と異なる点である。

(2) 件名分類と記号分類

図書館で使っている〈名辞〉による分類法には，国立国会図書館やJLA，全国SLAの標目表などがある。〈名辞〉は〈件名標目（subject headings）〉と呼ばれ，五十音順に並べられている。〈名辞〉（以下では「件名」を用いる）による分類の難点は，例えば同じ海藻の「昆布」と「若布」が，〈件名標目表〉の中では全く離れた場所に置かれるということである。これは，件名を配列するのに，表音文字の順序を使うためである。

類似の主題が散在するのを避ける方法が、記号による分類である。しかし、文字を記号として使う場合には、英語のアルファベットの1文字使用で26主題、仮名で48文字と、主題の数としては少な過ぎる。数文字を組み合わせて使うのは、単語との混同などが起こるために混乱を招く。それを避ける方法は、膨大な数の主題に対応し、順番を無限に広げられる数字である。数字の場合も、混乱を避けるために、数量とは無関係な単なる記号として扱われ、数の特徴である大小の順序のみが生かされている。

記号分類法には、文字と数字を組み合わせたものもある。同じ種類の物事を集めて行った時に、それ以上は互いに一緒にできない群れを「カテゴリー（範疇）」と呼ぶ。そのカテゴリーに文字を使い、各カテゴリーを細分するのに数字を使うのである。しかし、英語のアルファベット26文字でもカテゴリーの数に比べると多いので、同じカテゴリーに複数の文字を使うのが一般的である。なお、これを使っている学校図書館はないようである。

(3) 分類法の採用

① 記号分類法の採用

上述のように、学校図書館ではNDCを使うのが一般的である。これは、第二次世界大戦後の日本の学校図書館のあり方を決定したとも言える『学校図書館の手引』で、図書館によって異なっていた分類法を共通にするよう勧めたことによる[参20, p.29]。同書では生徒が在学中と卒業後に公共図書館を使うこと、アメリカ合衆国では公共図書館と学校図書館で「デューイ十進分類法」（DDC）を採用

していることを挙げ，DDC を日本化した NDC が図書館共通の分類法の道を歩み出していることを示唆し，その構成を紹介している [参20, p.29-30]。こうして NDC が分類法の〈事実上の標準〉になり，図書館学の講義と演習も NDC が中心になっている。なお，大学図書館などでは洋書の分類には DDC の方がよいとして，日本の図書には NDC を，洋書には DDC を適用しているところもある。しかし，高等学校図書館では，洋書が和書に匹敵するほど多くない限り，分類に NDC を使っても不便はないと思われる。

　NDC が広く使われているので，NDC 以外の分類法の知識は不要であるように見える。しかし，NDC の不備を補うためにはいろいろな分類法を知っておきたい。試みに「資料組織法」の教科書の一冊を見ると，それらの内容が簡潔に述べられている[参7, p.5以下]。このような教科書を出発点に，分類の専門書[例えば，参15]をひもとくことを勧めたい。

　NDC も学問や現実の世界の変化に応じて，改訂が重ねられている。その改訂のための参考になるのが，図書館現場での分類作業と，それに基づく図書館員たちによる分類法の研究である。学校図書館員も，学校図書館における作業と研究によって，JLA 分類委員会などを通じて寄与してきた。今後ともそれを継承することが，専門職としての証の一つでもある。

　図書以外の資料の分類法は何が適切であろうか。学校図書館では音楽 CD 以外の録音教材が多いので，図書と同じように NDC を使うのが現実的であろう。動画資料も内容が映画作品に偏ることはないので，図書と同じでよいであろう。その他の資料についても

NDC を準用する方が，利用者である生徒と教師の双方にとって便利であり，学校図書館での分類作業能率を下げない利点がある。

　採用した分類法については，利用者によく知ってもらう必要がある。そこで，分類表の大きなパネルを目立つところに貼り，閲覧室や書架の各所にその小型のものを掲示しておく。書架案内にも分類番号を付けておくのは当然である。

② 件名標目法の採用

　件名による分類では，例えば「図書」のように「本」，「書籍」，「書物」などと，同じ〈もの〉を指す複数の名称があるので，どれか一つを選ぶ必要がある。同じ主題の図書館資料を 1 か所に集めるためである。件名として「図書」を選んだ場合，それは言語学の呼称では〈統制語〉になり，「本」，「書籍」，「書物」，「図書」は〈自然語〉になる。そして，図書館情報学で「件名 (subject headings)」，情報処理の分野で「ディスクリプタ (discriptor)」が，この〈統制語〉に相当する。ディスクリプタの数は，件名に比べると圧倒的に多い。それは，細分化した〈ものごと〉を検索する必要があるからである。ディスクリプタの表はその誕生の経緯から，自然科学・工学関係の語彙に偏っているので，学校図書館で利用する表としては不適当である。

　図書館用の件名を集めた〈件名標目表〉が刊行されている。学校図書館で利用できるものには，全国 SLA の『小学校件名標目表』と『中学・高校件名標目表』，JLA の『基本件名標目表』(「BSH」と略称)［参10］，国立国会図書館の『国立国会図書館件名標目表』がある。これらの表の中から自館に適しているものを選ぶ目安は，学

校の類型と蔵書規模による。新たに件名目録を整備することを決めた場合にも，すでに長期間作成し整備した経験のある複数の学校の図書館員に，複数の件名標目表について評価してもらい，どれを採用するかを決定すべきである。

件名標目表の良し悪しも，実地で使わないとわからないところがある。日常の作業を通じて，件名の選択や件名間の関係に納得がいかないことが多いために，ついには件名標目表の切り替えを断行した学校図書館員もいたほどである。しかし，新しい件名表に移行しても，不満は相変わらず残る。公共図書館と学校図書館の双方で，件名目録を備えているところが少なかったために，実地に即した件名の選択と編成および改訂が，必ずしも行われていなかったからである。蔵書数が多いと件名表の切り替えは不可能なので，標目表の採用にあたってはベテランの学校図書館員に相談しよう。

(4) 分類作業（記号による分類）

① 分類表の一般性

組織化にはある秩序，すなわち体系が必要である。それは，一つの世界観の表現でもある。個人の蔵書の場合には，その体系が個人自身の世界観によるものであっても問題は起こらない。一方，多くの人が利用する図書館では，組織化の体系の世界観は，多様な人々に受け容れられるものでなければならない。しかし，世界観は個々人で異なるので，万人が満足する体系はあり得ない。図書館資料の分類表は，この矛盾の上に立って作成されている。図書館員が，分類表に矛盾を感じることがあるのは当然である。矛盾が小さいこと，

すなわち〈普遍性〉へ近づけることが、資料の組織化に求められる。これは組織化の理論が〈学〉を指向すべきことを意味している。学問としての図書館情報学の〈存在意義〉の一つがここにある。

② 記号分類表の把握

分類番号を知るのに役立つのが、分類表の巻末あるいは別冊に載っている〈相関索引〉である。主題の名辞（件名）から該当の分類番号を検索できるので便利である。その一方で、担当者を迷わせることもある。同じ件名に対して複数の分類番号が与えられている場合である。番号が多い時には、経験が浅いと解決がつかない。その際に役立つのが〈分類規定〉（次の項目を参照）である。これについては「資料組織法」などの講義と演習で学んでいるはずであるが、忘れることも多いので、座右に置いて参照しよう。

③ 分類規定

分類作業には一貫性が欠かせないので、学校図書館員は独善的に行わないように注意する。そのために必要な原則が〈分類規定〉である。これには、分類表全体に共通の〈一般分類規定〉と、特定の分野にのみ適用される〈特殊分類規定〉とがある。その他に、各図書館では、分類表の取り扱いや分類番号の桁数の展開などに関する特別な規定を別に持っている。

分類作業では、同じ主題に関する図書であっても、番号が異なることがある。適切な番号を選ぶ際に使うのが〈分類規定〉である。その場合には、記憶に頼るのでなく〈分類規定〉を参照し、さらに教科書や実務書などで念を押したい。

④ 分類番号の桁数の展開

例えばNDCを例に取ると，分類番号の桁数は小数点以下が主題によってさまざまである。桁数を何桁まで採用するかは，学校図書館員が決める重要事項である。かつては，蔵書数の少ない小・中学校図書館では，整数部分2桁でよいとされてきたが，新訂9版では生徒が公共図書館も利用することを考慮し，3桁がよいとしている[参17, p.xxxii]。しかし，蔵書の実態を考えると，中学校では一部の主題を4桁（小数点以下1桁まで）に，高校は主題によってはさらに桁数を増やした方がよいのではないか。

高等学校図書館でも，普通科と職業科とでは蔵書の内容が大幅に異なる。例えば工業高校では〈5類　工業〉と〈6類　産業〉の蔵書数が，普通科に比べて非常に多い。そこで，工業高校では普通高校よりも，それらの主題の桁数を大きくする。商業科や農業科などの場合も同様である。職業高校以外でも，例えば音楽科のある学校では〈760　音楽〉の桁数を増やす。

桁数の多い分類作業は，そうでないものよりも手間がかかる。余分な手間は1冊単位では少なくても，'塵が積もれば山となる'で，人手の少ない学校図書館にとっては重大問題である。そこで，蔵書を基に桁数を分目ごとに決めて分類表に注記しておき，業務規程にも記載しておく。これは，転任などによる担当者の交代を円滑に行うために欠かせないからである。

⑤ 書架分類と書誌分類

図書館資料は書架などに並べて配置する。これを「排架」と言い，「配架」と記すこともある。並べて置くためには，何らかの秩序が

必要である。〈自由開架（接架）〉式では，わかりやすい配列でなければならない。利用者は主に主題で探すので，資料の配列も主題分類を用いる。書架に配列するための分類が〈書架分類〉である。

　図書の中には，例えば『日本中世農村史の研究』（大山喬平著，岩波書店）のように，複数の主題に分類できるものもある。本文を見てみないと明確なことは言えないが，候補として上がる分類番号は，〈210.4　日本史（中世）〉と〈361.76（農村，山村，漁村）〉，〈612.1　日本農業（歴史）〉，〈611.9　農村・農民問題〉の4つであり，少なくともこのうちの2つは該当すると考えられる。このような場合には，大型書店では2冊以上の図書を用意して，それぞれの主題の書棚に並べることがある。しかし，図書館では利用者が混乱するのと管理が難しくなるために，原則として書店のような方法はとらないで，決定した分類番号の場所に置いている。

　探す立場からは複数箇所にあった方が便利である。その要望に応えるのが副分類である。分類目録で検索した時に，副分類の番号が記載されていれば，その図書館に資料があることがわかる。しかし，書架上ではその分類番号の箇所にはないので，カード目録では副分類の番号を朱書して，後述の〈請求番号〉を元に墨書の箇所を探してもらうのである。このように書架上の位置の指示ではなく，どの主題に属するかだけで分類するのが〈書誌分類〉である。なお，書架分類ではその番号を図書の背に請求番号の一部として記載するために桁数が4ないし5桁までになるのに対して，その制約がない書誌分類では桁数を多くできる。

⑥　分類表の補正

　図書館で実際にNDCを使っていると，不合理を感じることがある。日本史の部分もその一つである。地方史に比べると通史と時代史の図書が多いのに反して，NDCでは〈目〉の部分は地方史に，時代史は〈210　日本史総記〉の〈分目〉になっているからである。NDCの表通りに分類すれば〈210.1　日本史（通史）〉の部分が多く，地方史（〈211　北海道〉から〈219　九州地方〉まで）が圧倒的に少なくなるのである。これは外国の歴史についても同様である。歴史は地域で分類するという原則を徹底しているためであろう。しかし，歴史書の分布に反するこの原則は，文献宇宙を濃淡が少ないように仕分けるには不適切と言わざるを得ない。蔵書の実態に合わせてNDCを変えると，〈日本史〉の場合には，その〈目〉の〈0（ゼロ）〉を省略し番号を繰り上げることで，〈212〉から〈217〉を日本の時代史に充てるのである。これは，かつてNDCに別表として例示されていた方法である。新訂8版および9版にはないので，各図書館の共通性を確保するために省いたのであろうか。

　補正が必要な一因には，学問体系の変化と進展，現実世界の変貌などがある。筆者のかなり以前の経験に，NDCの分類表にない主題の数学の叢書に戸惑ったことがある。図書部主任のいる数学科に相談に行ったところ，居合わせた数名の教師がNDCと叢書を検討してくれた。結論は，その内容が新しい方法論によるものであり，NDCの数学の体系には入っていないために，便宜的な分類しかできないとのことであった。叢書名「新しい数学へのアプローチ」は，それを示唆するものであった。このような場合に学校図書員が専

門職としてなすべきことは，適切な分類番号を新設し，分類を行うことである。幸いなことに，主な専門分野にはそれを専攻している教科の教師がいるので，教師の助言を元にそれができる。この例でも，数学科の教師が親切に相談に乗ってくれたおかげで，分類番号の新設と当該図書の分類を適切に行うことができた。

⑦ **分類の難易度**

資料の組織化の業務が数量化しにくい理由に，分類に必要な時間が個々の図書によって異なることがある。概説書や教科書のように，既成の学問体系に沿った内容の図書は，その学問体系を取り入れている分類表で簡単に分類することができる。番号が思い浮かばない場合はNDCの相関索引を引けば，瞬時に適切な番号を発見できる。その際，和英辞典で日本語に該当する英語を見出した後で，英和辞典でそれが適切な単語であることを確認するのと同様に，NDCの本表でそれが適切な番号であることを確認する。適切な番号がすぐに想起できた場合でも，この確認は必ず行う。番号が付いている印刷カードやコンピュータのデータの場合も同様で，学校図書館での利用には不適切と判断した場合には，他の学校図書館員にも相談して変更する選択肢も残したい。

また，さまざまな観点から問題を取り上げている資料がある。例として，水について多面的に取り上げている図書を想定すると，それが理解できる。相関索引で適切な分類番号を探そうとページを開くと，"水（衛生学）498.41"から"水（陸水学）452.9"まで，11の分類番号が挙げられている。さらに"工業用水　571.9"と"農業用水　614.3"がそれに付け加えられている［参17，一般補助表・相関

索引編，p.393]。

実際に多面的な取り上げ方をしている具体例に,「東京大学公開講座」の内容を各回ごとにまとめた叢書がある。この講座では同一主題を10学部の研究者たちが，それぞれの専攻の観点で講義する。それらの図書すべてに，幅広い複数の〈類〉の分類番号が必要であることは言うまでもない。この例では，そのために用意されている〈080　叢書，全集，選集〉の日本語によるもの〈081〉になる。「東京大学公開講座」は，方法論が多様であっても主題は一つである。それをさまざまな主題を取り上げている合集と同様にしか分類できないのは，まさに記号分類法の限界である。このような時に威力を発揮するのが名辞（概念），すなわち〈件名〉による分類である。これについては，「(6)　件名作業」で見ることにしよう。

⑧　**分類が困難な資料の取り扱い**

普通科の高等学校図書館には，幅広い分野にわたりある程度専門的な内容のものが多い。そこで，分類作業でも各分野についてかなりの知識が求められる。しかし，絶えず研鑽に励んでいても，図書館で扱うすべての分野を知ることは難しい。必然的に，分類が難しい資料が出てくることになる。前述の数学の叢書の例のように，それを専門とする教科の教師に相談するのも，一つの解決策である。けれども，いつも相談を持ちかけるのでは，教師も迷惑に感じるであろう。また，どの教科で扱うのか不分明な資料もある。

経験の浅い学校図書館員が，分類に迷った時に頼りになるのが，学校図書館員の仲間である。同じ図書を購入している場合には，分類番号とそれに決めた理由を知ることができる。それらの仲間が集

まって研究会を作り，日々の組織化の作業の中で分類に迷った図書について検討することも行われている。全国 SLA の機関誌『学校図書館』には，研究会の成果が連載されている。この種の記事は，独りで分類作業をしている学校図書館員には，貴重な参考資料である。

⑨ 分類表の新版への移行

⑥では，分類表が現実世界に対応できなくなった例を見た。このようなことが多くなると，表が改訂される。NDC の最新版は新訂9版である。望ましいように見える改訂にも，〈版の移行〉の問題がある。旧版による分類と新版による分類とでは，分類番号が違うことがあるからである。それへの対処法は，改訂版が出ても旧版を使い続けるか，あるいは移行日を決めて再分類するかのいずれかになる。改訂部分が小さければ，移行作業も図書館資料の一部で済む。それでも，該当する分類番号が付与された資料を抜き出して移行作業をしなければならない。人手が足りない学校図書館では，よほどの不自由がなければ移行しなくてもよいのではないか。

⑩ 再分類

資料の分類番号を変更するのが，〈再分類〉である。それが必要なのは，前項で取り上げた分類表の改訂で，変更があった主題に分類していた図書についてである。もう一つの場合は，資料の規模を小さく予想して分類番号の桁数を小さくした結果，同じ分類番号に主題が少し離れている図書が何冊も配架されるようになった時である。分類目録でも同じようなことが起こる。そうなると，資料検索がしにくくなり，利用者の信頼感も落ちる。学校図書館員にとって

も，図書館サービスで支障を来たすことが多くなる。

そのような事態を解決するのが，分類番号の桁数を増やすための再分類である。これは，もう一度 NDC を確かめながら行うので，手間は新しい図書を分類するのとほとんど変わらない。見通しが甘かったと，反省しながらの業務は疲れることである。この事態を招かないためには，若干手間がかかっても分類番号の桁数を多くすることである。ベテランの揃った大きな公共図書館で，再分類をした話を耳にしたことがある。経験の浅い学校図書館員が，そうした事態に陥っても恥じることはないのである。しかし，これは最後の切り札なので，できる限り避けたい。

(5) 請求番号

① 図書館資料の配架と請求番号

図書館資料を配架するには，その場所を決めなければならない。それを示す〈記号群〉が，〈請求番号（call number）〉である。請求番号はその名の通り，利用者が図書館資料を〈請求〉する手がかりになる番号である。開架式の場合も，目録に書いてある請求番号と書名などをメモ書きし，書架でその番号の箇所を探すわけである。

利用者が請求番号で目指す図書を容易に見出せるように，書架案内を充実しておく必要がある。さらに，きめ細かなサービスが求められるのは，利用状況や蔵書の加除によって，同じ請求番号の図書の書架上の場所が移動することへの対応である。配架の乱れを正すとともに，案内用具を一緒に移動して，利用者が目指す図書を容易に見出せるようにする。また，乱雑に並んだ書架上の図書群をきれ

いに並べ直すことも欠かせない(「Ⅳ.3.(2) 書架整頓」参照)。

② 請求番号の構成

請求番号は次の例のように，一般に3段の番号・記号で構成されている(4段のものもあるが，例外的である)。例えば，平凡社が編纂した『世界名著大事典』の第2巻の場合には，請求番号は〈図6-1〉のようにすることができる。

図6-1 請求番号

028	…… 分類番号[選定図書目録，参考図書目録]
HE	…… 図書記号[著者記号]この場合は編纂者の頭2文字
2	…… 巻冊番号[第2巻であることを示す。]

※注：同じ図書が何冊もある場合(複本があるという)は，複本番号を，例えばa,b,cのように巻冊番号の箇所に記入する。巻冊番号がある場合には，"2 a"のように記述する。

③ 図書記号

これには，"受入順記号法"と"年代記号法"，"著者記号法"がある[参2, p.112]。これらの中で，開架式用として，また記号付与の作業がしやすい点で優れているのは著者記号法である。

夏目漱石作『吾輩は猫である』ならば〈NA〉あるいは〈ナツ〉などと，すぐにそれを決めることができる。また，ドストエフスキー『罪と罰』のように，翻訳書の著者の表記がロシア文字〈ДО〉になる例では，翻字表を使って〈DO〉あるいは〈ドス〉などとする。また，ローマの将軍で文人の〈シーザー〉の著書『ガリヤ戦記』は，

〈シーザー〉が英語読みなので，評価の高い人名辞典に基づいて本来のラテン語の人名〈カエサル〉の〈カエ〉にする。

　図書記号に著者の頭文字を使う場合に問題が起こるのは，例えば，宇野浩二と宇野千代のようにそれが同じになる場合である。両者の小説書は分類番号と請求番号が同一になるので，書架上では同じになる。そのために両者が混じって配架されかねない。そこで登場するのが著者記号表である。姓によって，例えば〈Na 02〉のように番号を付けて混架を避ける。

④ 別置記号

　図書館資料は，メディア別に配架あるいは収蔵されるのが一般的である。そこで，同一分類法を使っている場合には，配架場所が違うことを表示するために，請求番号の分類番号の部分に別置記号を付ける。例えば，ドイツ・ライン川紀行の DVD には〈D 293.4〉のように，番号の冒頭に〈DVD〉を意味する〈D〉を付ける。

　メディアが同じでも，参考図書とその他の図書を分けて配置したり，後者の図書を大型本と小型本とに分けて配架したりする。そこで，例えば日本語の百科事典ならば〈R 031〉のように，参考図書に〈R〉を付け，後者には〈L〉や〈P〉などと，その意味を想定しやすいような別置記号を付ける。もちろん，どのような記号を付けるかは，個々の図書館の自由裁量である。この別置記号を付けることも一種の分類である。

(6) 件名作業（名辞による分類）

① 件名作業と分類作業

　組織化の作業では，資料の主題に適した〈分類番号〉または〈件名〉を決めている。この2つの作業は一緒に行える。それは，分類作業では初めに分類する資料の主題（件名）を思い浮かべようとするからである。言い換えると，分類作業では件名の付与が先に行われる。もちろん，記号による分類作業を毎日行っていれば，分類番号が先に出てくる人もいよう。しかし，番号が出てこない場合には主題の単語で相関表を探すことが多い。その際に，分類表の本表の分類番号および主題名（件名に近いもの）と，件名標目表の本表の件名に付与された分類番号とを確かめれば，分類作業と件名作業が同時にできる。また，双方の表を照合すれば，さらに適切な分類番号と件名を付与できる。

　件名作業を始めた時には該当する〈件名〉を思いつきにくいかもしれない。その時に役立つのが，BSHの別冊，『分類体系順標目表・階層構造標目表』である。記号分類をする際に座右に置いて参照すれば，より適切な分類作業と件名作業が同時に行える。しかも，件名の階層もわかるので，その構造を知るのに大いに役立つ。

② 件名作業

　件名作業では，〈件名標目表〉を十分に理解する必要がある。前任の図書館で件名作業をした経験があっても新任校の図書館で採用している標目表が異なっていたり，同じ標目表でも版次が違っていれば，やはり内容を把握する必要がある。例えば，BSHには表の構成とそれを使った件名作業などについて，かなり詳しい説明があ

り，BSH という道具の使用法になっている。しかし，一般に道具の使用法についての説明は，実際にその道具を使ってからでないと合点がいかないものである。そこで，件名作業についても，図書を使って実際に練習することを勧めたい。

件名作業の場合も分類と同じように，当の図書館資料が扱っている主題を手早く知ることが大切である。例えば『分析化学』のように，主題がそのまま書名になっているものならば内容も明白である。目次を見なくても，件名の〈分析化学〉がすぐに浮かび，BSH の本表でそれを確認して終了となるはずである。しかし，これで終わらないのが件名作業で，関連の件名の処理作業が残されているのである（⑥を参照）。

③ 件名規定

記号分類の作業に〈分類規定〉があるように，〈分類〉の一種である件名作業にも〈件名規定〉がある。BSH では，すべての分野に適用される〈一般件名規定〉と"特定の分野にのみ適用される"〈特殊件名規定〉[参10, p.20]について序説でかなり詳しく説明している。図書館ではこれらの規定の一部を加除し，その館に合う規定を作成して件名作業を行うことがある。学校図書館でも改変を行った場合には，それを明文化してから件名作業を行う。

④ 件名と概念

件名は名辞（概念）であるので，件名相互の関係は論理学的な問題である。その関係のありようはさまざまで，互いに全く関係がない場合もあれば，似たもの同士，他に包摂される関係，包摂される仲間同士の関係などがある。〈包摂〉は上下関係と見なし，〈包摂す

る方〉を上位概念,〈される方〉を下位概念と称する。例えば〈猫〉と〈犬〉はそれぞれ〈哺乳動物〉の下位概念であり,〈哺乳動物〉は〈猫〉と〈犬〉の上位概念になる。もちろん〈哺乳動物〉は〈動物〉の,〈動物〉は〈生物〉の下位概念になる。このような関係を階層構造と呼び,〈猫〉と〈犬〉は互いに〈哺乳動物〉として同じ階層の下位概念であるので,互いが同位概念になる。

　猫について書かれた図書ならば〈猫〉が,犬についてならば〈犬〉が件名になる。ところが,両者を主題にした図書の件名は,必ずしも〈哺乳動物〉にはならない。それは,両者がペットにもなることからわかるように,両者と〈哺乳動物〉との間には〈ペット〉という概念が存在するためである。ペットとして猫と犬を取り上げている図書には,〈ペット〉が件名として付与される。学校図書館では少ない資料の活用を図って,〈猫〉と〈犬〉も件名として採用したい。なお,盲導犬を取り上げた資料の件名は〈犬〉であり,〈ペット〉は付かないことになる。

⑤　相互参照

　「ペット」と同じ意味の単語に「愛玩動物」がある。件名で調べる人は,最初はいずれかを選んで検索する。検索語としての件名はこのうちの一つなので,選ばれなかった単語で探す人は,図書館では所蔵していないと判断する。その事態を避けるために,件名目録で行っている措置が〈相互参照の案内(カード)〉である。仮に図書館が「ペット」を件名として採用している場合には,「愛玩動物」で探した人に「ペット」で探し直す指示の〈を見よ参照〉を用意しておくのである。その参照は,「愛玩動物」の単語の次に"ペット

を見なさい"と指示を書いておくことである。

　件名作業が手間がかかるのは、同意語のような関連語のある〈件名〉を付与した時である。いずれの単語を選んでも、参照の指示あるいは参照カードを作らなければならない。BSH の〈ペット〉の項目を見ると、"⑧645.9　⑨645.9"と分類番号が付記され、その下に"UF：愛玩動物／TT：動物 177／BT：動物－飼育／NT：鑑賞魚"（／は改行－柿沼注）とある。UF, TT, BT, NT は、それぞれ"直接参照あり"、"最上位標目とその番号（階層構造標目表を参照する手掛かり－原注）"、"上位標目"、"下位標目"、の略称であり、これらの他に、SN, RT, SA, すなわち"限定注記"、"関連標目"、"参照注記"が用意されている［参10, p.30-31］。論理学の用語を使えば、"上位標目"、"下位標目"は、それぞれ〈上位概念〉、〈下位概念〉になる。

⑥　相互参照に関連する作業

　〈ペット〉では、UF の"直接参照あり（を見よ参照あり－原注）"［参10, p.30］に従って、UF に付けられた件名〈愛玩動物〉を標目として、"ペットを見なさい"という記述をした参照カードを件名目録に入れておくか、参照の指示をコンピュータの画面で表示しなければならない。さらに面倒なのは、〈動物〉のような下位概念が多数存在する件名についてである。〈ペット〉を件名に使った場合には、それが〈動物〉の下位概念なので、〈ペット〉についての図書を探すつもりで〈動物〉で調べた人や、いろいろな動物に興味のある人などのために、〈動物〉の下位概念の件名一覧を記述した〈参照カード〉を入れるか、一覧の注記を付けなければならない。下位

概念の件名は〈NT〉の後に列記されている。この場合の〈参照〉は〈をも見よ参照〉と呼ばれ，それを作るための注記は〈愛玩動物〉の件名に記されており，それは〈をも見よあり参照〉である。ただし，一覧にあっても，例えば〈愛玩動物〉という件名を付けた図書がその図書館にない場合には，利用者をぬか喜びさせないために，〈をも見よ参照〉には件名の〈愛玩動物〉は注記されない。

これらのことを一つ一つ丹念に作業しなければならないので，件名作業は非常に手間暇のかかる業務である。しかし，例えば調べたいことが図書の一部に書かれている場合や，他の主題に分類されている場合には（(4)⑤参照），資料があっても利用要求に応えられないのである。件名目録の整備が求められる所以である。

⑦　件名標目表の補訂

分類作業の場合と同様に，件名作業をしている時に適切な件名がないと感じることがある。上位概念では大まか過ぎる，用語のニュアンスが違うなど，原因はさまざまである。適切な件名がない場合は件名を新設することになる。しかし，思いついた件名を表に加えるのは慎まなければならない。新しい件名に関係のある分野の事典や概説書，教科書などを参照して，使われている用語の中に件名にふさわしい名辞がないか探す。適切なものがあれば，当該主題の体系を参照して他の件名との参照関係を知る。適切な用語を発見できればそれを選び，表の件名から新設の件名への参照を付ける。

件名の加除を検討する際に参考になるのが，シアーズの件名標目表やシソーラス類である。前者は，アメリカ合衆国の著名な件名標目表で，件名作業をする図書館員には大変参考になる。後者は類語

を体系的に並べた語彙表で，1852年に初版が出てからたびたび改訂されている *Roget's thesaurus* が有名である。現在は DVD-ROM としても刊行されている[参22, p.132]。件名標目表の補訂については，BSH「序説」の"Ⅳ.1.(2) 件名標目の追加"と同"(3) 件名標目の変更"に手続きが書いてある[参10, p.24]。

⑧ 改訂版あるいは別の件名標目表への移行

分類表と同じ理由から，件名標目表も時折改訂される。BSH の第4版は，第3版に比べてさらに部厚くなった。しかし，改良された新版への移行を決めた後には，面倒な移行作業が待っている。移行の方法については，BSH に説明がある[参10, p.28]。件名標目表の移行作業では請求番号のラベルの貼り替え作業は不要なものの，表の構成も用語もかなり異なるので，個々の資料の検討が必要になる。移行の作業量と人手，移行によって得る便宜性の向上度などを秤にかけて，その是非を慎重に検討すべきである。

3．目録法

(1) 目録と書誌

〈目録〉とは，現物が何であるかを記述した〈もの〉である。卒業記念で学校に記念品を贈る卒業生代表が"目録！一つ桜の幼木一本"と宣言する時の"目録"がこれに該当する。木の種類の〈名〉を明記したわけである。図書の場合，それは図書の〈名〉，すなわち〈書名〉になる。

図書館では，所蔵している図書館資料がどのような〈もの〉であるかを記述した〈もの〉を持っている。それが図書館の目録類で，

それには蔵書目録も含まれる。図書についての記述は「書誌（bibliography）」と呼ばれ，複数の記述を集めたものも「書誌」と呼ばれる。書誌に記述されている〈こと〉が「書誌データ」であり，目録に記述する内容になる。個々の図書館の目録は，その図書館の書誌データであり，日本で出版された図書をすべて収集するのが原則である国立国会図書館の目録は，〈全国書誌〉に近似のものになる。

　図書館の目録の特性として忘れてならないのは，それが図書館資料の検索手段であると同時に，財産としての図書館資料の目録であることである。前者は〈図書館・情報教育〉と関係が深いので，主にその観点で見ていくことにしよう。

(2) 目録と開架閲覧方式

　学校図書館の資料の大部分は開架されているために，利用者のほとんどは目録の存在を意識していない。そのせいか，学校図書館界にも目録の整備を重視する意見は少ない。しかし，次の理由から，そのような考えは退けられるべきである。

　一つは，書架上で探す方法だけでは，貸出中などの理由で書架に並んでいない図書館資料を見出せないことである。しかも，活発に利用されるほど，書架を留守にする図書館資料が多くなる。学校図書館では，それを避けるために代本板を入れる人的余裕はない。また，書庫にある資料は，出入りが自由であっても利用者の意識外にあることが多い。二つ目は，複数の主題を持つ図書館資料が存在することである。すでに述べたように，書架分類は一つに対して一番号である。採用されなかった他の主題では，その図書館資料は探し

出せないのである。また，主題を示す単語，すなわち〈件名〉では，分類番号順に並んでいる書架では探せない。書名や著者から探す場合には，書名や著者名で検索できる目録が不可欠である。

(3) 目録規則

個々の図書館資料がどのような内容のものであるかを記述する方法が，〈記述目録法〉である。図書館資料には多彩なメディアがあることは第Ⅴ章で述べたが，図書を例にその記述法を見てみよう。

① 書誌データ

目録では，現物が他の物とどのように違うかを記述する。この違いは〈属性〉として示される。図書ではその第一の要素は，図書の名前，すなわち〈書名〉になる。しかし，同姓同名があるように，図書にも書名が同一のものが多い。そこで，その著者で他と区別する。第二の〈属性〉としての〈著者〉である。こうして，次々に他と区別する〈属性〉を吟味する。それらが図書についての記述，すなわち〈書誌的記述〉＝〈書誌データ〉になる。

〈書誌データ〉の〈属性〉は，研究論文などの文献記述法として凡例が示されることがある。図書の属性としては，書名，著者，出版社，出版年が重要であり，その次に本体の大きさや厚さになる。後の二者を数量化して，判型あるいは背の高さおよびページ数として記述している。

② 記述目録法

このようにして，個々の図書の違いを同じ尺度で比べられるようにする。それが記述目録法であり，記述のための約束が〈目録規則〉

である。日本の図書館で広く採用されている目録規則は、前述のNCRである。「NCR1987年版」に書かれている記述目録法は、かなり複雑で難しいので、それに則って記述するにはかなりの訓練が必要である。柴田正美によると、100年余りの歴史を持つ日本の目録規則は、その間に"大きな転換点が2度あった"という[参6, p.1]。一つが〈著者主記入方式〉から〈記述ユニットカード方式〉への転換で、筆者もかなり大きな変化であると実感したものである。二つ目がコンピュータ化と国際的な書誌データの交換に対応するために登場した「NCR1987年版」である。

③ コンピュータによる記述

司書養成科目の「資料組織演習」用に書かれた教科書の中には、コンピュータのメニュー画面で書誌データを入力する方式で目録記述を練習できるものがある[参13]。しかも、CD-ROMにソフトと実例が入っており、〈目録規則〉の意味を実例で理解できるように工夫されている。パソコンで書誌データを入力した場合でも、カード目録として印刷できるので、コンピュータ目録へ移行していない場合でも、目録記述にパソコン利用は可能である。

④ 記述法の習得など

図書館業務の中で組織化は難しいものの一つであり、特に目録記述はかなり面倒で熟練を要することである。作業を間違いなく能率的に行えるようになるには、'倣うより慣れろ'で、手本を見ながら数をこなすしかない。そのためには、資料組織法の教科書を熟読し、練習問題を数多くこなすことである。資料組織法についての大学や講習での講義と演習時間は、その方法を身につけるにはあまり

に少ない。しかも，視聴覚資料の組織法については，現場での積み重ねと理論研究が不十分なために，未熟な部分が多い。しかし，図書の組織化の技術が視聴覚資料に転化できるところが大きいので，図書の組織法を確実に身につけるように努力したい。

その際に心がけることの一つに，NCRの用語を一般的な言葉に言い直してみることがある。例えば，資料組織法の教科書の一冊を見ると"カード記載例"が載っており[参21, p.18]，学習者には大変ありがたい。ところが，これに倣って目録記述を練習しようとすると，熱意に水を差すように，NCRに基づく記述方法を指示する専門用語が次々に出てくる。例えば，書名などを指す〈タイトル〉や，'著者名'を意味する〈責任表示〉など，経験のほとんどない学校図書館担当者は，その表記に混乱させられてしまう。例えば〈タイトル〉を〈標題〉に変えるだけで，難しさは半減するはずである。そして，NCRにそれをメモ書きしておくのである。

(4) 目録規則の改訂版への移行

使っていたNCRが改訂された場合，自館の目録記述の規則を新版に変更するか否かが問題になる。柴田正美は1995年3月に出版された編著書の中で，日本図書館研究会整理技術研究グループが1989年11月現在の利用状況を調査した結果を引用している。公共図書館に限って見ると，近畿圏の128館のうち1987年版を採用しているのは1館だけである[参6, p.iii]。移行館がゼロに近いのは，記述規則の変更が蔵書の目録記述の統一性を失わせるためであろう。

しかし，NCR「新版予備版」では「1987年版」への道筋がすで

に作られていたので，移行しても目録検索では致命的な問題は起こらないと思われる。学校図書館としては，NCR の記述の詳しさを3段階の中から選べる点[参11, p.9]を生かして，1987年版よりもさらに改善された「1987年版改訂2版」へ移行してもよいであろう。特に，多彩なメディアを保持する学校図書館にとっては，改訂2版で図書以外のメディアの規則が整備されたことはありがたい。

(5) 洋書の目録記述

　学校図書館の蔵書として，洋書が収集されることもある。小学校では生徒向けに絵本が，また小・中・高全体では，英語科の副読本として英語の図書が蔵書に加えられるであろう。日系ブラジル人の子どもたちのいる学校では，ポルトガル語の図書が備えられる。アジアの言語の蔵書を持つ学校もあろう。

　日本語以外の言語で書かれた図書については，例えば『英米目録規則』のような洋書用の目録規則がある。その作成法の教科書が出されており，「図書館員選書」の一冊にもなっている[参14]。NCR（1987年版改訂2版）では，日本語以外の言語の資料を「洋資料」と呼び，日本語資料と一緒にこの規則で扱っている。学校図書館としては，面倒を避けるためにも NCR 一つでいきたい。

(6) 目録の種類－目録体系

① 利用目的による種類

　図書館の目録には，利用者が使う〈利用者（閲覧）用目録〉と，図書館事務のための〈事務用目録〉とがある。前者は，学校図書館

では〈図書館・情報教育〉のための〈教材・教具〉としての機能も持っている（第Ⅲ章参照）。何種類もの目録を作成・維持するのは非常に人手がかかるので，事務用の配架目録を閲覧室に置いて，〈利用者用〉と〈図書館事務用〉を兼ねる学校図書館もあるようである。しかし，事務用目録と利用者目録を兼用することは，業務上で支障を引き起こす可能性が大きいので避けたい。

（ア）利用者用目録

目録が〈図書館・情報教育〉の〈教材・教具〉でもあることは，学校図書館が備える目録の種類を決める要件になる。目録には，書名や標題から検索する〈書名目録〉，著者名から検索する〈著者目録〉，主題から検索する〈主題目録〉がある。そして〈主題目録〉には主題の記号で検索する〈分類目録〉と，主題を指す単語（件名）で検索する〈件名目録〉とがある。カード目録の場合は，それぞれを〈見出し〉，すなわち〈標目〉としたカードで別々に目録を編成する。例えば件名目録は，件名を標目としたカードが並ぶ。

著者と書名，件名のどれでも検索できるように，それぞれを標目としたカードを一緒に配列したカード目録が，〈辞書体目録〉である。名称は，辞書のようにどの単語からも検索できることで付けられた。辞書体目録では，例えば書名と件名が一致した場合には，件名を標目としたカードだけを目録に組み込むので，重複分だけカード枚数が少なくて済む。一説には5％は減らせるという。

初めから検索目的がわかっている場合には，辞書体目録よりは著者，書名，件名が別々の方がよい。このように標目別に作られている目録を〈分割目録〉と呼ぶことがある。どれが使いやすいかは，

利用頻度や目録への慣れなどによって異なる。維持に便利なのは分割目録で，利用しやすさの点では，小学生では辞書体，高校生では分割目録ということになろうか。

　図書館業務のコンピュータ化に伴って，図書館全般ではこうした目録の編成作業は行われないことが多いが，そもそもの目録の成り立ちと機能を考える上では，ぜひ押さえておきたい知識である。

　（イ）図書館事務用目録

　図書館では，自館がどのような資料を所蔵しているかを記録している。所蔵目録がこれで，図書館の財産目録でもある。これは一種の備品台帳であり，かつては〈図書台帳〉に，1冊1冊の属性を記載したものである。図書台帳は，目の詰んだ上質紙を使い，厚い黒表紙で製本されており，火災の時は非常持ち出しの対象であった。

　図書館で収集した図書は台帳に記入し，受け入れた順に番号，すなわち〈受入番号〉を付けた。この番号は，図書管理のために一冊一番号となっており，〈登録番号〉と呼ばれている。これをすべての目録に記入して，個々の資料の管理を確実にする。手続きを経て廃棄した図書は台帳の記述に線を引き，備考欄に廃棄理由を付けてその表示をする。蔵書であった証拠を残すのである。

　図書台帳は，廃棄図書を含めた蔵書を把握するために役立つが，著者，書名，主題のいずれからも特定の図書を見つけにくいのが難点である。その解決法が，著者あるいは決められた特定のものを標目とする〈主記入〉のカードで編成した基本目録であった。これも，図書台帳と同様に廃棄図書の分も取り除かずに，廃棄印を押して編成した。基本目録は図書館のカード目録の大本になっていたが，こ

れを作成し各種の目録を作成・維持していた学校図書館は，専任の学校図書館員が配置された後も少なかったようである。

② 形態による種類

形態によって，目録を〈冊子（体）目録〉，〈カード目録〉，〈コンピュータ目録〉の3つに分けることもできる。

（ア）冊子（体）目録

冊子目録は，図書のような冊子の各ページに資料のデータが配列・記述されているものである。見開きで50ないし100程度の資料の書誌データを見ることができるので，利用者が最も利用したがる目録である。しかし，製作と更新に人手と費用がかさむのと，図書館資料が日々加除されることへの対応が遅れるために，所蔵目録としてこれを利用する図書館は少ない。コンピュータで打ち出しているリストに新着図書リストを追加したり，新たに打ち直したりする例もある。いずれにしても費用もかかるので，図書館では時折発行するのに留まっている。

冊子目録の変形に〈秋岡式目録〉がある。これは図書館界の指導者の一人であった秋岡悟郎が考案したもので，大型の写真のアルバムのような冊子に，請求番号と書誌データを記載した1冊1冊の短冊を貼り込んでいく目録である。個々のデータの間を開けておけば，新しい蔵書のデータを挿入しやすい。目録全体の冊数が多くなるが，学校図書館の蔵書規模ならば実用的である。カード目録にはない一覧性を持っていて，しかも冊子目録では不可能な加除ができる点が優れている。かつてそれを採用している学校図書館を見学したことがあったが，他の学校図書館へは広がらないようである。

冊子目録の中でも製作しやすいのが，新聞・雑誌や視聴覚資料の目録である。それは，収集点数が図書に比べると圧倒的に少ないからである。また，視聴覚資料などは購入間隔が間遠なので，頻繁な更新が必要ないことも理由の一つである。新聞・雑誌の目録では，収集紙（誌）の標題と収集開始時期，廃刊されたものを保存している場合は収集終了時期を記載している。視聴覚資料の目録には，個々の資料の内容について簡単な説明を付けたものが多い。

　収蔵図書の冊子目録で多いのは，特別な資料や展示会などを図書館が開催した場合の収蔵図書のリストである。学校図書館には無関係のようであるが，この種の蔵書を持っている学校の図書館もある。その蔵書群には新しく加えられる図書もほとんどないので，その冊子目録を作成し，地元の図書館と大図書館に寄贈すると，研究者に喜ばれる。また，参考図書の冊子目録は作成が容易で利用者に喜ばれる。学校図書館員にとっても，自館の参考図書を把握し，その収集の質を評価するのに役立つ。

　冊子目録は，相互貸借や利用者への情報提供に便利なので，各図書館では交換し合い，参考図書として利用者にも提供するのが一般的である。それらの中には出版されるものもあるので，学校図書館でも必要に応じて購入したい。

　（イ）カード目録

　長い間図書館の目録として君臨していたのが，カード目録である。蔵書の加除があった場合に，容易に対応できるので普及したのであろう。また，目録の抽出数が多くなるために，一度に大勢が利用できる点が，冊子目録や端末を多数揃えにくいコンピュータ目録より

も優れている。逆に，目録スペースを広く取らなければならないことが欠点になっている。抽出数が多くなるのは，1本の抽出に800枚程度しかカードが入らないためである。

カード目録では，カード30枚程度ごとに〈案内カード〉(「山カード」と呼ぶことがある)を入れる。これは人が注意を集中して探せるのは30枚程度であるためのようである。カード・ケースの上には，何の目録かを明示した見出しを置き，カードに記述された書誌データの読み方を書いた図を並べて置くなどの案内が欠かせない。

(ウ) コンピュータ目録

検索用目録はコンピュータ化していなくても，選択・発注・受入・貸出業務までを，パソコンで処理している学校図書館は多い。この段階から資料組織化へ進むには，もう一つハードルを越えなければならない。コンピュータ化に伴う諸問題については，パイロット計画で実施校になった学校図書館の経験と報告が参考になる。また，「図書館員選書」にも詳細な説明がなされている[参4]。

コンピュータ関係の図書を参考にする際に注意すべきなのは，パソコン技術が日進月歩であることである。例えば，パソコンの頭脳に当たる〈CPU〉は〈Pentium Ⅳ 2 GHz〉，メモリは1 GB搭載のものも出現し，記憶装置のハードディスクもMB (メガバイト) 単位からその千倍のGB (ギガバイト) 単位になった上に，高速化も著しい。4.7 GBの容量を持つDVDが使用できるものもある。また，高性能パソコンは，かつての〈ワークステーション〉の役割を担えるという。

この変化が数年前に出版された図書の記述のどの部分を風化させ，

どの部分を変えなかったかは筆者にはわからない。しかし、上記選書の"2.2.3　企業用パソコンの出現"の"(3)　企業モデル"以下の説明は[参4, p.85以下]、学校図書館内にワークステーションとして高性能のパソコンを置いて、検索用端末などをつなげる場合に役立ちそうである。

　学校内のコンピュータ化が進行して、それらがLAN (Local Area Network) で接続されるならば、図書館がそれに乗るという方法もある。また、市川市の例のように、市内の学校図書館と公共図書館などをネットワークで結ぶコンピュータ化が行われれば、学校図書館員のシステム維持の負担も小さくなる。学校図書館のコンピュータ化は、情報科の教師と協力し合って進めるとよいであろう。

　コンピュータ化した場合には、書誌データをCD-ROMから、あるいはオンラインでダウンロードして学校図書館のデータにする。しかし、図書館員が入力しなければならないデータもあるので、入力練習のための図書で経験しておくとよいであろう[例えば、参13]。

　学校図書館が目録をコンピュータで作成・維持する場合には、書誌データのメディアもハードディスクか光磁気ディスクのような簡便なものになる。これらの記録装置はカードと異なって、追加・消去が容易であり、操作ミスや故意によって書誌データが変えられる危険性が大きい。もちろん、安全確保のためにバックアップを作成しておくのは当然であるが、目録データが誤ったままの期間が続くことになる。それを回避するために、コンピュータによる目録も、事務用と閲覧用は別にしておきたい。

　パソコンに関する知識を得ようとする時に困るのは、パソコン用

語にカタカナ語が多いことである。システムを導入する時にも，知識がないとわからないことが多い。そうならないために，コンピュータをめぐる状況について，日々情報を集めなければならない。コンピュータの技術発展は目まぐるしく，パソコン本体や周辺機器の寿命は生鮮食品並みと言われている。数か月前の高性能機は，新製品の下位にようやく位置するという状況である。少ない予算でやむなく購入した性能の低いパソコンを，数年ないし10年は機種も周辺機器，ソフトも変更せずに使いたい学校図書館としては，非常にリスクが大きい決断を余儀なくされるのである。導入に際しては精一杯の予算請求をしたい。

(7) 件名目録と単元目録

　学校図書館界の議論の一つに，図書館の目録に単元目録と件名目録のいずれを採用するかがあった。〈単元〉という概念は，図書館よりは学校に関係が深い（単元については「Ⅱ. 4.(3)　教材と教具」をも参照）。

　教科の授業では，その授業内容を教育目標によっていくつかに分ける。それが〈単元〉であり，数時間ないし数十時間をかけて，その内容を生徒に教えていく。それをさらに深く生徒に学ばせる際に，学習の参考になる図書群が〈参考文献〉である。図書以外のものも含まれている場合には，それは〈参考資料〉になる。そこで，"教育課程の展開に寄与する"ことを目的の一つにしている学校図書館は，当然のことながら，単元学習のための参考文献を収集・提供することになる。その参考文献は学校図書館の蔵書であるので，その

リストは「目録」と呼べるものになる。〈単元目録〉の登場である。教科の指導に役立つのは，〈件名目録〉ではなく〈単元目録〉であるという主張である。この考えを延長すると，学校図書館の蔵書は，各単元の参考文献を集めたものであるということになる。

　それでは，件名目録と単元目録とは二律背反の関係にあるものなのか。美術書を例にとると，これは美術科の参考文献になる。しかし，地理歴史科の「日本史」と「世界史」では，美術を文化史の中で扱っている。これは，美術に関する録画資料の場合も同様である。このように，個々の図書館資料の利用目的は一つに限られない。言い換えると，同じ図書館資料が，複数の科目や単元の参考資料として列記されることが起こる。各教科が単元の参考資料のリストに基づいて購入・保管すると考えると，必ず重複購入の事態が起こり，購入費と保管場所に無駄が生じることになる。

　この場合に，学校図書館で同一物を重複購入しないで済む方法は，それを検索する道具を備えておき，そこから単元学習の参考になる資料のリストを作ることである。この検索道具が目録であり，単元に関係のあるのは，主題で検索できる分類目録と件名目録である。

4．資料の装備－受入から配架へ

(1) 検収

　学校が発注した物品を業者が納入する場合には，係の事務職員が注文書に書かれたものと物品が同一で数量も一致しているか否かを調べる。同一ならば受領証に印ないし署名して作業終了である。検収がこれである。後は請求書を元に会計処理をする。

図書館で発注した資料も物品なので、この方法がとられることもある。しかし、図書館資料は注文書通りに揃って納入されないこともある物品である。欠けているものの情報も図書館が持っている。そこで、間違いが起こらないように、業者が直接図書館に納品することが多い。図書館員は複数の月日に注文した注文書と比較対照して、納品の有無と他の注文者の物が紛れ込んでいないかを調べる。

(2) 登録と分類・件名作業

事務室へ請求書を回して、図書館への受入れが決まった図書などは、受入業務の対象となる。図書の標題紙裏に受入印兼蔵書印を押す。また、図書原簿に必要事項を記入するか、あるいは記入済みの受入明細書、図書本体の受入印の指定箇所に、登録番号をナンバリングで打ち込み、分類・目録作業を経て、装備にとりかかる。

(3) 装備

箱入りの図書は箱から出し、帯とジャケットは取り外し、後二者は新着図書の広報用展示に使うことが一般的であった。しかし、仮製本でジャケットを外すと貧相な外観しか残らないものが多くなったので、図書館でもかなり以前からジャケットを付けたままにすることが多くなった。しかし、ビニール装のものは隣接する図書同士が貼り付いたり、汚れるものもあるので、透明のシートでカバーすることもある。この場合には、図書の登録番号や請求番号を記したバーコードやラベルは、その内側に付けるのが一般的である。

貸出に図書カードを使っている場合には、それを入れた袋を裏表

紙に貼る。蔵書印を押している図書館では64ページ目にそれを押すという。落丁や乱丁が発見しやすいからとのことである。装備後に見つけた場合でも交換できるので，心配は無用である。

(4) 請求番号の記述（退色防止）

　請求番号は，書架から目指す図書などを見出す鍵になるので，見やすいのが第一である。そのためには，肉太の印刷体のような文字が望ましい。忘れがちなのが，空気と陽光に晒されるために起こる退色である。カラー写真が退色することはようやく常識になったが，ゴム判やボールペンのインクは退色することがあるので，使用しないようにする。ライブラリーペンを使って墨汁で書く方法もある。見やすく退色しない材質で請求番号を書きたいものである。

　請求番号のラベルあるいは文字の位置は，図書の下から1.5cmなどと決めておく。そうしないとラベルの位置がバラバラになって見苦しい。館外貸出禁止の図書に貼るラベルは，「禁帯出」と書かれた既製品を請求番号ラベルの上に貼る。ラベルの定位置が重要な背文字を隠す場所である場合には，位置を変えるのは当然である。貸出・返却作業にコンピュータを使っている場合には，個々のメディアのデータを記録したバーコードを裏表紙に貼り付ける。

引用・参考文献

1．鮎沢修『分類と目録』（図書館員選書）日本図書館協会，1995.
2．大城善盛ほか編『資料組織法概説』（新図書館学シリーズ）樹村房，1997.

3．岡田靖編『資料組織法演習』（新図書館学シリーズ）樹村房，1998.
4．坂本徹朗『図書館とコンピュータ』（第3版，図書館員選書）日本図書館協会，1996.
5．柴田正美『資料組織概説』（新訂版，JLA図書館情報学テキストシリーズ 9）日本図書館協会，2001.
6．柴田正美編『和書目録法入門』（図書館員選書）日本図書館協会，1995.
7．志保田務，高鷲忠美『資料組織法』（第5版）第一法規，2002.
8．全国学校図書館協議会件名標目表委員会編『中学・高校件名標目表』（第3版）全国学校図書館協議会，1999.
9．日本索引家協会『索引作成マニュアル』日外アソシエーツ，1983.
10．日本図書館協会件名標目委員会編『基本件名標目表』（第4版）日本図書館協会，1999.
11．日本図書館協会目録委員会編『日本目録規則 1987年版改訂2版』日本図書館協会，2001.
12．堀込静香『書誌と索引』（図書館員選書）日本図書館協会，1990.
13．堀込静香ほか『パソコン演習資料組織 Windows対応版』日本図書館協会，1999.
14．丸山昭二郎編『洋書目録法入門 つくり方編』（図書館員選書）日本図書館協会，1986.
15．緑川信之『本を分類する』勁草書房，1996.
16．もりきよし『NDC入門』（図書館員選書）日本図書館協会，1982.
17．もりきよし原編，日本図書館協会分類委員会改訂『日本十進分類法』（新訂9版，2冊）日本図書館協会，1995.
18．森本克美『レコードの整理と目録』音楽の友社，1964.
19．文部省『学校図書館における図書以外の資料の整理と利用』大日本図書，1960.
20．文部省『学校図書館の手引』師範学校教科書株式会社，1948.

21. 吉田憲一編著『資料組織演習』(JLA 図書館情報学テキストシリーズ 10) 日本図書館協会 1998.
22. Balay, Robert (ed.), *American Guide to Reference Books* (11th. ed.), American Library Association, 1996.
23. Harmon, Robert B., 三浦逸雄等訳『書誌入門−書誌学と書誌の展望と文献案内』日外アソシエーツ, 1984.
24. Lancaster, F.W., 松村多美子訳『情報検索の言語』日本ドクメンテーション協会, 1976.

Ⅶ. 学校図書館の運営

1. 運営組織

(1) 校長・教頭と学校図書館

　校長に関する「学校教育法」の規定を読むと，その権限の広さと大きさに驚かされる。例えてみると，〈学校〉という国家の大統領になる。学校図書館について書かれた図書の中で，校長とその補佐役である教頭の重要性が語られるのは当然である。直接運営に関与しなくても，学校図書館への校長と教頭の暖かい眼差しがよい影響を与えるのである。校長会には学校図書館の研究部会があり，部会所属の校長を先頭に，学校図書館の振興に尽力している。

　学校図書館の研究組織に参加している校長も多い。例えば故尾原淳夫のように学校図書館界の指導者として，その後は大学教授として後進の育成に努めた校長も少なくない。校長，教頭と学校図書館員とは，理想の学校図書館の夢を共有する関係でありたい。

(2) 学校の運営組織－校務分掌

① 種類

　学校教育を円滑に行うための業務は「校務」と呼ばれ，「学校教育法」では校長と教頭の職務となっている。しかし，両者のみで広

範な内容の校務を遂行できないので，教職員全員を構成員とする組織を作って分担する。その組織は「校務分掌」と呼ばれ，「学校教育法施行規則」（第22条の2）では，"調和のとれた学校運営が行われるためにふさわしい校務分掌の仕組みを整えるものとする"と規定されている。組織の形態は小・中学校と高等学校とでは大きく異なり，同種の学校でも多少の違いが見られる。

小・中学校では，教務・庶務・経理・施設などの〈部〉と，〈学年〉，〈研究部〉あるいは〈指導部〉，〈特設委員会〉などを設け，図書館は研究部あるいは指導部に属している。これに対して高等学校では，教務・生徒指導・進路指導・保健・図書などの〈部〉または〈課〉（本書では〈部〉の名称を用いて説明を進める），〈委員会〉，〈学年〉，〈事務室〉，〈議長団〉などで構成されている。

② **責任者**

校務に直接かかわるのは部と委員会である。部の責任者は「主任」あるいは「部長」，「課長」などと呼ばれる（本書では「主任」を用いる）。学年は学級担任で構成され，その代表が学年主任である。議長団は職員会議の議長を交代で務め，議長でない時は書記として会議の記録を取る。

主任，委員長，議長団は，職員会議の選挙や推薦を経て校長が任命するのが一般的で，校長が一方的に指名する方式は少ないようである。それは，教育を本務とする教師から，本務外の校務への実質的な協力を得るのが難しいからであろう。主任のうち，教務主任と学年主任，保健主事，事務主任は，「学校教育法施行規則」（第22条の3～5）に名称と職務が明記されており，それ以外にも校務分掌

の部の〈主任〉を設置することを同規則は認めている（第22条の6）。また，事務主事は事務職員が，保健主事は養護教諭または教諭が，それ以外の主任には教諭が任命されることになっている。

③ 校務の分担

学校内外の問題が多くなり，教員の勤務実態にゆとりがなくなってきたために，一人一役になる傾向が強い。また，本務（＝教育）に支障を来たす雑務（＝校務）の負担を最小限にしたい教師一般の意向がある。その結果，部や委員会の整理・統合が行われる。専任の学校図書館員の配置は校務の負担軽減の意味もあるので，規模の大きい図書館の運営に携わる教師の数は2，3名になる。

④ 視聴覚資料・機材担当者

図書部の他に視聴覚部を設ける学校もある。前者が生徒と教師が共用する図書館の運営を担当するのに対して，後者は教師が授業で使用する視聴覚機材を校内で一元的に管理・運営する。教科が個別に管理しないのは，視聴覚機材と資料は概して高価で，かつ複数の教科で利用可能なためであった。現在は視聴覚資料・機材が手軽に利用できるようになり，教科で購入・管理することが多いようである。図書部が視聴覚資料を管理するようになった背景には，それを一元的に掌握する必要とともに，学校図書館による"視聴覚教育の資料"の収集・保存・提供を「学校図書館法」（第2条）が規定していることがあろう。

⑤ 人事制度としての意味

部の主任は，同じ職階に属する教諭にとっては職制の意味合いを持つ。そのために，管理職一歩手前の教師や管理職への道を進ま

い年長の教師が主任になることが多い。部には暗黙裏に軽重があり，"三部主任"という言葉もある。「学校教育法施行規則」の頭初に規定がある教務部は，特に重要な組織である。一方，深刻な問題が少ない図書部には，退職一歩手前の教師や若手の教師が多いようである。学校司書にとっては，前者は学校経営と学校教育について多くを学べる点で，後者は学校図書館運営への意欲を共有できる点でありがたい存在である。

　事務量が比較的少ない校務については，部の代わりに委員会を設置することがある。委員は他の分掌と兼任することが多い。業務量が多い学校図書館としては，図書部体制を維持すべきである。

⑥　校務分掌への所属

　部への所属は年度単位になっているが，次年度も同じ部に留まることもある。しかし，数年以上継続して同じ部に属さない慣行の学校が多いようである。学校管理者の校長・教頭はクラス担任といくつもの校務分掌の経験者が望ましいので，教師全員に管理職への道を開くための配慮である。その結果，教師たちの多くが一度は図書館にかかわった経験を持つことになる。これは，学校図書館の理解者が，管理職と大勢の教師の双方に存在するということであり，学校図書館員にはありがたいことでもある。学校図書館の業務は，教師にはわかりにくい部分が多い。学校図書館員が教師でない場合には，やはり教師の仕事もわかりにくい。しかも，図書館が職員室と離れた場所にある場合，その度合いは強まる。図書館係を経験した教師は学校図書館に親近感を抱くようになるので，それらの教師との日常的な会話を通じて，図書館のさまざまな業務を理解してもら

うことが大切である。

(3) 専門的業務の分担

① 図書部の専門的な業務

校務分掌の中には、その分野の専門家がいる分掌がある。養護教諭のいる保健部と、学校図書館員のいる図書部である。しかし、制度的な原因で、学校図書館員がいない学校が多数を占めている。

学校教育に役立てるための図書館資料は（「V．資料の収集と構築」参照）、それを組織化しなければ（「VI．資料の組織化」参照）、全く無用の長物になる。それと同時に、資料を提供し案内する人の確保と（「IV．図書館サービス」参照）、それらを有機的に関連づけて管理する人も欠かせない。図書部がその業務を引き受けるとしても、かなりの部分は専門的な知識と技術が必要である。

② 専門的業務担当の各段階

学校図書館員の配置のしかたやその有無によって、専門的業務を担当する形態は異なる。図書館運営の実務の中で、一般の人にとって最も面倒で難しい仕事は、資料の整理（＝組織化）である。それを軸に、学校図書館の実務担当の変化を、いくつかの段階に分けてみよう。第一段階は、係の教師と生徒による運営である。第二段階は、蔵書数が多くなり、専任の担当者の必要性が痛感され人が雇われる。第三段階は、専任であっても素人では組織化などが難しいことがわかり、〈図書館の専門家（＝司書）〉が任用される。第四段階は、司書1名では業務が消化できないことがわかり、司書助手を雇用する。第五段階は、司書1名では専門的職務を処理し切れないた

めに，複数の司書が雇われる。これは，図書館一般に適用できる〈法則〉と言ってよい。この他，学校図書館の場合には〈司書〉も教師でなければならないことが認識される段階がある。これは第三段階と第四段階の間に位置するので，「第三段階B」としておこう。

司書と教師の双方の条件を満たす職種にするためには，例えば，生徒の健康管理と保護を専門とする教員として〈養護教諭〉を設置したように，図書館の専門的な業務を主に担当する教師を置く方法がある。もう一つは，教員免許状と司書資格（あるいは免許）の双方の所持を任用条件にするものである。「学校図書館法」の原案にあった，教諭を基礎資格とする免許制の司書教諭は，それを統一したものである。これは，司書教諭を教諭の充て職とした現行制度にも，考え方としては不十分ながら継承されている。

日本の学校図書館にこの〈法則〉を当てはめると，2001年現在，小・中学校のほとんどが第一段階であり，少数が第二段階にある。高等学校では第三段階にあるものが多く，東京都立高校のように第五段階へ進み，再び第三段階に戻った例もあるが，第五段階にある学校図書館も，一部の私立学校の図書館などに見ることができる。

学校図書館の多くが初期の段階に留まっているのは，「公立義務教育諸学校の学級編制及び教職員定数の標準に関する法律」と「公立高等学校の適正配置及び教職員定数の標準等に関する法律」（以下ではそれぞれを「定数法（小・中）」，「定数法（高）」，両者に共通にかかる事項については「定数法」と略称）によって，個々の学校の定数枠が決まっていることに起因する。小学校では専科の教師を配置する余裕がほとんどなく，また中学・高校では教科ごとの教諭の定数は，

定数法の教員数を科目の単位数と履修クラス数の積算に基づいて配分するので,任意設置の司書教諭に定員を割く余裕はなかったのである。

このような厳しい枠があるにもかかわらず,第二段階への移行が可能だったのは,「学校図書館法」施行後も,父母が学校図書館の人件費と運営費とを負担する状況が続いたためである。その人件費で配置されたのが,後に「学校司書」と呼ばれる人たちである。本章の「2.(2) 学校司書」で述べるように,「定数法」の改正とそれに基づく文部省の通達によって,学校司書は公費で任用されるようになった。これによって,学校図書館への公費の専任職員配置は進んだものの,適用されるのは大規模校であったため,この段階に進める学校図書館は高等学校に偏ることになった。一方,私立学校には,専任司書教諭のほかに複数の学校司書を配置している学校がある。これは,私立学校が「定数法」の適用を受けないためである。

(4) 図書部の構成

専門家がいる点は同じであっても,図書部が保健部と大きく違うことがある。それは,図書部の業務が学校のすべての教育活動と関係が深いことである。一般に,小学校では各学年,中学・高校では各教科から図書係を選ぶのはそのためである。

① 図書部主任

学校図書館の最終責任者は校長であるが,実質的な責任者は図書部主任の教師になる。それでは,学校図書館の専門職である司書教諭が配置された場合,主任は誰になるであろうか。これについて,

Ⅶ. 学校図書館の運営　281

文教当局は1959年刊行の手引書の中で，"司書教諭は，当然，学校図書館運営の主任者あるいは中心者となるわけである"と述べていた［参17, p.56］。しかし，1960年から司書教諭が順次配置され始めた東京都立高等学校の現場では，専任の司書教諭を図書部主任にすることに否定的で，これをめぐって問題が起こった。その一因は，校務分掌の主任が一種の職制と見なされていたためである。また，初めに任用された司書教諭の前職が私費雇用の学校司書であったことと，教科を担当させないという教育委員会通達があったことも理由として考えられる。中学校教諭その他から司書教諭になった人たちの中に，この慣行と法の理念との乖離に疑問を抱き，慣行を打破しようとする動きが生まれた。専任司書教諭制度を崩壊に導いた〈専任兼任論争〉である［参4, p.93-96］。図書部主任と司書教諭の問題を考える場合には，このような東京都の例を吟味することは欠かせない。

　今日では専門性が重視される度合いが強まっているので，教職経験の浅い司書教諭を主任にすることへの抵抗感は薄れているかもしれない。また，「学校教育法施行規則」（第22条の4）で，保健部の〈主任〉である「保健主事」として"教諭または養護教諭"を充てるとしていることも，それを推し進めることになろう。

②　図書部の業務分担

　学校図書館の業務には，図書館の管理・運営と図書館を通じての教育，渉外などがある。図書部については，学校の運営組織表にそれらの明確な業務分担が明記されている。前述のように，図書館資料の組織化は欠かせない業務であるが，第一段階にある学校では，

主任を含めた図書部の教師が，授業や学級（ホームルーム），クラブ活動などの指導の合間にこれを行っている。しかし，この業務は図書館の専門家以外には非常に難しく，最も時間がかかるので，業者に委託する場合も多い。

　第三段階の場合，事務職員の学校司書が学校図書館員である場合がほとんどである。この他に，学校司書が教育職の助手や技術職であることもある。この段階では図書館の専門的な業務は学校図書館員が処理するが，1名の図書館員では処理し切れないのが実情である。そこで，図書部の教師の事務机を司書室に置いて，授業や生徒指導などの合間に仕事をしてもらう。この方法を支障なく実施するためには，図書部主任の配慮と学校図書館員の心配りが欠かせない。

　校務分掌は毎年替わるのが一般的なので，管理・運営はアマチュアリズムに陥りがちである。そのような学校に初めて赴任した学校図書館員は，図書館の整備計画の立案とその地道な実施に努めることになる。適切に運営されている図書館を引き継ぐ場合に比べて，格段に多い業務を処理する苦労はあるものの，図書館が生気を取り戻していくのを見る喜びもある。

　学校司書が事務職員の場合には，若干面倒なことがある。それは，直接の上司は事務長であるにもかかわらず，実際の職務遂行上の監督者は図書部主任になるからである。その席も事務室ではなく学校図書館に設けられており，主任を含む図書部の教師と業務を処理する。また，図書部の教師の監督下という原則で，直接生徒の指導も行っている。組織表（図）に，図書部主任や教師の名前と並べてその職務分担が書かれているのは，そのような実態を反映している。

2．担当者

(1) 司書教諭

　司書教諭の職務内容について，文教当局は手引書などで提示してきた。「Ⅰ．学校図書館とは何か」で見たような，新しい学校図書館像に即した職務内容が策定されている。いずれにしても，司書教諭は学校図書館の館長として，学校における読書・情報教育のコーディネーターであることが，制度的には期待されている。

　そのような専門的力量をつけるためには，専門科目の修得と長い年月の経験と研修が必要不可欠である。ところが，司書教諭は充て職であるために，他の学校に転勤した時に司書教諭に任命されなければ，専門的力量の習熟を中断させられるのである。貴重な専門的能力を学校図書館に生かせる道は，司書教諭の定員枠の設置と，それに基づく人事異動である。しかし，この方法の実現には，東京都の司書教諭制度の前例もあり困難な問題が多い。学校図書館の充実とその維持のためには，学校図書館界が長い間運動してきた免許制実現がやはり必要であろう。

(2) 学校司書

① 学校司書の配置

　司書教諭が配置されない状況の下で，規模が比較的大きい高等学校図書館を中心に任用された学校図書館員が，「学校司書」と呼ばれる人たちである。本書では「はじめに」で述べたように，司書教諭と学校司書とを「学校図書館員」と呼んでいる。それは，前者が

国の法律に基づく学校図書館の専門職員であり、後者は慣習法的に成立し、職名は異なるものの、地方自治体の条例によって設置されている類似の専門職員だからである。

　学校司書は、図書・雑誌類の発注、資料の組織化、閲覧事務、貸出・返却事務など、学校図書館の事務的業務を担当する。このような学校図書館担当の事務職員の必要性を、文教当局は手引書などを通じて述べており、財源措置は当然の帰結でもあった。公費化以前に正規の事務職員のうち1名を学校司書に任用していた若干の学校以外では、私費職員（公立学校の場合）が設置されていた。

② 　学校司書の公費支弁

　長期にわたる全国的な運動の結果、一定規模以上の公立学校では、学校司書を公費で配置する途が拓かれた。1974年の「定数法」改正に基づく措置による、小学校30学級以上、中学校24学級以上、高等学校は生徒数810名以上の学校への事務職員1名の増員である。その際に文教当局は、それが学校図書館担当事務職員に充当するものであることを、各都道府県教育委員会に通達した。さらに、1993年の「定数法」の改正では学校規模が当初より小さくなり、学級数の下限は小学校27、中学校21、全日制高等学校12になった。定時制高等学校では、学級数にかかわらず1名配置するよう措置された。

　ところが、該当の学校へ学校司書を配置しない地方自治体が存在する。それは、「定数法」に明記されていない〈学校図書館担当事務職員〉を配置しなくても、その地方公共団体が法律違反にならないからである。〈教育の機会均等（第3章第26条）〉と〈地方自治（第8章）〉という、共に「日本国憲法」の原則同士が衝突している

のである。しかし，地方公共団体や学校法人が学校を設置するには，文部（科学）省の定めた設置基準を遵守しなければならない。これが設置基準に明記されれば，学校図書館担当事務職員を配置しない地方公共団体は，法律違反を問われることになる。

　一部の地方自治体が学校図書館の振興に逆行する動きを封じる方策の一つが，1997年の「学校図書館法」改正案の成立時に，司書教諭が配置されても学校司書を廃止しないよう勧告した国会の附帯決議であった。また，政府も2002年8月2日に閣議決定した「子どもの読書活動の推進に関する基本的な計画」で，「学校図書館事務職員」の項目を設け，その中で"今後，学校図書館の活用を更に充実するため，各地方公共団体における事務職員の配置の取組を紹介して，学校図書館の諸事務に当たる職員の配置を促したい"と強調した[参8，p.88]。それにもかかわらず，2003年度から12学級以上の学校への司書教諭の配置が義務づけられたのを機に，学校司書の配置を取り止める動きや，名前だけの司書教諭発令の例があるという。

　国権の最高機関である国会決議を尊重することは，民主主義国家の行政当局の責任と義務であり，この閣議決定はそれを実現するという宣言である。地方公共団体が予算削減を口実に，配置していた学校司書を廃止するのは，地方分権の主旨に反することである。次代を担う「子宝」の教育予算に第一位の優先順位を付けるのが，住民とその付託を受けた行政当局との責務である。それは，行政当局が保護者たちから，'子どもたちの教育を受ける権利の侵害だ'として訴えられる可能性の高い事柄でもある。文部科学省が，学校の設置基準に'学校図書館担当事務職員の配置'を明記しなければな

らない時期にきているのではないか。

③ 学校司書と司書教諭との関係

学校図書館員が学校司書だけであった学校に，司書教諭が配置された時に解決すべき問題として，両者の職務分担がある。原則としては，教育職である司書教諭が指導的な職務を，事務職の学校司書が事務的な業務を担当するということになる。学校司書の法制化を含むかつての法改正案では，「学校図書館法」（第4条）の学校図書館の事業の中で，図書館資料の組織化などを学校司書の，学校図書館の利用指導などを司書教諭の職務にしていた。しかし，どの業務がそれに該当するかは，区分が難しく判断に迷う部分もある。

例えば学校司書がカウンターで生徒と応接するのは，誰の目にも教育活動に見え，学校司書の実践記録ではそれが如実に示されている。ベテランの学校司書がいる学校に初めて司書教諭が赴任した場合の業務分担は，初めからの原則論では軋轢を生じかねない。また，主担任と副担任という関係が作れる一般の教師に比べると，一緒に働く両者の人間関係は微妙なものがあるかもしれない。'案ずるより産むが易し'で，現実から望ましい姿が紡ぎ出されるとよいのではないか。両者には，生徒と教師に喜ばれるように学校図書館を充実するという共通の目標があるからである。

(3) 図書館係の教師

図書部の教師，すなわち図書館係の教師の役割は，図書館の運営を分担することである。特に，専任学校図書館員が未配置の場合は，授業やクラブ指導，学級指導の合間をぬって選書・発注・組織化・

資料提供の業務を分担する。資料組織化などの外部委託，ボランティアへの指示などが加わることもある。数校を掛け持ちする学校図書館員の巡回制があれば，その指示に従って業務を処理する。

(4) 指導員

小学校などには「読書指導員」などの名称で，時間勤務の職員が置かれることがある。資料の組織化などは公共図書館が行い，指導員は開館時間に生徒の世話をするわけである。指導員のおかげで図書館が活発に利用されるようになるなど，その功績は高く評価されている。その一方で，短期間の再雇用と低賃金など，労働条件には問題が多い。学校図書館が読書と情報センターとして機能を発揮するためには，専門性の高い正規の職員を，長期雇用で育てていける専門職制が不可欠である。

3．担当者以外の運営参加者

学校図書館には，その運営に正式に参加していなくても，大きな役割を果たしている人たちがいる。それは，生徒図書委員会および図書館クラブ，父母や地域住民などのボランティアである。

(1) 生徒図書委員会と図書館クラブ

生徒図書委員会は，単なる労働力として存在するわけではない。生徒図書委員会を指導して委員が図書館の仕事を適切にできるように教育するには，学校図書館員がかなりの時間を割く必要がある。それにもかかわらず，生徒図書委員会を運営に参加させるのは，学

校図書館を生徒に開かれた存在とするためである。生徒図書委員会は，学校図書館の具体的活動を一般の生徒に直接伝えるとともに，生徒からの声を学校図書館の運営に反映させる存在なのである。

　生徒図書委員の仕事は多いので，負担軽減のためにクラスから2名程度選出されることが多い。人数を1ないし2名と弾力的にして，図書館に関心の深い生徒が図書委員になれるように工夫している学校もある。また，男女共学の学校では，男女それぞれの意向を反映させるために，男女比に関係なく各1名を選ぶこともある。

　生徒図書委員の任期は，他のクラス役員が1学期になっているのと違って，1年間が一般的である。それは，図書館についての知識・技術を持つ委員が望ましいためである。特に，委員会活動の中核となる学年の委員には経験のある生徒が多い方がよい結果を生む。委員に対して，年度初めに図書館に関する研修会を実施することも多い。それによって，学校図書館活動への生徒図書委員の理解が深まり，学校図書館員との意志疎通も図りやすくなる。

　生徒図書委員会も，他の委員会と同様に，正副委員長・書記・会計などの役員を互選して活動を行う。役員や熱心な委員が日常的に気軽に会合ができる場所として，司書室の中に作業用の部屋のほかに小会議室が欠かせない。

　図書委員会は，資料選択，組織化，広報，図書館行事などの班に分かれて活動する。貸出・返却・館内管理などのカウンター当番は，全員が担当する場合と班を別に設ける場合がある。カウンター当番は，生徒の都合を聞いて調整した曜日別の表に基づいて担当するようにする。生徒がカウンターにいると，一般の生徒が図書館に親近

感を抱くようである。なお、レファレンス・サービスなどのような専門的なサービスや指導は、学校図書館員が行うことを、生徒図書委員に徹底しておく。

生徒図書委員にとっては、図書委員会活動は広い意味の職業教育になっている。特に、普通科の生徒は職業人に共通の基礎能力を学んではいても、職務上必要な知識や判断力、職業倫理などは、その後の職業教育と職業生活で身につけるのが一般的である。その効果が上がるのは、職業について知り、何らかの形で働いた経験である。学校図書館は〈ゴッコ遊び〉の場ではなく、法で定められた社会制度としての場である。生徒が運営に携わる一員として働くことは、貴重な職業教育の機会なのである。学校図書館員はこのことを十分理解して、指導に努めなければならない。

(2) 父母などのボランティア

専任の学校図書館員が配置されていない小学校図書館で、父母が業務をボランティアとして行う例は多く、『図書館雑誌』にも、市の教育委員会が全市の小学校に制度として導入する例が報告されている［参20, p.263］。文教当局がボランティアの活用を奨励していることがその背景にある。吉野節子の報告によると、読み聞かせや図書の整備、図書委員不在時の貸出・返却業務などが活動内容で、登録しているボランティアは317名、12学級規模の学校では16名で、"毎週火曜日に午前10時から12時の間、4、5名で担当している"。問題は、ボランティアの参加者数に地域差が大きく、経済的に恵まれない住民の多いところでは希望者が非常に少ないことである。教育

の機会均等の保障と，経済格差の拡大傾向を弱めるために，そのような地域の学校への厚い人的措置が必要ではなかろうか。

　学校評議会を設置して学校運営に一般の参画の道を開いたように，父母や卒業生，地域住民が，ボランティアとして学校図書館の運営に参加することは望ましいことである。生徒にとっても，教師以外の人々の暖かい眼差しに囲まれて学ぶのはよい経験になる。これは，学校が地域住民の文化・教育センターであったことの再現でもある。しかし，ちばおさむが言うように[参14, p.261]，ボランティアは自発的な活動であって，便利な労働力ではないことを忘れてはなるまい。彼が引用しているボランティアの言葉のように，それは，ボランティアが"楽しませてもらう"性質のものなのである[参14]。

　実り多いボランティア活動の実現のためには，専任の学校図書館員による組織的な図書館づくりと日常の図書館サービスが不可欠である。それがなければ，学校図書館は単なる貸本屋，読書室に留まってしまう。見た目だけの賑わいに惑わされないことが大切である。

4. 運営計画の策定

(1) 運営方針

　学校図書館の利用者は，現在および将来の生徒と教師である。しかし，その運営は利用者の要求に応えるためだけに行われるわけではない。個々の学校や，公立学校であれば地方公共団体とその住民，私立学校であればそれを設置・運営する学校法人と父母，国立学校は国というさまざまな社会の期待も存在する。運営方針はそれに基づいて作られる。期待される役割は，これまで見てきたように，学

校における読書と情報センターであり、学校の教育活動が必要とする資料・情報の提供とそれについての案内である。

それを実現するために方策が練られるが、学校図書館のあるべき姿と現状とはそれぞれ異なるので、具体的な運営方針も違ってくる。例えば専任の学校図書館員が配置されていなかったために、資料構成も貧弱で組織化は不十分であり、図書館サービスも貸出のみという状況の学校図書館ならば、当面の運営方針は図書館の整備になる。そのために、予算と人員を効率的に投入する。図書部で学校図書館員が実情を報告し、図書館の改善案を提示し、その行動計画案を期間・金額などと一緒に提案する。次に、それを職員会議に提案し、了承と校長決裁を経た後、運営の基本方針・計画とする。

教育課程の改定も、運営計画変更の理由になる。それは10年に1回程度改定されるが、実施数年前には改定案が公表されるので、準備期間を含めて基本方針を変更する。改定では教科・科目の内容が大きく変わることがあるので、必然的に運営方針の一つである資料選択方針も変更する。また、自学・自習に重点を置いた改定に対応するには、参考図書や参考資料、その他の資料の収集に重点を移す。

(2) 運営計画

学校図書館の整備計画では、何年間で目標を達成するかが重要な課題になる。使える予算や人員の見積もり、現在の状態などが、計画立案の重要な要素である。

学校も会計年度単位で動くので、短期計画は1年間になる。中期計画は2ないし3年程度、長期計画は5ないし10年となる。そうな

るのは，教育課程の改定がほぼ10年ごとであり，教職員が数年で他校に転任する自治体が多いからである。一方，複数校を設置している学校法人を除いて，私立学校では転任がないので，学校図書館ではさらに長い長期計画を立てることができる。いずれの場合でも，学校の運営計画に対応した図書館運営計画を立てる。

　短期計画では，中・長期計画の1年分の処理が含まれる。学校全体の運営計画表作成に際して，その掌に当たる担当教師は，前年度の2学期末か3学期初め頃に，学校図書館へも計画を出すよう依頼してくる。依頼がない場合には，学校の計画に加えるように申し出て，図書館も学校の一員であることを認識してもらう。

　学校全体の計画には，オリエンテーションや図書館も関係する学校行事（文化祭，修学旅行，講演会，映画鑑賞など）が入る。学校図書館独自の計画表には，上記の他に図書部会，資料選択委員会，生徒図書委員会（全体会，研修会，各班の活動など），読書会，展示会，文学散歩などが入る。

5．運営規程と職務規程（スタッフ・マニュアル）

(1) 校務分掌と運営規程

　どの組織体も運営についての規程を持っている。明確な事務処理がその業務である場合には，管轄と担当者が明確に決められている。校務分掌などの運営組織と業務についても，学校経営を円滑に行うことを目指して，担当者と業務などを明記した冊子が作られている。その内容は，前年度の後半に，学校の中堅教師と事務長で構成する委員会で原案を作り，職員会議の議を経て校長が決裁し作成される。

しかし，校務分掌の場合，文書には部内の係と業務が明記してあっても，厳密にその通りに実行されているとは限らない。教師たちがそれを本務外の業務，すなわち〈雑務〉と見なしているためなのか，一部の教師にそれが押しつけられている例も見られる。学校図書館員が配置されている学校の図書部も，事情は同じのようである。図書部に所属する教師の数が若干名になり，実質的な業務のほとんどが学校図書館員の業務になる傾向が強いわけである。

(2) 職務規程と業務分析

　図書館を機能させるためには，処理すべき多様な種類と膨大な量の業務があることは，零細な学校図書館でも同様である。少数の担当者でそれを行えるのは，図書館機能の大幅な低下に目をつぶって，業務のかなりの部分を手抜きしているからである。逆に，図書館機能を少しでも発揮させようとすると，過重労働を自ら招くことになる。日本の職場ではオイルショック以来人員削減が進行し，労働密度がますます高まり極限に達している。その結果，自殺や過労死が増えてきた。学校図書館は発足後一貫して人員不足が続いているにもかかわらず，そのような事態に至らなかったのは，学校現場では図書館機能の発揮がそれほど強く期待されていなかったからである。

　図書館機能を発揮させようと，真剣に努力している学校図書館員は少なくない。そのような学校図書館員が不満を漏らすのは，資料組織化が不十分で，資料・情報サービスもおろそかにしている一部の他校学校図書館員の業務に対してであった。しかも，図書館本来のサービスを経験したことがほとんどなく，受験勉強・指導に明け

暮れる生徒と教師たちは，それを求めることもなかった。図書館機能を少しでも発揮させようとすると，労働過重になって自分に跳ね返ってくるジレンマは，今日の学校図書館員も抱えている。

　このことは，学校図書館の業務分析をし，業務量と担当者の人数と資格を明らかにした〈職務規程（スタッフ・マニュアル）〉が必要なことを示している。そうしないと，担当者の交代で図書館が機能低下や不全に陥っても，運営の責任者は手が打てないからである。特に，学校図書館の運営を図書館員以外の人々が手助けすることが望まれている今日では，ますますその必要性が高まっている。

(3) 不文律とメモの職務規程

　真剣に努力している図書館員がいる学校図書館でも，明確な職務規程を作っているところは少ないようである。その一因には，学校図書館の日常業務には同じことの繰り返しの部分が多いことがある。また，その活動内容が細かく，零細企業的なこともある。担当者の裁量で'適当に'運営し，それで'一応'破綻がなければ，面倒な規則を作ってそれに縛られるのは矛盾しているからでもある。

　どの組織でも係員が交代する時には，業務の引き継ぎをする。学校内の事務室や図書館では，その継続性の必要度が高い。しかも，学校ごとの独自性が強く，細かい業務が多い。専任の担当者もほとんどいない。そこで，他の校務分掌に比べると引き継ぎ事項が多く，より細密にならざるを得ない。

　これに対応するために，職務規程のない学校図書館では，継続性が必要な日常業務を中心にメモを作り，新旧担当者はメモを使って

引き継ぎをする。業務上疑問を感じた点について，メモを元に前任者に問い合わせて問題を解決する。新任者は，引き継いだメモを業務の必要に応じて加除を行う。このメモが，職務規程の役割を果たすのである。これによって，スムーズな交代が可能になる。

(4) 職務規程の効用

〈スタッフ・マニュアル〉の存在を一般に知らしめたのが，ファースト・フード店とファミリー・レストランの店員や，ディズニーランドの従業員（「キャスト」と呼ばれる）の，客に対する画一的な応接であった。業務分析をし，個々の場面でどのように応接するかを形式化し，それに従うように訓練する手引（マニュアル）がそれである。担当者が交代しても，必ず一定の水準のサービスを確保するための「保証書」である。

専門職が学校図書館を運営する場合には，〈マニュアル〉は不要であると考える人もいる。しかし，上でも見たように，1人ないし2人の学校図書館員が図書館のすべての業務を取り仕切り，非専門家の図書部教師や図書委員，ボランティアが参加する学校図書館であるからこそ，図書館運営の一貫性と図書館サービスの質を維持するために，何らかの明文化した規定が必要なのである。

(5) 職務・業務規程の内容

学校図書館の運営には学校図書館員以外の人たちも参加するので，名称を〈職務・業務規程〉として述べることにする。

① 職務・業務分担

　司書教諭と学校司書が配置されている場合には，両者の職務分担について問題が生まれることがある。教育職の前者は学校図書館の教育，事務職員の学校司書はその事務というのが法の建て前である。学校司書が助手という教育職の場合には，司書教諭の全業務を補助することになる。この分担方法は抽象的である上に，学校司書が司書資格を持ち図書館経験が豊富な場合には，専門的業務については分担が難しくなる。職種を基にした職務規程で業務分担をし，両者の重複部分の境界を柔軟に動かすのが実際的ではあるまいか。

　司書教諭とは別に図書部主任がいる場合に問題になるのは，校長との関係である。かつては，校務分掌に関する事柄は図書部主任が，図書館の専門的事項については司書教諭が，校長と話し合うのが慣例だったようである。しかし，主任の頭越しの話し合いは組織の力学からは整合性に欠ける。その解決策の一つが，若手の司書教諭を図書部副主任にすることであった。これは今でも便利な方法である。

　学校司書が事務職員の場合は直接の上司は事務長であり，職員全体の上司である校長がその上に位置することになる。しかし，学校司書は図書部の業務を行うので，上司でない図書部主任の管轄下に置かれることになる。このねじれについても，仕事がしやすい慣例を作ることで解決する。慣例や他の学校の例などを参考に，実際的な職務規程を作りたい。

② 資料の選択・収集

　これに関する規則は，〈資料の選択方針・基準〉と〈選択・収集のための具体的な作業工程〉との2つになる。前者は明文化してお

く方が，教師と生徒が購入希望を出しやすい。また，これは図書館の目的にかかわることなので，学校図書館員が作成した案を図書部会と資料選択委員会で検討・議決し，職員会議の了承を得て，最終的には校長が決裁する。また，年度初めの図書部会と資料選択委員会で確認しておく。修正が必要な場合は，原案の決定と同じ過程を経て決められる（V.1.(2)などを参照）。

　図書を例に取ると，(ア)各教科の授業運営に必要な各主題の概説書，(イ)古典，名著，(ウ)参考図書などと，購入する候補になる図書の種類を列記する。また，全国SLAが編纂する『学校図書館基本図書目録』に掲載されている図書を含めるのも一案である。ノーベル文学賞受賞の作品というのも方針に入る。(イ)に関連して，図書館の蔵書を教科教師に検討してもらい，備えるべき基本図書の書目を作ってもらった場合は，自動的にそれを購入するという条項があると，蔵書のアンバランスを補正しやすくなる。

　生徒の希望については，生徒図書委員会の下部委員会である生徒選択委員会で検討し，それを教師と学校図書館員の選択委員会で決定することを明記しておく。これは，学校図書館の資料の収集・提供は学校に責任があるためである。教師の資料選択委員会の決定は，最終的な責任者である校長の信任の下に行われる。

　選択のための準備作業と，選ばれた資料の収集とは，事務的な業務が多くなる。前者についても具体的に業務内容を規定に書いておくと，遺漏なく順調に作業を進めやすい（「V.4.選択のための準備」および「6．選択委員会終了後の作業」を参照）。

③ 資料の組織化

(ア) 分類作業に関する事項

　分類表については，例えば NDC の場合には何桁まで展開するかを各主題ごとに決めておく。補助表についても，留意事項にあるように，それを使って無闇に桁数を多くしないように決めて記載しておく。これは職務規程に記載するほかに，分類表のそれぞれの箇所に記入しておくと便利である。もちろん，職務規程を改訂した場合は，メモ書きの修正も忘れないようにする。実情に合わない場合には，分類表を修正することもある（「Ⅵ．2．(4)⑥分類表の補正」参照）。これについては，原則を明記しておく必要がある。こうした書き込みによる修正は，研究会などの研究材料になる。各学校図書館の〈修正〉の比較検討などを通じて，現実の図書館に適した分類表になっていくのである。分類表が改訂された場合には，改訂版へ移行するか否かが検討事項になる。移行を決めた場合には，職務規程にその旨の記載をして，改訂版への転記とメモの補正をする。

(イ) 件名作業に関する事項

　使用する件名標目表名と，件名の変更などについての方針も，職務規程に記載しておく。件名の変更・削除・追加を行った場合には，分類表の場合と同様に，理由を記載しておく。

(ウ) 資料の装備に関する事項

　図書館資料の装備のしかたも，職務規程の記載事項になる。例えば，図書に受入印・蔵書印などを押す場所や，そのインクの色などは，事務引き継ぎで説明される事項の一つである。つまらないことのようであるが，そうしておかないと新旧交代が円滑に運ばない。

④ 情報・資料の提供

この中には，利用者にとっての規程である図書館の〈利用規則〉も含まれる。開館日と開館時間については，例えば'生徒会総会の開催時間は閉館する'原則は職務規程に記載する。利用規則に記載するか否かは，意見が分かれるかもしれないが，レファレンス・サービスの記録は，その書式を定めておき，後で内容を分析する。相談者の学年・クラス・性別なども記録しておくとよい。

(6) 利用規則

利用規則には，開館日と開館時間，貸出（方法・冊数・期間・期限の延長・停止・制限・予約），リクエスト制，レファレンス・サービスと読書相談（禁止事項も記述），新聞・雑誌・視聴覚資料の利用などについて記載する。同じ内容は生徒手帳に記載してもらう。

利用規則は，図書館サービスの内容にかかわることなので，学校図書館員が専門職としての意見を出して素案を作る。人手の問題にかかわるので，理想と現実の折り合いが必要になる。次に，図書部で調整し，職員会議の審議を経て校長裁決になる。特に，貸出停止などの措置については生徒処分の問題になるので，職員会議で慎重に審議する。

6．学校の予算と図書館運営費

(1) 学校の予算

学校にはさまざまな費目で予算が下りてくる。予算の審議は，予算委員会や上層部の教師で構成される総務委員会などで行われるよ

うである。人件費を除いた学校運営費には，毎年大きな変動がなく措置される〈経常予算〉と，特別事業のための〈特別予算〉がある。また，予算には，最低10年は使用する物品を購入するための〈備品費〉と，消耗品などのための〈消耗品費〉がある。後者を「一般需用費」などと呼ぶこともある。

国も地方公共団体も共に過大な債務を抱え，さらに税収の落ち込みが激しいために，予算の削減に必死である。事業内容の見直しよりも，大方の反発を避けやすい一律削減（シーリング）の方針のところが多い。しかも，学校図書館の予算が学校予算に占める割合はかなり大きいので，校内からも予算削減の圧力はさらに強くなる。

しかし，学校図書館は，大手を振って予算増額を要求できる立場にある。それは，2002年度から5年間「学校図書館図書整備費」が，地方交付税に含めて交付されているからである。しかし，〈ひも付き〉でないために，それが学校図書館の図書整備費に充てられていない市区町村があるのは，全国SLAの問い合わせの結果からも明白である。整備費の予算化についての各市町村の回答[参6, 2002.6, p.45-57, 2002.11, p.47-58]を見ると，前年度に比べて図書購入予算を減らしている市町村の方が多いことがわかる。一方，2002年5月5日「子どもの日」に〈図書整備費の予算化〉について，全国SLAと学校図書館整備推進会議が意見広告を"主要全国紙，ブロック紙，地方紙45紙に"出したところ，反響が大きかったという[参16, p.10]。学校教育に支出された税金が他に流用されている例は，前述のように，学校図書館担当事務職員費にも見られたが，学校図書館の図書整備費もその被害者なのである。それ以外にも，2000年度予算で，

"教育用コンピュータの整備費の中でソフトウェア経費として，1校当たり小学校76万6000円，中学校161万4000円が地方交付税で措置されていたのが，小学校27%，中学校23％で，平均して交付額の1割程度しか措置していなかった"という[参5, p.33]。地方当局が子どもの教育費を他へ流用しているのは，大人たちが社会の将来を考えていないことを反映しているのではあるまいか。

(2) 学校図書館運営費

　公立学校にも，公費以外の財源の予算収入がある。これは日本の近代学校では早くからの慣例らしい。旧制の公立中学校の誘致合戦では，地元がその校地取得と建設費に莫大な負担をしたという。また，学校の施設設備をよくするために，学校後援会が作られ学校を援助し，学校図書館の図書購入にもそれが充てられていた。

　学校後援会に代わる役目を果たしたのが，第二次世界大戦後のPTAである。日本の学校は，学校図書館を含めてPTAの支援で成り立っていた。特に学校図書館は，その出発点から人件費を含めて，ほとんどが父母負担で維持されていた。図書館が公費支弁に切り替わった今日でも，全国SLAの2002年6月の調査によると，公立学校の学校図書館経費に私費が含まれている[参12, p.39]。また，図書館経費は学校規模の違い以上に学校格差が大きい。例えば小学校で最高213.2万円（14学級），最低1万円（7学級），公立高等学校は最高328万円（21学級），最低9万円（18学級），私立高等学校776.3万円（18学級），最低22.6万円（33学級）という具合である[参12, p.40]。このほかに，同窓会が図書購入用に寄付する学校もある。

運営費の金額の差は，学校設置者や教師集団の学校図書館への熱意の違いを反映している．しかし，学校図書館が学校教育に欠かせないものならば，この事態は教育の機会均等が損なわれている証拠になる。単に'教師の熱意の違い'と，放置してよい問題ではないはずである。場合によっては行政処分を行うくらいの覚悟で，学校図書館基準を各地方自治体と学校に守らせるべきではあるまいか。

① **資料購入費**

（ア）総額

図書館関係者以外の人々は，図書館の運営経費に資料購入費以外の費用が含まれることを知らないことが多い。しかも，その割合はかなり高い。人件費は実質最大のものかもしれない。しかし，学校図書館の場合，人件費や学校事務に共通の用品などは図書館予算に含まれないので，資料購入費が最大のものになる。前記調査を見ても，購入費の格差は大きく，小学校209万円（14学級）対1万円（7学級），公立高等学校281万円（24学級）対6万円（18学級），私立高等学校662.8万円（18学級）対20万円（22学級）と，図書館経費と並行している。図書以外の資料購入費も同様に差が大きい。最高額が最も高い私立高等学校では，最高279.8万円（41学級），最低1万円（33学級）とこれも同じ傾向である[参12, p.40]。両者の図書購入費との比率が不明なので，どの程度視聴覚資料などに力を入れているかはわからない。

（イ）図書購入費

図書購入費は，前年度の実績を基礎に予算削減率を掛けて計算することが多い。しかし，これでは学校図書館経営の理念が全く反映

されないことになる。本来は当該学校の教育活動にどの程度の規模とどういう内容の蔵書が必要か、ということから出発するはずである。そうならないのは、明白な数値化が難しいからであろうか。

　数値化の方法には、例えば全国SLA編纂の『学校図書館基本図書目録』（年刊）を学校図書館の叢書の〈核〉と仮定して、それに必要な購入費用を算出するというやり方もある。欠けているものを3年間で補充すると仮定すれば、毎年の金額は明瞭になる。最も標準的な積算方法は、最新の学校図書館基準に基づくものであろう。積算する冊数に図書の販売価格を乗じた額になる。不足冊数を何年で補充するかで金額が出る。

　経験則による積算方法もある。例えば、標準規模の小学校図書館に6千冊の蔵書が必要とし、図書の単価が2千円であれば、総額は1200万円、平均8年で入れ替わるとすると、毎年の購入予算は150万円になる。高等学校で3万冊の蔵書で単価4千円ならば合計1億2千万円なので、毎年の購入予算は1500万円になり、私立高等学校の最高でも足りないことがわかる。入れ替わる年月を平均10年あるいは15年と見なせば、毎年の購入費は大幅に減る。この場合、内容が古くなった図書や破損・紛失図書などを毎年除籍して、それらと蔵書との比率から、蔵書の更新率を算出する方が先決かもしれない。

　図書には金額や種類によって、備品費で購入するものと、消耗品費のものがある。年度初めに枠を決めるので、途中で予算がなくなることがある。大型の参考図書など高価なものが出版されるなど、予想が狂うこともある。学校全体で備品費と消耗品費の枠が決まっているので、事務室に頼んで、可能ならば予算の修正をしてもらう。

(ウ) 雑誌購入費

　雑誌購入費は消耗品費になる。これは何を購入するかで総額を決めることができる。例えば30誌を購入するとして，月刊で800円のA誌は9600円，季刊で1200円のB誌は4800円，というように全部の1年分を合計して予算額を算出する。臨時増刊号の有無は経験から見通して，その予想額を加える。こうして，例えば28万円という予算額を見込むわけである。2003年現在はデフレ時代であるが，用紙代の上昇が始まったためか，定価が上がり気味のようである。年度途中の値上げの場合には，予算の修正で予備費から出す。

(エ) 新聞購入費

　これも消耗品費で，雑誌と同じように積算する。筆者が現職の時に，事務長が全国紙3紙の予算は学校に来ていて，図書館に置くことになっていると教えてくれたことがある。図書館で別に予算を確保せずに，それを図書購入費に回せた。ありがたい配慮であった。

(オ) 視聴覚資料購入費

　CDや録画用DVDなども含めて，どのような〈資料構成〉をするかによって，上の調査結果のように大きな差が生まれる。学校放送を教材としてDVD-RAM30枚程度に録画するとして，1枚1000円ならば3万円になる。平均4000円のソフトを50タイトルならば20万円である。全額で30万円になる。視聴覚教育に熱心な教師がいる場合には，調査結果に見るような大きな金額になる。

(カ) 電子資料購入費

　百科事典や語学辞典，図鑑などは，大分前から電子資料で刊行されるようになり，閲覧用に購入する図書館も多くなった。改訂の頻

度も高くなったので，毎年の購入予算を決めておく必要がある。単価が高価なので，点数を多く見込むと予算額が膨らんでしまう。計画的な購入が望まれる。

② 備品費

図書館資料が増えて書架を増設したり，パソコンの端末を増やす場合は，それらの購入費を確保しなければならない。これらは図書館の経常経費ではなく，学校全体の備品購入予算の中から確保する。各教科，校務分掌，学年などから出された予算合計額は，配布された予算金額の2ないし3倍にはなる。それを査定するのが予算委員会や校長で，事務長が助言して査定が終わる。合理的な理由があっても，毎年請求してようやく認められるのが一般的である。図書館でも見通しをつけて，早めに予算請求をしたい。

③ 消耗品費

細々とした事務用品は職員室のものを使えるので，ここに挙げるのは消耗品の学校図書館用品である。図書整理用品や貸出用品，図書館事務用品などがそれである。これも，経験などをもとに1年間の使用量を見通して予算を立てる。

④ 教育・広報費

図書館利用の手引書，図書館報などの発行費用，生徒図書委員会の活動費などがこれになる。しかし，これらに割ける予算はほとんどないのが実情である。生徒図書委員会の活動費は，委員会が生徒会に所属していれば，生徒会予算の一部として要求することになる。

⑤ 諸経費

上記の経費の他にもお金が必要なことが多い。業務用図書などの

購入費は，学校図書館の図書購入費に含める。学校図書館にも来客があり，茶菓で接待することがある。茶は親睦会費で購入することが多いので，それを分けてもらってもよい。

7．学校図書館員の研修の場

(1) 自己研修

教育を受ける側に学習意欲や動機が欠けていれば，その効果は上がらない。自己研修は研修の原点である。

学校でただ1人の学校図書館員は，中小図書館でも十数人で分担する業務内容を行わなければならない。その職務の遂行には，新人，ベテランの隔てなく深い専門的知識と熟練した技術が必要なことが少なくない。それに加えて教師の一員としての職務もある。絶えざる研修が必要なのである。そして，学校図書館には，さまざまな難しい問題が押し寄せてくる。その際に，解決の糸口を与えてくれるのは，友人の学校図書館員であり，図書や雑誌などである。

北海道北見北斗高等学校の須田紀子は，次のように書いている。"今年もいろいろな研究会がありましたのでとんで行きたい気持でしたが，子どもが小さいのであきらめざるをえませんでした（中略）。出かけられない私は『学校図書館』や『図書館雑誌』で学校図書館の動向を伺っております"[参11, p.9]。新人，ベテランを問わず直面する問題が多岐にわたることは，雑誌の記事にも見ることができる[参10, p.38 など]。

(2) グループ研究

　こま切れの多彩な業務に追われながら自己研修に励むには，強い意志と忍耐力，行動力が必要である。しかし，途中でくじけたりするので，仲間との勉強会を持ちたい。比較的実行しやすいのが，近くの学校図書館員との研究会である。地域性の強い問題も多いので互いに力になれる。発足後5年で会員数が30数名になった古川管内司書の会や[参3, p.57]，3名の会員で出発し，以後着実な活動を続けている岡山市の学校司書会は[参2, p.9]，その好例である。近くの学校に参加できる人がいない場合は学校の範囲を広げる。グループ研究は一種のサークル活動なので，その継続が困難である[参1, p.192]。継続性を保つには，大きな組織の支部会の形式を採るのも一つの方法である。

(3) 市・郡および都道府県単位の研究

　グループ研究が，市や郡の大きさの組織に成長していくことがある。会員を学校司書にしているものにそれが目立つのは，法に規定されていない状態で，専門性の確立と身分保障のためには，自分たちだけの組織が効果的だからであろう。組織の範囲は，高等学校は県単位，小・中学校は市区町村単位が一般的である。県単位の会は範囲が広くなるので，近隣校のグループで支部を作る。

　支部形式の研究グループが，前述のグループに比べて消滅しにくい一因には，活動状況が支部会員の意欲を反映することがある。また，転任などで所属会員の入れ替えがあっても，組織の枠は変わらないこと，大きな会の支部であるために，活動に便宜を図ってもら

いやすいこともある。

(4) 学校の連合組織

　教員の組織には学校を構成単位にしたものが多い。研究組織の永続性を保つためと，専門職としての教師の基盤が学校にあるためであろう。この組織の一つに，学校図書館を研究主題としたものがある。会員校の範囲は市区町村，都道府県などさまざまである。東京都高等学校図書館研究会，東京都学校図書館協議会はそのような会の一つである。また，全国 SLA は，都道府県別の学校図書館協議会の連合体である。校長や著名人が会長になることも多い。

　この種の会の会費は，一般に公費から支出されることが多いので，財政的にも安定している。教員の研究組織であるために，参加者や運営担当者には学校図書館係の教師がかなり多い。学校図書館活動は教育活動の一環として，教師の協力を得て行うべきものであるから，これら組織の研究会も重要な研修の場である。

(5) 教員組合の研究集会

　一般に専門職は職能団体を組織し，専門能力の向上と待遇の改善を図る。図書館員は被雇用者であるから，新たに労働組合を結成するか，あるいは既存の組合に加入する。教員である司書教諭は教員組合に加入するが，身分が行政職，教育職とまちまちの学校司書は，それに応じて組合を選ぶことになる。しかし，今日では教育職であるべき職種と認識されているので，教員組合も行政職身分の学校司書の加入を一般に認めている。

教員組合は一種の職能団体なので，研究集会などを開催し，学校図書館に関する部会も設けている。その活動には全国規模や都道府県単位，学区あるいは市区町村単位のものなどがある。後者は支部研究会で，学校図書館員のグループ研究会にこの種のものがある。

　日本教職員組合の第30次教育研究全国集会（1981年1月）では，学校図書館に関係のある小分科会が初めて設けられた。そのテーマは「読書教育・図書館教育活動－現代の文化状況のなかで」であった。また，東京都高等学校教職員組合は，1960年の東京都における専任司書教諭の採用以降，組合員に学校図書館員を抱え，種々の問題の発生したこともあり，学校図書館への関心が高い組合である。学校図書館員の組合内下部組織の結成，その組織からの働きかけもあり，以前から研究集会でも学校図書館の問題を取り上げている。

(6) 文教当局の主催する研修会

　文教当局も研修に力を入れている。学校図書館については，専任の学校図書館員がほとんど配置されていない頃に，学校図書館係の教師に対して学校図書館と視聴覚教育について行ったこともある。また，学校図書館員の研修会には学校司書も含まれるようになった。研修には，新任研修と中堅職員への研修などがある。学校司書の身分が事務職員である場合には，期間の半ばを学校事務職員と共通に，残りを学校図書館について取り上げる。

　文部科学省や各都道府県による研修の体制は，校長・教頭・中堅教師向けには整備されており，学校図書館員向けのものも含まれるようになってきた。文部科学省は早くから，学校図書館研究協議会

のような指導者研修会を実施してきている。各都道府県県教育委員会から推薦された参加者は、小・中・高の教師、教頭、校長、指導主事と幅広い。研修目的は、学校図書館運営に関する諸問題を研究討議し、教育課程の効果的な実施に資することとなっている。

(7) 研修をめぐる若干の問題

これまで見てきたように、多様な研修の機会が用意されている。教育職と異なり、自主的な研修に制約を受ける行政職の学校司書に対しても、上司である校長をはじめ他の教師たちが理解を示し、いろいろな形で便宜を図っていることが多い。それは、絶えざる研修を必要とする教育に、学校図書館員が携わっているからである。

公立学校の教員には、その職責を遂行するために研修の義務があることと、教育委員会は研修のための条件整備に努めることが、「教育公務員特例法」(第19条)にうたわれている。しかし、このことは研修が教育委員会の指導の下に義務として行われることをただちに意味してはいない。文教当局も認めているように[参19, p.19-20]、研修は自主的なものでなければならない。それゆえ、研修の場が学校を構成単位とする組織や教育委員会主催のものばかりになるのは避けたい。また、専門職確立の理論からは、自ずと異なった知識の体系や方法もある。職能団体が研修の内容を充実していくことも必要である。学校図書館員は、発想を転換して困難な現状を打破するために、多様化した研修の場を活用すべきであろう。

専門職の研修には学問成果の学習が必要であり、養成機関である大学教育のあり方と密接に関係する。それにもかかわらず、この問

Ⅶ. 学校図書館の運営　*311*

題では大学の影が薄いようである。若干の大学にしか図書館情報学の大学院課程がなく，学校図書館を主専攻とする研究者が非常に少ないことが主な原因である。学校図書館研究者の育成が急がれる。

8．評価と自己点検

(1) 評価項目の設定と改善の困難性

　何らかの目標を設けて行動する場合には，目標への到達度を基に，行動の内容・方法などを検討して，その妥当性を評価する。それは，次の行動を適切なものにするための情報収集でもある。それでは学校図書館は，どのような評価を行うとよいのであろうか。

　学校図書館の目標は，学校の教育活動が必要とする図書館資源（自館と外部の資料と情報）の提供である。その達成度は，要求にどの程度応えられたかであり，要求は実際に図書館に寄せられたものだけではなくて，寄せられる可能性のあるものも含まれる。そして，前者については，要求への対応内容の判定が，後者は何をそれと見なすかが，評価を難しくすることになる。

　評価表には「学校図書館の評価基準（例）」があり[参18, p.285-300]，図書館資料，建物・設備，経営，組織，運営・利用，学校図書館の利用指導の6分野を細分した項目が挙げられていた[参18, p.295]。その後，後藤満彦は，内容が古くなったので，全国SLAなどが評価表を作ることを提案している[参7, p.12]。事務局次長，局長として同会の指導者であった故佐野友彦は，この1963年版の評価表の元になった1959年版の「学校図書館基準」[参18, p.283]を"項目によってはあまりに時代離れがしている"として，独自の評価表を『児童図

書総合目録』に載せた。これは，一部変更されて[参9，p.45]，雑誌『学校図書館』に収録されている[参9，p.32-45]。

　佐野の評価表は，1．基本的な考え方，2．施設・設備，3．資料，4．資料の利用体制，5．校長や係職員，6．図書館運営，7．経費と経理，の7分野を，6ないし14項目に細分し，その項目ごとに最低1点，最高5点の評点を付けた判定基準を明示している。例えば〈開館〉は〈6．図書館運営〉に含まれるが，その(3)の質問は"学校図書館は先生や児童・生徒の在学中いつでも開館していますか？"となっており，選択肢4つを挙げている。文章を縮約し，評点を注記すると，それは，①登校時から下校時までいつでも利用可(5)，②①であるが担当者の都合で一時閉館あり(3)，③始業前・昼食休み・放課後開館，授業中閉館(2)，④曜日により開館(1)，となっている[参9，p.41]。佐野の評価表はきめが細かく，具体的な数値も入れて，自館の改善の目安が得やすい内容である。

　客観的な評価表ができても，急速な改善をしにくいのが図書館である。資料構築を例に挙げると，それは図書館創設以来，毎月少しずつ新しい資料が加えられて形成されたものである。評価表で低い点を付けられても，責任は担当者にあるとは言えないのである。改善のために資料構成を大きく変更したくても，相当長期にわたって行わなければならない。しかも，教師によって資料の活用のしかたは異なり，その教師も公立学校では毎年数名は入れ替わる。

　授業方法の他にも，図書館の運営に無関係な要因で，評価の尺度となることが左右される場合がある。例えば，学校図書館の入館者数は，校内における図書館の位置や自習時間の多寡，クラブ活動の

ありようなど外的要因が大きい。レファレンスの件数と内容も，発表学習や課題学習の多寡で全く異なる。

　学校図書館の運営のあり方は，その評点によって適否が明瞭に示せるように見えるが，必ずしもそうならないところがある。例えば貸出冊数について見てみると，多い方が高く評価されるのが一般的である。しかし，多くなった原因が，生徒たちの軽読書傾向に合わせた蔵書構成の結果であることはしばしば報告されている。学校教育のための図書館という目的から外れた資料構成が，高い評価を与えられる評価法では，評価への信頼を失わせることになる。目的に沿った評価の標準化が必要である。

(2) 評価のための調査

　図書館外からの評価の意味合いを持つのが，調査結果を元にした評価である。学校図書館で実施しやすいのは，生徒への読書および図書館利用調査である。

　読書調査や図書館利用調査は社会調査なので，確立されている方法で調査を行わないと，結果は信頼できないものになる。大学で社会調査法を履修していない場合には，数学の教師に相談し，その分野の専門書を読んで質問事項と選択肢などを設定し，調査票を作成する。生徒数が多い場合は，大量の集計作業が必要な〈悉皆調査〉は難しい。抽出調査では〈標本〉の数（調査する人数）を絞る。調査対象の全員（母集団）から標本数を選ぶ比率も，調査で求める精度によって決まるので，これも明確にしておく。

　標本の選び方は，無作為抽出になる。生徒の中には"調査に回答

させて！"と志願する者もいるが，その生徒に回答させることは無作為抽出に反することになる。出席番号が男女別になっている場合，乱数表を使う方法が有効である。また，男女差があると考えられる読書傾向などは，男，女2つの階層に分けた層別調査が必要である。

　質問票についても，気をつけるべき問題がある。質問が誘導尋問にならないことや，回答の選択肢は最初のものが選ばれやすいことなどは，そのうちの2，3に過ぎない。質問量が多いと回答がお座なりになり，調査の精度が落ちる。記入のときも，学級担任のような調査協力者が，注意事項を読みそれに従うように指示することも大切である。注意事項には，他の生徒と相談したりしないことが含まれる。生徒が調査票を家に持ち帰って記入するのはバイアスがかかるので，調査日中に協力者が回収し図書館に持参する。回収率が低いと信頼度が落ちるので，回収率を上げる工夫も必要である。

　調査の時期も結果に影響を与えるので，学校の年間計画を勘案して決める。例えば，定期試験の1週間前などに行うと，通常の時期よりも読書時間・量が減り，図書館への入館回数が増える可能性が高くなると予想される。修学旅行や体育祭・文化祭のような学校行事も，読書活動に影響を与える条件である。

　全国SLAと毎日新聞社が毎年合同で実施している読書・図書館調査は，2002年は"6月第1・2週"で[参12, p.12]，学校図書館調査は"6月"となっている[参12, p.32]。これは，入学時のさまざまな行事などから約2か月経て，学級作りも順調に進み，新年度の授業運営が軌道に乗り出すのが6月上旬であるためである。上で挙げた諸条件を考慮に入れて，時期を決めるべきであろう。ただし，全

国調査と自校の調査とを対比したい場合は実施時期を合わせる。

　調査結果を，他の目的に使用しない旨を記すことは重要である。そのことが保証されなければ，正直に答えてもらえないからである。〈正直さ〉を確保する方法が記名である。〈記名すること〉は，悪用される危険があるので，避けたい回答者が多い。調査者と回答者の間の信頼が，調査結果の精度を高めるための記名を可能にするのである。そして，記名することは読書のプライバシーを調査者に開示することなので，目的外使用はどのような理由があっても行ってはならない。その旨を調査票の冒頭に明記しておく。信頼度が下がるのを承知で，無記名を選ぶのも一つの考えである。

　調査の集計を生徒図書委員や図書館ボランティアがする場合，記名調査では氏名欄が見えないように綴じて，生徒のプライバシーを守る。学校図書館員と生徒図書委員会の調査班が一緒に検討した分析結果を加え，調査結果は図書館報あるいは学校新聞に掲載する。

(3)　全国調査との対比

　図書館の運営全般にかかわるのが，図書館調査である。全国SLAの全国調査では，学校図書館の施設，学校図書館の蔵書，学校図書館の職員，学校図書館の経費，学校図書館の設備，土曜日の図書館活動，子どもの読書活動推進法，に大別し，その中を，例えば「施設」の場合には，学校図書館設置率，施設専用率，学校図書館の広さ，のように細分した項目について調べている［参12, p.2-44］。

　この調査と対比する場合に注意すべきことは，それが学校規模の差が大きい全国の学校を母集団にしていることである。例えば，図

書購入費を見ると，小学校の最高額が209万円（14学級の学校），最低額1万円（7学級の学校）と極端な違いが見られる。自校と同じ学級数の学校の平均値や標準偏差は報告されていないので，自校の図書購入費の評価ができないのである。全国調査では，規模，教師の図書館理念，学校の〈ホンネ〉の教育目標などが，学校図書館の実態を見えにくくしているのであろう。その点で，文教当局や佐野友彦などによる標準化された調査に，地域や学校類型を限定して調査した結果を積み重ねることも必要なのではなかろうか。

(4) 利用者による評価

利用者である生徒と教師による評価は，学校図書館の改善のために欠かせない。生徒の評価は，一つは図書館利用調査に設けた質問への回答として入手できる。もう一つは，図書館への投書である。資料の購入希望用紙を入れる箱に入れるようにすれば，気兼ねなく投書ができる。毎日箱を開け，購入希望と投書とを分けて，その内容を投書の記録簿に記入する。ただちに回答できることは，投書者の氏名を伏せて，図書館からの回答として掲示する。改善に時間がかかったり，困難な場合はその理由を明記する。こうした情報開示が，利用者である生徒からの信頼と協力を得ることになる。

個々の教師からの評価は，運営に携わっている学校図書館員が同僚であるという関係から，投書のような形では得にくいであろう。むしろ，意見を積極的に聞く姿勢を，常に感じさせる雰囲気が望まれる。相手の話の端々に注意を向けて，話の中から図書館への要望を汲み出すことが必要である。また，第三者的な表現による図書館

への評価を大いに歓迎すべきであろう。

(5) 自己評価

① 図書部，生徒図書委員会，学校図書館員によるもの

毎日の業務については，図書館の業務日誌に自己評価を記入しやすい欄を設ける。それによって，毎日の自己点検・自己評価が確実にできる。改善・解決すべき問題があれば明記し，その改善・解決が早急に可能ならば実行し，図書部での相談が必要ならばその案を考えて，早い時期に図書部会で策を練る。

図書部や資料選択委員会のような，図書館運営にかかわる組織に属する教師たちの評価も重要である。公式な形では出にくいかもしれないので，部会や委員会の席上での発言などから，問題点，改善の方向などを汲み取り，必要に応じてそれを自己点検・評価の問題として取り上げていく。

生徒の代表として，生徒たちの評価を聴く立場にあるので，生徒図書委員の忌憚のない評価も有益である。日頃聞いていることを書式を定めた記録票に記載しておくと，図書館改善のためのデータとなる。また，図書委員自身が感じていることを話す機会も必要である。一般の生徒とは違った観点の，建設的な意見が出るであろう。

学校図書館員による自己評価は，既成の評価表を改良した評価表により行うのもよい。研究仲間が評価表を持ち寄り，さらに図書館の改善に役立つ表を作る方法もある。この表で互いの図書館を評価し合うことによって，自館をより客観的に見ることができよう。

② 学校図書館の報告書

　学校図書館の状況について，運営報告を毎年度まとめ，パソコンで作成した簡単なパンフレットで報告する。図書館資料の概要，年間購入冊数とその分類別の内訳，除籍数とその内訳，年間開館日，貸出冊数，レファレンス・サービスの件数，生徒図書委員会の活動など，項目を立ててまとめると，自校図書館の問題点が浮かび上がってくる。草稿の段階で図書部会で検討してから，職員会議で報告する。毎年の報告書を積み重ねることによって，改善の道がより鮮明になる。また，報告書として公表することは，図書館運営が惰性的にならないための歯止めにもなろう。

　この他に，学校事務との関係，全日制・定時制共用図書館の問題，図書館建築などの諸問題がある。紙数の関係から本書では割愛した。

引用・参考文献

1．青井和夫『小集団の社会学－深層理論への展開』（現代社会学叢書）東京大学出版会，1980.
2．宇原郁世「見上げてごらん夜の星を－ブックトークの実践から」『みんなの図書館』no.41（1980.10）.
3．奥山節子「われら司書の会輪を広げつつ」『学校図書館』no.328（1978.2）.
4．柿沼隆志「日本における学校図書館専門職員の諸問題」*Library and Information Science*, no.11, 1973.
5．「学習ソフトに積極的な予算活用を！」『NEW 教育とコンピュータ』2001.8.
6．「『学校図書館図書整備費』の実施状況」『学校図書館』no.620（2002.6），

no.625（2002.11）.
7．後藤満彦「学校図書館の評価と診断」『学校図書館』no.509（1993.3）
8．「子どもの読書活動の推進に関する基本的な計画」『学校図書館』no.623（2002.9）.
9．佐野友彦「学校図書館の健康診断－学校図書館簡易評価表（改訂20版）」『学校図書館』no.509（1993.3）.
10．東海林典子「初任者のためめ Q&A」『学校図書館』no.354（1980.4），no.355（1980.5）.
11．須田紀子「学校図書館のいのち」『文車』（北海道学校図書館司書研究会機関誌）第2号（1979.12）.
12．全国学校図書館協議会研究・調査部「2002年度学校図書館調査報告」『学校図書館』no.625（2002.11）.
13．谷岡一郎『「社会調査」のうそ－リサーチ・リテラシーのすすめ』（文春新書）文芸春秋社，2000.
14．ちばおさむ「佐賀市立図書館とボランティア」『図書館雑誌』93(4)（1999.4）.
15．「特集　図書委員会の役割と活動」『学校図書館』 no.619（2002.5）.
16．「図書整備費予算化について関心高まる」『学校図書館』 no.620（2002.6）.
17．文部省『学校図書館運営の手びき』明治図書，1959.
18．文部省『学校図書館の管理と運用』東洋館出版社，1963.
19．文部省地方課「教育研究グループによる研究の考え方と方法」『教育委員会月報』第351号（1979.11）.
20．吉野節子「学校図書ボランティア－平塚市立大原小学校の場合」『図書館雑誌』93(4)（1999.4）.

あとがき

　専任司書教諭から大学の教員に移ったときに，同業の人々の中にうらやむ声があった。それには苦界に残る人々のものである印象を受けた。学校図書館には，学校の他の職場や他の館種の図書館にない，おぞましい何かがあるのである。執筆が決まってから二昔もかかったのは，このおぞましさを克服できなかったからかもしれない。職務でもある研究の主題が，〈図書館資料〉という身に余るものであるにもかかわらず，それにのめりこんでいったのは，そこには先人たちの輝けるメッセージが満ちていたからである。

　しかし，学校図書館に残って苦闘している人々を忘れたわけではない。日本図書館協会学校図書館部会の一員として残ったのもそのためである。経験を積んでいく学校司書が全国に存在し，東京で定年退職の専任司書教諭の後を引き継ぐ学校司書の頼もしい姿に，心が和らいだのも，遅筆の一因であった。

　ところが，近年の図書館や読書への関心の高まりと，法整備にもかかわらず，学校図書館と公共図書館をめぐる状況は悪くなっているようである。図書館員の他の部署への配置転換や図書館の外部委託などがそれである。これは学識と熟練が必要な図書館専門職制の危機であり，社会と個人にとっては公平な情報源の質が低下する一大事でもある。

逼迫した財政状態にありながら読書の推進と学校図書館資料の充実に予算を割いた国に対して，それを目的外に流用する一部の地方当局。厳しい家計の中で教養娯楽費を真っ先に削減する家庭の姿が，それに重なって見える。しかし，図書館費は単なる教養娯楽費ではないことを，読者は本文を通じてご理解くださったことと思う。今必要なのは，教師，父母，世間一般が，子どもの教育と自分たちの生活に，図書館が大きな意味を持つことを理解することである。一方，図書館員は図書館に内在する力を発揮できるような，図書館づくりをすることである。乏しい財源の中でそれをするためには，生徒や父母，地域住民などのボランティアの協力は欠かせない。本書がそのような図書館づくりの参考書の一つになれば幸いである。

　その経験と知識が求められるのは，学校図書館について語る場合でも他と同じである。裏田武夫先生の学恩と，学校図書館と学問などに関して折に触れてご教示くださった椎野正之先生のご恩を，改めて痛感する。また，司書教諭の先輩と同輩，後輩の諸氏，学校司書の人たちにも多々教えられた。特に図書館については東京都立日比谷図書館の諸先輩や図書館界の先達，学校については在職校などでいろいろ学ぶことができた。校長，教頭，同僚の諸先生と学校司書，事務室の方々，生徒（特に図書委員）たちのおかげである。この他に，TRCDからコンピュータ化に関する資料をいただいた。感謝したい。

　しかし，お礼とともにお詫びを申し上げるべきは，日本図書館協会の松島茂出版委員長と事務局の内池有里氏である。「図書館員選書」の予定枚数を大幅に上回った原稿の処理に，大きな迷惑をかけ

てしまったからである。図書館建築の章などを割愛しただけでは不十分なために，出版委員会の貴重なご助言と原稿整理を経て何とか収まった。また，出版委員の樋渡えみ子氏のたびたびの督促がなければ，完成が覚束なかったかもしれない。なお，松島氏が司書教諭当時の教え子であったことは，奇遇であった。

　ところで，本書の内容は，筆者がこれまで発表してきた論文などと関係のある部分が少なくない。そこで，本書ではそれらの論文などの一部を引用あるいは書き直して利用した。引用・参考文献の筆者執筆のものと，執筆者紹介の主要論文はその一部である。それ以外の短い文章も利用し，本文の該当箇所も散在するので，その一々は挙げなかった。ご寛恕願いたい。

2004年1月

柿　沼　隆　志

索　引

〈あ行〉

秋岡式目録　264
朝の読書　26, 63, 80, 106
案内カード　266
インターネット　125, 126
受入番号　263
運営規程　292
運営計画　290, 291
運営組織　274
運営報告　318
運営方針　290, 291
映写会　158
英米目録規則　261
閲覧サービス　119
NCR　→日本目録規則
NDC　→日本十進分類法
絵葉書　198
絵本　171, 172
延滞　140
汚損　140
お話会　156
オリエンテーション　100, 101, 102

〈か行〉

開館時間変更　118
開館準備　119
開館措置　117
開館日・時間　115, 116, 117, 118
回収不能　142
概説書　166

解説付き図書　152
カウンター　117, 118, 127
　―業務　126, 128, 129, 130
　―接遇　128, 129
　―当番　131, 288
課外読書材　109
科学読物　167
学習参考書　165, 166
学習指導要領　10, 11, 12, 29, 31, 32, 64, 66, 96, 107, 220
学習指導要録　136
楽譜　197
貸出期間　133, 134
貸出規定　133
貸出記録　135, 136, 138
貸出冊数　134
貸出サービス　132
貸出・返却業務　138
貸出制限　134
課題（宿題）　145, 146
学級（ホームルーム）活動　38, 105, 155, 157, 169
学校
　―活動時間　117
　―記録　172
　―責任　115, 116
　―類型　24
学校教育　21, 22, 30, 88
学校教育法　3
学校教育法施行規則　5, 32, 275, 277, 281

学校行事 39, 169
学校司書 14, 280, 281, 282, 283, 284, 286, 296, 308
「学校図書館宣言」(ユネスコ) 89
『学校図書館』 9
学校図書館員のPR 139
学校図書館運営費 299, 300, 301
学校図書館資料 161, 181
学校図書館審議会 8
学校図書館制度 4
学校図書館整備計画 291
学校図書館担当事務職員 64, 284, 285
学校図書館調査 314
学校図書館図書整備費 300
『学校図書館の手引』 5, 6
学校図書館の評価基準 311
学校図書館の利用指導 56, 57, 58, 91, 93
学校図書館の利用と指導 58, 59, 60, 61
学校図書館法 4, 6, 7, 9, 11, 62, 162, 187, 232, 276, 279, 280, 285, 286
学校図書館法施行規則 4
学校図書館法施行令 4
学校図書館メディアセンター 2, 53
学校図書館利用教育 61
カード目録 264, 265
紙芝居 156, 157, 158
鑑賞会 158
館内秩序の維持 126
記号分類 236, 237, 251
記述目録法 258
記述ユニットカード方式 259
基本図書 147, 215
基本目録 263

義務教育 25
教育 18, 19
教育課程 30, 31, 32
教育・広報費 305
教育公務員特例法 310
教育方法 41
教員組合 308, 309
教科 34, 35, 60, 107, 108, 109, 145, 150, 220
教科以外の教育活動 36
教科外指導 163, 168
教科カリキュラム 36
教科関係資料 231
教科教育 163, 164, 182
教科指導 109, 162
教科書 28, 34, 103, 108, 164, 166, 174
教科内容 164
教材・教具 47, 48, 49, 50, 51, 52, 107, 136, 163, 164, 166, 174, 177, 182, 186, 187, 188, 193, 203, 209, 216, 221, 232, 235, 262
教材費 48
教師の応援 150
教師用図書 231
教師用図書室 161
教職員 64
業務引継ぎ 294
業務分担 281, 286, 296
教養主義読書論 71, 72, 73, 74, 176
教養小説 176
記録(ルポルタージュ) 169
近代学校 23, 34
クラス担任 137
クラブ活動 39, 169
グループ学習 43

索　引　*325*

グループ研究　307
経常予算　300
軽読書　79
検閲　164
見学　47
研究集会　308
検索語　253
検索手段　147, 257
検索道具　147
検収　223, 269
研修　306, 309, 310
件名　251, 252
件名規定　252
件名作業　251, 255, 298
件名標目　236, 239, 252
件名標目表の補訂・改訂　255, 256
件名分類　236
件名目録　262, 268, 269
講演会　158
公共図書館　64
「公共図書館宣言」(ユネスコ)　89
公共図書館訪問　106
校長　274
購入希望　→リクエスト
校務　274
校務分掌　274, 275, 277, 292, 293, 296
国語科　62, 154, 177
国立国会図書館国際子ども図書館　63
個人全集　178
古典　72, 73, 154, 177, 179, 180
子ども読書年　11, 63
子どもの読書活動の推進に関する基本的な計画　63, 285
子どもの読書活動の推進に関する法律　11, 63

個別学習　43
個別指導　42
コレクション　188, 191
コンピュータ目録　259, 264, 266

〈さ行〉

再分類　247
雑誌　122, 194
雑誌購入費　304
冊子(体)目録　264, 265
「サーテン・レポート」　27
参考図書　121, 147, 181, 191, 250
参考文献　28, 108, 166, 167
参照指示　254
JLA　→日本図書館協会
自己研修　306
自己点検　311, 317
自己評価　317
司書　64, 279
司書教諭　7, 8, 15, 64, 279, 280, 281, 283, 285, 286, 296, 308
辞書体目録　262
視聴覚教育　52
視聴覚資料　52, 124, 183, 187, 216, 232, 233, 234, 260, 265, 276
視聴覚資料購入費　304
視聴覚部　276
実習・実験・観察　46
実物　209
児童(生徒)会活動　38, 169
児童書　80, 173, 174, 175
児童(生徒)図書委員会　38, 39, 287, 288, 289, 297, 305, 317
児童文学　174
事務用品　305
事務用目録　261, 262, 263

写真　198
修学旅行　39, 158
集団学習　43
授業設計　50
主題目録　262
情報　68, 82, 83, 84, 85, 86, 87, 88, 89, 90, 186
情報科　60, 61, 64, 65, 91, 96
情報教育　61, 62, 64, 65, 66, 67, 82, 86, 89, 92, 109, 181
情報資料　163
情報リテラシー　67, 88
消耗品費　300, 303, 304, 305
書架案内　239, 248
書架整頓　120, 149
書架分類　242
職業案内書　170
職務規程　292, 293, 294, 295
書誌　256
書誌情報　125
書誌データ　257, 258, 259
書誌分類　242
除籍　213
所蔵調査　219, 222
書名目録　262
資料検索　229
資料購入費　302
資料選択委員会　150, 192, 210, 211, 212, 213, 217, 218, 219, 221, 297, 317
資料組織化　227
新聞　123, 192
新聞購入費　304
スタッフ・マニュアル　→職務規程
ストーリーテリング　106, 157
図版　197

スライド　200
生活指導　162
請求番号　243, 248, 249, 271
静止画像資料　197
青春文学　176
青少年図書　175
生徒・教師用図書室　162
生徒指導　137
生徒図書委員　104, 118, 130, 131, 212, 213, 287, 288, 289, 317
責任表示　260
接遇の態度　129
全国学校図書館協議会　6, 8, 9, 59, 93
選択基準　163, 164, 296
選択方針　163, 164, 218, 220, 296
選択用資料　213
選定リスト　214
専任司書教諭制　13, 281
専任職員　228, 229
専門職　64
専門職制　12, 15, 287
専門的業務　278
相関索引　241, 245
総合学習　11, 12, 33, 40, 146, 159, 167, 168
相互参照　253, 254
相談内容　146
装備　269, 271, 298

〈た行〉

単元目録　268, 269
地球儀　123, 124
地形図　199
知識の本　174, 175
地図　123, 199

索　引　327

著作権法　144, 203
著者記号法　249, 250
著者主記入方式　259
著者目録　262
DDC　→デューイ十進分類法
適書主義　75
デューイ十進分類法　237, 238
伝記　169
展示会　159
電子資料　125, 205, 206, 208, 304
電子図書館　91
電子版辞（事）典　206, 207
動画資料　202, 203, 221
道徳教育　36, 37, 169
当番表の作成　131
登録　270
登録番号　263
討論　45
読書　68～76, 138
読書案内　151, 152, 155
読書会　153～156
読書環境の整備　77
読書教育　61～68, 71, 77～79, 93, 108, 109, 151, 153, 157, 163, 170
読書記録　136, 137
読書材　171, 172, 173, 177
読書指導　57, 58, 59
読書指導員　130, 287
読書習慣　76, 77, 80
読書調査　313
読書能力の育成　77
読書の時間　106
読書の習慣化　79, 80
読書の振興　77
読書の難しさ　77, 78
読書離れ　75

読書法　95
読書論　71～75
特別貸出　135
特別活動　36, 37
特別予算　300
図書　121
図書委員会　159
図書以外の資料　184
図書館係教師　130, 286, 309
図書館教育　56
図書館行事　152, 153
図書館クラブ　287
図書館サービス　114, 299
図書館資源　186
図書館・情報教育
　－社会状況　62～64
　－定義　61, 62
　－内容　90～99
　－方法　99～110
図書館資料　186, 190, 191
図書館における個別指導　147
図書館の印刷物　104
図書館の業務量　229
図書館の特設授業　103
図書館法　6
図書館報　105
図書館利用案内書　95, 104
図書館利用教育　55, 56, 58, 59, 66, 91
図書館利用指導　66
図書館利用調査　313
図書館利用能力　45, 57, 89
図書記号　249
図書購入費　302
図書台帳　263
図書部　39, 276, 277, 278, 280, 281,

296, 297, 317
図書部主任 280, 281, 282, 296

〈な行〉

日本十進分類法 121, 233, 237, 238, 239, 242, 244, 245, 247, 298
日本図書館協会 9
日本目録規則 233, 258, 259, 260, 261
ノンフィクション 169

〈は行〉

博物資料 187, 209
破損 141
発表学習 44, 45
備品費 300, 303, 305
秘密事項 137
評価 311
標目 262
ファイル資料 124, 195
複写サービス 143, 144
副分類 243
ブックスタート計画 80
ブックトーク 106, 156
プライバシー 135, 136, 140, 143, 218, 315
フロア・ワーク 130
文学書 177
文献宇宙 190, 191, 192
紛失 141
分類規定 241
分類作業 240, 241, 242, 246, 250
分類番号 241, 242, 250, 252
分類表の補正・改訂 244, 247
分類法 235, 237, 240, 298
分類目録 262

閉館後の作業 119
別置記号 250
放送番組 202, 216, 221
ボランティア 64, 130, 289, 290
翻訳書 178

〈ま行〉

マイクロ資料 196
名著 72, 73, 154, 177, 179
迷惑行為 126
メッセージ 86, 87, 88, 89, 90, 185
メディア教育 193
メディアセンター 53, 210
メディアの類型 183, 184
メディアリテラシー 67
免許制司書教諭 13
目録 256, 257
目録規則 258
目録規則の改訂 260
目録法 256
模型 209
物語本 178

〈や行〉

ヤング・アダルト 175
幼児・児童期 73, 80, 171, 173
読むこと 69, 70, 71
予約 142

〈ら行〉

LAN 267
リクエスト（購入希望） 142, 143, 217, 218
リーフレット 105
利用規則 299
利用者教育 55

利用者による評価 316
利用者（閲覧）用目録 261, 262
臨時休館 118
歴史書 178
レファレンス記録 149, 150
レファレンス・サービス 145, 146, 148, 149, 150
レファレンス相談 145, 147
レファレンス・ツール 182
録音資料 200, 201
録画方式 203, 204

著者紹介

柿沼　隆志　かきぬま　たかし

東京大学教育学部教育行政学科（社会教育専修）卒業後，東京都教育庁主事補（都立日比谷図書館団体貸出係勤務），江戸川区立松江第三中学校教諭，東京都立墨田川高等学校（専任）司書教諭を経て，大東文化大学専任講師，助教授，教授。この間，國學院大学栃木短期大学，日本女子大学，立教大学，千葉大学などの非常勤講師を歴任。選択定年で退職後，同学名誉教授。現在，大東文化大学および國學院大学栃木短期大学非常勤講師。司書教諭在職中 1 年間東京大学研究生（東京都派遣）。主な研究主題は，図書館資料と学校図書館。

○著書

　『アメリカ図書選択論史の研究』（河井弘志と共著）大東文化大学図書館学講座　1983.

○主な論文など

　「図書館利用案内書の比較・分析」『学校図書館』(1968.4).

　「レファレンス・サービスと図書館運営」(1)〜(6)『学校図書館』(1969.8)〜(1970.1).

「日本における学校図書館専門職員の諸問題」*Library and Information Science*, 11（1973）.

「学校図書館の概念」（その1～2）『図書館学会年報』22(1)（1976.5）～22(2)（1976.10）.

「学校図書館の研修」『現代の図書館』19(4)（1981.12）.

「〈特論〉学校図書館研究の視座」『図書館学の研究と教育』日外アソシエーツ　1982.

「図書館資料論」『大東文化大学紀要〈人文科学〉』（序説：20（1982.3），I　図書資料（その1～13）：21（1983.3）～35（1997.3），II　図書以外の資料（その1～6）：36（1998.3）～41（2003.3）.

「L. C. Fargoの学校図書館思想」『図書館学会年報』30(4)（1984.12）.

「学校図書館の社会的意味」『図書館学会年報』34(2)（1987.6）.

「日本の学校図書館における選書論の系譜」『図書館界』42(1)（1990.5）.

「学校図書館研究の今日的課題」『学校図書館研究』1（1992.2）.

視覚障害者その他活字のままではこの本を利用できない人のために，日本図書館協会及び著者に届け出る事を条件に音声訳（録音図書）及び拡大写本，電子図書（パソコンなど利用して読む図書）の製作を認めます。但し，営利を目的とする場合は除きます。

EYE LOVE EYE

図書館員選書・23
学校図書館の運営　　　定価：本体2,000円（税別）

2004年3月30日　初版第1刷発行©

著　者　柿　沼　隆　志
発　行　社団法人　日本図書館協会
東京都中央区新川 1-11-14
〒104-0033　電話 03(3523)0811

JLA 200335　　Printed in Japan　　船　舶　印　刷
ISBN4-8204-0324-9
本文の用紙は中性紙を使用しています。

"図書館員選書" 刊行にあたって

　図書館法が発効してから35年が経過した。この間，わが国の図書館は戦後の廃墟の中から大きな発展を遂げた。この発展を支えてきたのがそれぞれの現場で仕事を積みあげてきた図書館員たちであり，われわれの先輩たちであった。これらの図書館員たちは日本図書館協会に結集し，その蓄えた知識と理論を共有し広めるため，1966年「シリーズ・図書館の仕事」を発刊した。あれから20年，「シリーズ・図書館の仕事」は25巻を発行する中で図書館の仕事の基本を示し，若い図書館員を育て，経験豊かな図書館員を励まし，そして，今，新しい時代にふさわしく「図書館員選書」として生まれかわった。

　めまぐるしく変わる情報技術，求められる新しい図書館経営のあり方，そのような社会的情況の中で「利用者の要求を基本」とする図書館のあり方を探る「図書館員選書」は新しく図書館学を学ぼうとする人，日常の仕事の中で手元において利用する人，研究の入門書として使用する人々のためにつくられたものである。

　願わくは「シリーズ・図書館の仕事」の成果と先人の意志を受けつぎ多くの図書館員や研究者がそれぞれの現場での実践や研究の中から新たな理論を引き出し，この「図書館員選書」を常に新鮮な血液で脈打たせてくれることを希望して刊行の辞としたい。

1985年12月

日本図書館協会出版委員会
委員長　大　澤　正　雄